NAS DOBRAS DE CLIO:

HISTÓRIA SOCIAL E HISTÓRIA DA EDUCAÇÃO

ILKA MIGLIO DE MESQUITA
ROSANA AREAL DE CARVALHO
LUCIANO MENDES DE FARIA FILHO
(Organizadores)

NAS DOBRAS DE CLIO:

HISTÓRIA SOCIAL E HISTÓRIA DA EDUCAÇÃO

MAZZA
edições

NAS DOBRAS DE CLIO: HISTÓRIA SOCIAL E HISTÓRIA DA EDUCAÇÃO

COLEÇÃO PENSAR A EDUCAÇÃO PENSAR O BRASIL

Capa
Túlio Oliveira

Revisão
Adalberto Nunes Pereira Filho, Lourdes Nascimento e Patrícia Falcão

Projeto Gráfico e diagramação
Casadecaba Design e Ilustração

N241 Nas dobras de Clio: história social e história da educação / Ilka Miglio de Mesquita, Ione Ribeiro Valle, Rosana Areal de Carvalho, Luciano Mendes de Faria Filho; (Organizadores). – Belo Horizonte : Mazza Edições, 2014.

216 p. ; 16x23 cm

ISBN: 978-85-7160-637-1

1. Educação – História. 2. História social. I. Mesquita, Ilka Miglio de. II. Valle, Ione Ribeiro. III. Faria Filho, Luciano Mendes de.

CDD: 370.9
CDU: 37.0(091)

Produção Gráfico-editorial
MAZZA EDIÇÕES LTDA.
Rua Bragança, 101 – Pompeia
30280-410 BELO HORIZONTE – MG
Telefax: + 55 (31) 3481-0591
email: edmazza@uai.com.br
site: www.mazzaedicoes.com.br

Agradecemos à Fundação de Amparo à
Pesquisa de Minas Gerais (FAPEMIG),
pelo apoio à publicação desta obra.

Sumário

Apresentação

Nos anos de 1960 e 1970, no contexto internacional, um mal-estar nos domínios da musa Clio foi instalado e, com isso, pudemos perceber mudanças no campo da historiografia. Rupturas epistemológicas promovidas pela quebra de paradigmas explicativos da realidade abalaram os pressupostos baseados em ideias globalizantes e verdades construídas pela crença absoluta nas ciências do século XIX. Em combate, Clio passa a ser revisitada pelos historiadores diante da demanda de questões e referenciais de análise, acrescida de outros olhares para a diversificação de fontes e objetos.

A *New Left Review* tornou-se a porta-voz do combate à ortodoxia da historiografia marxista pelo grupo anglo-saxão, notadamente composto de historiadores ingleses. A História Social e Cultural, alargando seu campo ocular, passa pela revisão da teoria, método, temática e fonte de pesquisa e volta-se para a análise dos "subalternos" da história, ou seja, confirma a preocupação com os de baixo. Nesse sentido, o fazer historiográfico dos historiadores sociais produziu o movimento de trazer à tona a diversidade de significados que homens e mulheres conferiram a si próprios e ao mundo. A análise da luta de classe será realizada por meio do estudo, por exemplo, pela experiência de classe, enfocando consciências de práticas cotidianas e identidades construídas dentro da própria vivência.

Por sua vez, sabemos da importância dos historiadores sociais e culturais ingleses para a historiografia contemporânea, porém, temos notado que o diálogo com as pesquisas em História da Educação no Brasil ainda é pequeno, com possibilidades de expansão. Em contrapartida, sabemos que a pesquisa na área é relativamente recente, tendo seu maior influxo a partir dos anos de 1980, com a expansão dos programas de pós-graduação no país. Como consequência disso, identificamos o surgimento dos grupos de pesquisa, periódicos e eventos da área, demonstrando a fertilidade desta. Produção essa trazida pelos ventos dos "novos objetos, novos problemas e novas abordagens".

Reconhecemos que a pesquisa empírica perde em conteúdo quando não está acompanhada de uma análise histórica embasada em reflexões teóricas consistentes. Nesse sentido, este livro tem o intuito de colaborar para a pesquisa em História da Educação como uma obra que propõe, pela diversidade de olhares e diálogos, subsídios para a História Social e Cultural da educação.

Pensar a História Social e Cultural em diálogo com a História da Educação significa atentarmos para a produção de conhecimentos na perspectiva de análise desses historiadores revisitados e analisados pelos autores dos textos, compostos para este livro. Pode, também, significar o que nos colocou E. P. Thompson:

> [...] os modos de escrever a história são tão diversos, as técnicas empregadas pelos historiadores são tão variadas, os temas da investigação histórica são tão díspares e, acima de tudo, as conclusões são tão controversas e tão veementemente contestadas dentro da profissão, que é difícil apresentar qualquer coerência disciplinar.[1]

Portanto, cada autor se apossou de sua musa Clio e fez com que seu estilete preenchesse as dobras com as marcas de suas próprias experiências de formação, de trajetória de vida e pesquisa, assumindo, pela diversidade, uma narrativa autoral. Posto isso, convidamos para a leitura deste livro.

A sequência de textos começa por aqueles historiadores sociais e culturais ingleses que se fizeram presentes na fundação da *New Left Review*, seguidos de historiadores que, de uma forma ou de outra, produziram no campo da História Social e Cultural. Encerra-se com um texto que evidencia parte das reflexões desenvolvidas no âmbito do Grupo *Historiar*, vinculado ao Centro de Estudos e Pesquisas em História da Educação (GEPHE), com a intenção de alargar possibilidades teóricas.

Os organizadores

1 THOMPSON, E.P. *A miséria da teoria ou um planetário de erros:* uma crítica ao pensamento de Althusser. Trad. Waltenssir Dutra. Rio de Janeiro: Zahar, 1981.

Christopher Hill: virando a historiografia de ponta-cabeça – um possível diálogo com a História da Educação?

ILKA MIGLIO DE MESQUITA
ROSANA AREAL DE CARVALHO

A partir do diálogo com Christopher Hill pretendemos neste texto promover ao leitor encontros e reencontros com a investigação histórica, com a intenção de voltar o olhar para o fazer historiográfico de tão importante historiador social inglês. Convidamos, portanto, para um exercício de análise historiográfica pelo ofício de C. Hill, como parte de uma atividade que não se separa de nossa formação – o diálogo com a teoria, a metodologia da História, a historiografia.

Examinar a produção de C. Hill significa adentrar pelo seu método investigativo, procurando perceber, sob a perspectiva historiográfica, o ofício desse historiador, sua filiação, entendendo os elementos comuns que juntam os historiadores sociais ingleses. Ao analisar suas obras, podemos perceber alguns mecanismos que envolvem o seu discurso, relacionado à sua inserção ao tempo e espaços vividos. Pretendemos, assim, pensar o historiador e sua obra enquanto narrativas que nascem da experiência individual e coletiva promovida pela leitura, pela formação e pelos sentidos atribuídos ao vivido; vivências promovidas pelo lugar e função social que ocupou. Além disso, marcam a obra de um historiador as mudanças no processo histórico e nas problemáticas de pesquisa surgidas a cada reinterpretação do passado premida pelo presente. Portanto, é objetivo nosso trazer para o texto a vida, a escrita, o olhar de C. Hill sobre a História e procurar estabelecer o diálogo com sua produção historiográfica e verificar possíveis contribuições para a pesquisa no campo da História da Educação.

Por outro lado, sabemos que corremos o risco de não fazer jus a esse historiador que "formou mais historiadores do que muita faculdade já antiga de Oxford", conforme observação feita pelo seu colega E. P. Thompson na dedicatória do livro *Whigs and Hunters*. No entanto, é preciso arriscar, pois a ousadia de poder escrever/falar de construções narrativas também faz parte do ofício e, contudo, é papel nosso estarmos prontos para auscultar e perceber no historiador o seu fazer história, pelo qual traduz os seus conhecimentos, suas apreensões, suas posições e interpretações. C. Hill, dentro dos seus quase cem anos de existência, deixou marcas no tempo da historiografia inglesa, principalmente no que se refere aos estudos da Revolução Inglesa do século XVII.

Por outra afirmativa de E. P. Thompson referindo-se a C. Hill – "the dean and paragon of English historians"[1] –, mostrou-nos que foi um modelo a ser seguido e que direcionou outros historiadores ingleses de uma geração. Permite-nos, assim, reafirmar a importância desse historiador para a escrita da História, para a história da História.

A "História vista de baixo" (*history from below*), por C. Hill, ampliou possibilidades de pesquisa ao trazer para dentro de suas produções historiográficas a ação de personagens comuns, colocando em foco o ponto de vista ou propostas radicais como as de Gerard Winstanley, líder Digger da Revolução Inglesa de 1640. Ao procurar desvendar o século XVII da Inglaterra revolucionária, C. Hill apresentou o sujeito radical, aquele que pretendia "virar o mundo de ponta-cabeça", e com sua leitura, também radical, posicionou seu olhar de historiador para um passado que até então era visto somente sob a perspectiva do Rei e do Parlamento, os cavaleiros e os cabeças redondas, modo pelo qual a historiografia excluiu o radicalismo da Revolução Inglesa de 1640. Para C. Hill, a Revolução do século XVII passava pela religião, pelas ideias radicais dos Diggers, Ranters, Quakers, e outros; sujeitos sociais que almejavam virar o mundo de cabeça para baixo. Na busca e leitura de documentos variados como textos literários, impressos religiosos, a Bíblia de Genebra, discursos do parlamento,

[1] O reitor e modelo dos historiadores ingleses.

Hill vai conferir à historiografia inglesa outra maneira de fazer história, de forma rica e original.

A leitura da obra de C. Hill proporciona a aprendizagem de como fazer história porque nos permite apreender seu fazer historiográfico. Portanto, sentimos a releitura de um passado que diz ao presente que o que foi vivido faz parte da lição de que nada está a salvo, que as sociedades não são o lócus da consonância, mas o lugar que agita a vida e abala as verdades construídas ou herdadas. Como bem afirmou Renato Janine Ribeiro: "a história não é mera curiosidade, mas ponto de encontro entre vidas de vários tempos" (1995, p. 82).

CHRISTOPHER HILL FALA DE SI: SUA VIDA, SUA HISTORIOGRAFIA... A HISTÓRIA

"Christopher Hill iluminou um século." "Era um historiador repleto de humanismo, discernimento e charme." "[...] o maior historiador da Inglaterra do século XVII." Palavras do historiador inglês Eric Hobsbawm, em entrevista ao jornal *Folha de S.Paulo*, na ocasião da morte de C. Hill, em 23 de fevereiro de 2003. Para Hobsbawm, os estudos e opiniões de C. Hill foram essenciais para a historiografia inglesa e para a conduta política de intelectuais de seu tempo.

John Edward Christopher Hill nasceu em York, no dia seis de fevereiro de 1912. Sobre sua formação sabemos que estudou na St. Peter's School, em York, e no Balliol College, em Oxford. Tornou-se *fellow* do All Souls College – Oxford em 1934 e em 1936 passou a ser professor de História moderna no University College, em Cardiff. Em 1938, C. Hill iniciou como professor de História e orientador de teses no Balliol College, sendo eleito *Master*, em 1965, para esta mesma instituição, cargo que ocupou até 1978. C. Hill foi *fellow* da Royal Historical Society e da British Academy, recebendo diversas menções honrosas de universidades renomadas da Inglaterra. Entre 1930 e 1957, militou no Partido Comunista Britânico do qual, em protesto à invasão soviética da Hungria e aos problemas vividos dentro do partido, afasta-se para dedicar-se por inteiro à pesquisa e outras atividades acadêmicas.

Dos seus estudos sobre a Revolução Inglesa, destacam-se as publicações: *A Revolução Inglesa de 1640*, traduzida e publicada em 1985 pela editora portuguesa Presença; *Puritanism and Revolution*, *Milton and the English Revolution*, *A Turbulent, Seditious and Factious People*: *John Bunyan and his Church*, obras publicadas em editoras inglesas e não traduzidas para o português; *O mundo de ponta-cabeça*: *ideias radicais durante a Revolução Inglesa de 1640*, obra publicada no Brasil em 1987 pela Companhia das Letras; *O eleito de Deus: Oliver Cromwell e a Revolução Inglesa*, publicadas também pela Companhia das Letras em 1988; *Origens intelectuais da Revolução Inglesa*, publicada pela Martins Fontes em 1992; *A Bíblia inglesa e as revoluções do século XVII*, publicada em 2003 pela Civilização Brasileira, obra que foi indicada para o prêmio da NCR Book Award.

O que mais poderíamos falar sobre C. Hill? Nada melhor do que ele mesmo para falar de si e mostrar-nos de suas escolhas, de seu método, de seu fazer história. Em 5 de março de 1993, o historiador inglês pronunciou cinco conferências-aulas[2] como atividades de inauguração do Mestrado em História na Universidade Federal de Minas Gerais - UFMG, a partir do tema "Um historiador inglês contemporâneo e sua construção da História". Para nós, e pelo propósito deste texto, as conferências possibilita-nos perceber muito do seu fazer historiográfico, incluindo a sua vida de historiador narrada por ele mesmo.

C. Hill falou-nos que suas atitudes em relação à História foram marcadas pelo contexto europeu, em 1931, quando ingressou na universidade. Tempo de tensões que antecedeu a 2ª Guerra Mundial, vivido por uma geração de rapazes e moças preocupados com o encaminhamento de uma vida marcada pela incerteza do devir. Diante do contexto no qual pairava a perspectiva de crise, C. Hill revelou que o tipo de História que havia estudado na escola, e continuaria a aprender na universidade, parecia irrelevante e inadequada, porque, pela dada visão, a história da democracia pertencia à Inglaterra e esta deveria exportar para o resto do mundo. No entanto, tudo havia mudado e a crise havia também chegado à Inglaterra, sendo que as explicações e verdades históricas cedidas e concebidas não davam conta mais de se firmarem. Por outro lado, os dilemas vividos contribuíram para repensar a História.

Pelas palavras de C. Hill:

> Eu e muitos outros ficamos interessados no marxismo como uma interpretação da História, e isto nos tornou críticos com relação às versões convencionais dos eventos ocorridos na Inglaterra, na metade do século XVII: a Guerra Civil, a execução de Carlos I, a abolição da Igreja da Inglaterra e da Câmara dos Lordes - bem como da monarquia - e o

[2] Essas conferências foram publicadas no periódico *Varia História*, n. 14, set. 1995. Fafich/UFMG.

> início da bem sucedida política de expansão colonial-militar da Inglaterra. Tradicionalmente, os anos 1640-60 eram chamados de *the interregnum*: algo que não havia realmente acontecido e que não teve qualquer impacto sobre a história inglesa. O que considero agora como uma Revolução Inglesa, comparável em sua significação histórica mundial às Revoluções Americana, Francesa e Russa, era conhecido como a Revolução Puritana: uma tentativa, felizmente mal sucedida, de impor a religiosidade a uma população relutante. [...] Mesmo enquanto estudante de graduação, notei que os não-conformistas e os anglicanos viviam em paz, lado a lado, na mesma vila. Por que então haviam lutado no século XVII? (1995, p. 84)

Foi a partir de questões como esta última que C. Hill não concebia mais as versões sobre a Revolução Inglesa. A economia e a política do século XVII não poderiam ser pensadas sem a religião. Não dava mais para elucubrar que a sociedade inglesa do século XVII era constituída apenas por dois grupos que se contrapunham. Existiam outros sujeitos radicais, homens e mulheres pobres que não se conformavam com o sistema e que propunham, entre outras, a abolição da propriedade privada e a liberdade do culto. Sua obra, portanto, revela-nos a superação da visão reducionista, determinista e mecânica da historiografia tradicional marxista, subvertendo conceitos tradicionais como o de classe social e trazendo para a sua narrativa grupos sociais que se organizavam e se reconheciam pela diferença e oposição a outros, e vice-versa. Nesse sentido, amplia os conceitos de luta de classes e classe social, no instante em que considera a cultura não mais limitada à infraestrutura, mas como essencial para evidenciar e compreender como os atores sociais moveram-se diante do real vivido ou como essa vivência os formaram enquanto sujeitos históricos.

O marxismo que compartilhava trazia a busca de interpretação e do fazer história pelo rompimento com as explicações factuais convencionais da historiografia inglesa em relação ao século XVII. Pretendia outra maneira de entender o século XVII, pois o que havia estudado, até mesmo na graduação em História, trazia o conhecimento da Revolução Inglesa como Revolução Puritana. Em relação aos seus estudos, estes o intrigavam quando pensava em: como os não conformistas e os anglicanos viviam em paz se haviam lutado no século XVII? As questões vinham à tona à medida que procurava compreender a existência dos movimentos radicais e a diversidade de seus discursos, pois não eram uníssonos.

Destaca que seu interesse pela história inglesa e a maneira de compreendê-la foi provocada, nos anos de 1930, pelo poeta T. S. Eliot (1888-1965), que o despertou para a poesia metafísica do século XVII. A experiência vivida dos anos de 1930 fez com que o historiador voltasse o seu olhar para o grupo de poetas dos primórdios do século XVII, os metafísicos, que se especializaram em trazer para sua poesia o paradoxo, o contraste e a contradição. Nesse sentido, a poesia parecia relevante tanto para pensar a sociedade dos anos de 1930, como estimulou sua curiosidade em relação à sociedade que havia produzido uma poesia que trazia nos seus versos tais contradições e conflitos, fazendo-o perceber sua própria sociedade. Seria viver em "The Waste Land",[3] de T. S. Eliot? C. Hill afirmou que sim. Foi, então, a partir do ensaio de Eliot a propósito de metafísica que levou C. Hill a analisar sobre o que havia motivado a poesia de conflito e contradição dos seiscentos, bem semelhante à geração de poetas como W. H. Auden (1907-1973), Stephen Spender (1909-1995), Cecil Day-Lewis (1904-1972) e Louis MacNeice (1907-1963), "the thirties poets", cuja produção havia lido com avidez nos anos de 1930 (HILL, 1995, p. 85-96).

Sobre esses anos de 1930, C. Hill falou-nos que estava mesmo era interessado em história e literatura inglesas do século XVII, não com a intenção de ser apenas um acadêmico, mas pelo compromisso com a política de esquerda. Lera muito sobre o marxismo e o ano que passara na União Soviética, de 1935 a 1936, procurou entender a história agrária da Inglaterra, pois os russos já haviam avançado neste campo de pesquisa. Eles já compreendiam o que era a classe camponesa e, portanto, permitiria entender a história inglesa do século XVII. De volta à Inglaterra C. Hill havia decidido escrever sobre a história agrária inglesa do século XVII e, assim, se inscreve a um cargo acadêmico na Universidade Cardiff, ingressando também no Partido Comunista.

Com o início do conflito mundial, C. Hill afirmou que misturou o sentimento de raiva e desespero. E, por conta deste último sentimento, ocupou-se rapidamente em escrever um texto sobre a Revolução Inglesa de 1640, adiando o que pretendia fazer sobre os problemas agrários do século XVII. Assim, revelando uma ética quase incomum, afirmou:

> Minha raiva superou meu estilo literário. Espalhei jargões marxistas como se fossem granadas de mão – tal como os imaturos teóricos literários americanos ou ingleses de hoje que só conseguem escrever em um dialeto incompreensível, e que têm que citar Foucault, Derrida, Lacan a cada duas frases. Eu ainda defendo a tese geral do meu ensaio, mas não me orgulho da forma em que foi escrito. (HILL, 1995, p. 87)

[3] No Brasil "The Waste Land" foi traduzido como: "A terra inútil"; "A terra desolada"; "A terra gasta"; "A terra devastada".

Foram cinco anos passados no exército e no ministério de Relações Exteriores para depois continuar sua atividade historiadora, publicando livros e artigos que traziam preocupações econômicas, religiosas e sociais da Inglaterra seiscentista. Falou-nos ainda que, nos anos de 1946 a 1957, foi estimulado pelo Grupo de Historiadores do Partido Comunista do qual faziam parte Edward Palmer Thompson (1924-1993), Rodney Hilton (1916-2002), Eric Hobsbawm (1917-), Victor Kiernan (1913-2002), Raymond Williams (1921-1988), dentre outros. Para Hill, as discussões eram estimulantes na medida em que traziam temas livres, desapropriados de dogmas e restrições. Na liderança do Grupo de Historiadores do Partido Comunista, fundou e presidiu o periódico *Past & Present*, em Oxford. Criado em 1952, *Past & Present* tornou-se importante meio de divulgação de publicações historiográficas advindas das discussões do grupo e de outros, cujas reflexões traziam uma releitura de visões mecanicistas e reducionistas de correntes dogmáticas como o marxismo economicista. Pelas suas palavras:

> Naquela época, eu havia decidido que história econômica não era para mim. Mudei para a história das idéias – um dos muitos assuntos que discutíamos no grupo de historiadores. Em 1965, produzi *Intellectual Origins of the English Revolution* que se baseava amplamente nestas discussões. Escrevi sobre controvérsias na ciência, história e direito antes de 1640, tentando sugerir que estes aspectos tinham importância semelhante à dos assuntos religiosos na criação das tensões que levaram ao arranjo de forças de 1642. Eu estava ansioso, como sempre, para demonstrar que o puritanismo e outros temas intelectuais estavam todos misturados, que era errado isolar o puritanismo como causa única da Guerra Civil: todos os assuntos eram discutidos em termos religiosos. (1995, p. 9)

Em *Origens intelectuais da Revolução Inglesa* (1992),[4] Hill produz um texto na defesa de que a Revolução Inglesa também teve sua base intelectual. Para os historiadores da Revolução Francesa do século XVIII não é possível compreender essa revolução sem recorrer aos filósofos iluministas como Montesquieu, Voltaire, Rousseau, Diderot e D'Alembert, formando o embasamento intelectual dos revolucionários. No entanto, em se tratando de Revolução Inglesa, esta seria desprovida de fundamentos

[4] Publicado, pela primeira vez na Inglaterra, em 1965.

intelectuais? Embora haja consenso entre os historiadores da Revolução Inglesa de que esta não teve origens intelectuais, que acontecera de forma empírica tipicamente britânica, C. Hill defende a tese de que não pode haver revolução sem ideias. Portanto, a Revolução Inglesa de 1640 foi fundamentada por ideias e que não, precisamente, partiu de grandes intelectuais. Mas quais ideias fundamentaram os revolucionários ingleses? Responde assim:

> Comecei também a me fazer novas perguntas sobre os *Levellers*. Durante décadas eu citei os famosos slogan dos *Levellers "every he that is in England hath a life to live as the greatest he", (cada pessoa que vive na Inglaterra tem uma vida para viver como uma grande pessoa)* e portanto deve ter o direito a opinar na eleição de governos. [...] Ao final do século XVII, Mary Astell perguntava "*Se todos os homens nascem livres, porque todas as mulheres nascem escravas?*"
>
> Em 1973, editei uma seleção de escritos de Winstanley que, para minha satisfação, tornou-se um clássico. [...] Eu sugeri que alguns dos radicais tinham ideias muito relevantes, que não apreciamos devido à ótica religiosa na qual se inseriam. [...]
>
> Mas talvez a mais importante consequência a longo prazo, da Revolução Inglesa, tenha sido o choque intelectual que causou . [...] Na maior parte dos vinte anos que se seguiram, quase tudo podia ser impresso. Pessoas que nunca tinham estudado em Oxford ou Cambridge, talvez nem mesmo em escolas secundárias, mesmo mulheres, podiam publicar e ter suas opiniões discutidas por outros. Cobber How afirmou que artesãos pobres e sem educação formal dariam melhores ministros do que aqueles formados pelas universidades. [...]
>
> A teoria política inglesa data das décadas revolucionárias – Hobbes, Harrington, os *Levellers*, Winstanley e vários outros. As ideias da Revolução Inglesa tornaram-se as ideias do Iluminismo Europeu – Hobbes, Harrington, Locke, Newton. [...] A diversidade religiosa na Inglaterra, a liberdade de imprensa com o fim da censura do governo – tudo isso estabeleceu novos modelos para a Europa.
>
> Quando veio a Revolução Americana, seus líderes leram cuidadosamente a história republicana da Inglaterra do século XVII, de Catherine Macaulay; os revolucionários franceses aprenderam sobre o regicídio e o republicanismo, a partir do exemplo dos ingleses. Eles enxergaram nos presbiterianos e nos independentes os girondinos e jacobinos, e estavam conscientes dos perigos do surgimento de um Cromwell bem antes de

> terem um Napoleão. A Revolução Inglesa foi um momento decisivo na história mundial, não menos significativa do que as Revoluções Francesa e Russa. (HILL, 1995, p. 91-93)

Pela decomposição de sua análise, sintetizada na tese de que a revolução se fundamenta em ideias, mas que estas, não necessariamente, partem de grandes intelectuais, podemos observar que C. Hill, em *Origens intelectuais da Revolução Inglesa*, não advoga a ascendência de ideias, como também parte do pressuposto de que estas ideias não se desenvolvem no vazio. Ou seja, toda e qualquer ideia é veiculada por meio dos sujeitos e necessita desses sujeitos para validá-la. Assim sendo, são pelas ideias que os homens se colocam e agem. Contudo, adverte, o historiador deve atentar-se para as situações que possibilitaram tal concretização: há sempre um momento mais adequado para a defesa dessas ideias. C. Hill aponta ainda que os pensadores não eram sujeitos isolados de sua sociedade, mas inseridos no contexto. Quais teriam sido, então, as ideias geradoras da Revolução Inglesa?

Para C. Hill, a Bíblia de Genebra e suas notas marginais politizadas tornou-se a base intelectual e esteve perto de se converter num manual revolucionário. Os homens e mulheres necessitavam do apoio de um corpo alternativo de ideias, sendo encorajados a se alfabetizarem para que pudessem ler a bíblia. Assim, as ideias tradicionais até então aceitas foram contestadas, visto que tudo estava posto em dúvida, até mesmo as ideias mais racionais. Por sua vez,

> [...] a palavra "revolução" apenas adquiriu seu significado moderno durante e por causa da revolução dos anos 1640: antes disto ela significava um movimento circular, a "revolução dos corpos celestes". Diferentemente dos que participaram da Revolução Francesa, os homens de 1640 não sabiam que estavam participando de uma revolução. Eles não tinham nenhum Jean Jacques Rousseau ou Karl Marx ou exemplos anteriores para guiá-los. Eles procuravam desajeitadamente alguma orientação, e recorriam à Bíblia, que era ainda a fonte de toda sabedoria como escrevi *The English Bible and Seventeenth-Century Revolution*, 1993. (HILL, 1995, p. 91)

C. Hill evidencia que a palavra revolução adquire seu significado moderno por causa da Revolução Inglesa de 1640, como a primeira revolução europeia. Contrapõe-se, portanto, aos historiadores que negaram a existência de antepassados ideológicos para essa revolução, pela justificativa de que nenhum de seus participantes tinha a convicção de estarem passando por um processo revolucionário. No entanto, os revolucionários norte-americanos se espelharam na experiência inglesa do século XVII e, por sua vez, os franceses temiam um Cromwell em sua história revolucionária e tiveram Napoleão. Os russos preocuparam-se com o bonapartismo e não sentiram que Stalin aproximava-se do poder. "Girondinos e jacobinos, mencheviques e bolcheviques, monarquistas e republicanos, todos se enquadram nos padrões estabelecidos pela Revolução Inglesa" (HILL, 2003, p. 28-29).

A obra escrita por C. Hill, traduzida e publicada no Brasil em 2003, com o mesmo título – *A Bíblia inglesa e as revoluções do século XVII* –, traz a proposição de que a Bíblia traduzida para a língua inglesa pelos reformadores do século XVI foi o referencial teórico, ou seja, a orientação de que os revolucionários do século XVII necessitavam para fazer a revolução. Se Rousseau serviu aos franceses e Marx aos russos, a Bíblia traduzida para o inglês trazia a autoridade da Palavra de Deus, cuja livre interpretação servia de orientação e respaldo, essenciais para a condução dos revolucionários seiscentistas. Aponta que a história bíblica de Israel foi prontamente utilizada pelos vários grupos revolucionários, desde os mais radicais até os reformistas, que no uso de citações de trechos bíblicos e em nome de Deus defenderam ou atacaram o rei.

> O vernáculo da Bíblia tornou-se uma instituição na Inglaterra dos Tudor – a base de uma autoridade monárquica da independência protestante na Inglaterra, o livro da moralidade e da submissão social. Sua centralidade tornou-se um campo de batalha entre várias ideologias – nacionalismo inglês contra catolicismo romano, episcopado contra presbiterianismo e sectarismo. A sociedade estava agitada e esperava-se que a Bíblia oferecesse soluções para os problemas que a assolavam. A tradução da Bíblia para o inglês tornou-se acessível a grupos novos e mais amplos, incluindo artesãos e mulheres, que liam sobre seus próprios problemas e possíveis soluções no texto sagrado. (HILL, 2003, p. 24-5)

A Bíblia não é um livro monolítico e muito menos passível de única interpretação. Seus cânones foram erguidos ao longo de muitos séculos e trazem em si ideias e posições colidentes. Para os radicais do século XVII as suas ideias revolucionárias provinham da Bíblia e bem que eles estavam certos, no dizer de C. Hill. "Todas as heresias tinham suas origens na Bíblia, porque ela mesma é uma compilação, um meio termo; a ortodoxia muda na medida em que incorpora ou rege exageradamente à heresia –

que se origina no texto bíblico" (HILL, 2003, p. 27). Nesse sentido, a livre interpretação fazia da Palavra escrita o meio para incorporar o discurso e promover reações.

Se para os católicos as imagens bíblicas serviam como leitura para os iletrados, para os protestantes e os impressores, mais exigentes segundo eles mesmos, a aprendizagem da leitura pela Bíblia significava criar uma nova cultura num número maior de pessoas. O interesse dos protestantes pela educação popular tinha o sentido de atrair as pessoas para a leitura e para ouvirem a palavra de Deus, que, segundo eles, apoiavam o conhecimento e os católicos a ignorância (HILL, 2003, p. 35). Consequentemente, a leitura popular da Bíblia vai alarmar os conservadores, pois era lida, cantada, discursada em tabernas e cervejarias, locais onde as pessoas comuns costumavam se encontrar.

Por sua vez, a explosão da imprensa permitira que o protestantismo e as discussões religiosas avançassem, colocando mais pessoas em contato com a Bíblia e outros impressos. O número de Bíblias e Novos Testamentos publicados na Inglaterra entre a Reforma e 1640 foi estimado em mais de um milhão de exemplares. Dentre as invenções, apontadas por Francis Bacon, a imprensa expandiu o conhecimento e ao mesmo tempo trouxe consequências políticas. Esta ambivalência fica evidente à medida que a imprensa torna possível a um número maior de pessoas serem educadas e, em contrapartida, oferece outras possibilidades de manipulação e controle da opinião pública. "Em ambos os processos a Bíblia teve um papel fundamental. Ela também foi responsável por modos de pensar que justificaram a expansão e a supremacia europeia" (HILL, 2003, p. 40-41).

Pela afirmativa de que "a Bíblia foi fundamental para toda a vida intelectual e moral dos séculos XVI e XVII", C. Hill evidencia que teóricos políticos, cientistas, literatos, poetas, radicais buscaram referências nos textos bíblicos ou serviram-lhes de inspiração para suas composições, análises e discursos. Constam nas principais obras políticas de Hobbes 1.327 citações bíblicas, sendo que no *Leviatã* foram 657 (HILL, 2003). Locke considerava a Bíblia como a principal fonte para esforços de produção de relatos históricos da existência humana. James Harrington, considerado um teórico político laico, lançou mão, exaustivamente, da fonte bíblica. "Milton, em 1642, referiu-se à Bíblia como 'aquele Livro em cujo contexto Sagrado toda a sabedoria se encontra'". Seus escritos políticos são essencialmente bíblicos. O cientista Richard Hakluyt afirmou que o seu interesse por cosmologia veio da leitura do Salmo 107. Edward Wright "declarou que o sistema copernicano poderia conciliar-se com as Escrituras" (HILL, 2003, p. 42-43). Radicais como Liburne (Leveller), Gerrard

Winstanley (Digger), Ranters entre outros, tinham como base do discurso os textos bíblicos. E mais, a Bíblia fazia-se presente em todos os discorres cotidianos, tornando-se também o centro das artes, das ciências e da literatura.

Por sua vez, em *O mundo de ponta-cabeça*, C. Hill tem como objetivo examinar uma outra revolução, a segunda que não chegou a se concretizar, mas que poderia ter "estabelecido um sistema comunal de propriedade e uma democracia muito mais ampla nas instituições legais e políticas". Por essa segunda revolução poderia ter sido possível retirar a oficialidade da Igreja Anglicana e a ética protestante não teria avançado e substanciado o capitalismo. Ao evidenciar "a fascinante torrente de ideias radicais" que a Revolução Inglesa de 1640 desencadeou, o autor produz sua narrativa histórica, trazendo para dentro do texto personagens simples que compõem a trama de um tempo que, pelo desenvolvimento de suas ideias radicais, poderiam ter virado o mundo de ponta-cabeça (HILL, 1991, p. 32).

Os radicais eram a favor de mudanças sociais em larga escala e, para tanto, explodiam suas posições políticas em uma enxurrada de jornais e panfletos, nos quais os acontecimentos eram lidos e discutidos, uma crise na qual o governo desmoronava e não sabia o que fazer. Para C. Hill:

> O importante é que, nos anos de 1640, muitas pessoas que conseguiam imprimir suas ideias nunca teriam feito antes. Eram o que os acadêmicos contemporâneos chamariam de iletrados, isto é, que não sabiam grego ou latim. Não obstante, esta maioria "iletrada" concebia ideias bastante elaboradas com relação àquilo que queriam discutir. Houve uma efervescência quando apareceu o panfleto de Milton, *Aeropagítica*, defendendo a liberdade de imprensa. [...] Foi um período em que toda a espécie de pensamento, antes impublicável, chega às páginas de jornais, livros, panfletos etc. [...] Muitas outras pessoas que não tinham educação, no sentido universitário clássico, mas que educaram a si próprias, conseguem publicar seus pontos de vista. (1995, p. 114)

Nesse sentido, o autor coloca em evidência a necessidade dos grupos radicais de conferir recursos próprios às dificuldades impostas pelo seu próprio tempo. Trata-se de uma série de ideias radicais que, de acordo com C. Hill, nos permite compreender melhor a sociedade inglesa e sentir a eloquência e a força de persuasão de um simples artesão nas suas discussões. Ao evidenciar o que os radicais escreviam, liam e discutiam, o historiador trabalhou e colocou em destaque personagens populares no processo histórico da Revolução Inglesa de 1640. Com isso, o historiador pôde destacar as maneiras com que a energia revolucionária foi impulsionada pelo constante fluxo de panfletos, pela leitura da Bíblia e pela própria formação de várias seitas religiosas, as quais traziam nos seus discursos a liberdade de transmissão de suas ideias radicais.

Dentre as várias contestações e transmissão de ideias dos revolucionários radicais destacamos que esses traziam para o debate a monopolização do conhecimento pela medicina, pelo direito e pela teologia; criticavam a estrutura educacional; questionavam a ética protestante e buscavam a liberdade para contestar o poder da Igreja, dos dirigentes e dos proprietários de terras. Ao buscar referências no líder Digger Winstanley, C. Hill evidencia suas ideias mostrando que além de falar pelos pobres e desapropriados, seu personagem conferia ampla importância política à propriedade da terra pelos camponeses, embora achasse essencial o cultivo comunitário, como grande remédio para os males que afligiam a Inglaterra setecentista. Porém, via que para acontecer a abolição da propriedade privada e, consequentemente, do trabalho assalariado, seria preciso haver um monopólio estatal, como o governo soviético fizera tempos depois após a revolução de 1917, e a manutenção da aprendizagem. Numa das propostas radicais de Winstanley sobre a educação, C. Hill mostra-nos:

> Naturalmente, a educação parecia ter a maior importância a seus olhos. Deveria prosseguir até que um homem "travasse conhecimento com todas as artes e linguagens". Proposta excepcional no século XVII, ela seria universal (para muitos os sexos) e igual: não mais haveria eruditos especializados vivendo "meramente dos labores dos outros homens", cuja "exibição de conhecimento consiste em ler, contemplar ou escutar outros falarem". As crianças deveriam ser treinadas "em ofícios e algum trabalho físico, bem como aprenderiam línguas ou história". As meninas estudariam música e aprenderiam a ler, costurar, tricotar e fiar. Haveria incentivos e recompensas para invenções e experiências novas. (1991, p. 144)

Evidências sobre educação também fazem parte da produção histórica de C. Hill. Muitas passagens nos seus textos trazem a importância dada ao saber ler no séc. XVII, os panfletos produzidos e discutidos pelos radicais, as aulas de alfabetização para a leitura da Bíblia, os discursos proferidos pelos revolucionários, pelos quais podemos sentir a originalidade das ações dos homens comuns no processo histórico, que foram por vezes apagados pela historiografia oficial. Contudo, a obra de C. Hill traz-nos a possiblidade de sentir e viver a História tendo em vista que esta pode ser construída não por uma filiação historiográfica, mas pelo compromisso de produção de narrativas que possam considerar a sociedade como um todo. Para tanto, C. Hill trabalhou sua tessitura narrativa com os fios da política, da religião, da literatura, da economia, das classes dominantes, dos homens e dos lugares comuns, pois para o historiador todos os aspectos da sociedade se entrelaçam. Além disso, a história econômica não se separa da história religiosa, política e cultural. Uma composição da História não se resume apenas a fatos, inclui também opiniões e crenças.

Portanto, não podemos ter modelos pré-concebidos ou trazer nossos (pré) conceitos atuais para as análises que fazemos do passado, nos quais os fatos devem se encaixar. Podemos, isso sim, compreender esse passado como algo que não se eterniza sobre o mesmo, mas como algo que se dilata para a descoberta, para o futuro. A "História vista de baixo"?

VIRANDO DE PONTA-CABEÇA A HISTÓRIA DA EDUCAÇÃO: POSSIBILIDADES DE DIÁLOGO COM CHRISTOPHER HILL?

A dilatação do campo de pesquisa da História da Educação, bem como sua renovação historiográfica, tem nos desafiado de forma permanente na busca de novos procedimentos teórico-metodológicos, na ampliação de fontes e na diversificação dos objetos de estudo. Para tanto, é preciso ousar! Buscar possibilidades de diálogo com autores variados no âmbito das abordagens teórico-metodológicas de modo a fertilizar o campo. Entendemos como possível o diálogo a partir da "História vista de baixo", tendo como referência a produção de C. Hill. Os territórios nos quais habitam nossos objetos e fontes provocam-nos mudanças na sua própria escolha ou seleção, na sua abordagem e, portanto, nos impele a incorporar esse método para compreender o passado dos fenômenos educativos.

A "História vista de baixo" para cima significa muito mais do que dar voz àqueles ocultados pelas narrativas históricas, porque trata de uma história que aborda todos os homens, incluindo os de baixo, os personagens simples, comuns. Não é essa a categoria de personagens que preenche os espaços escolares? Professores, alunos, servidores escolares, famílias – são sujeitos comuns que fazem uma releitura das propostas impingidas à escola, a partir das suas próprias realidades e não em conformidade com o apregoado pelas legislações e outros instrumentos porta-vozes de uma elite intelectual. Não estaria aí uma grande contribuição de Hill para entendermos a realidade das nossas escolas, para além da legislação e dos debates parlamentares?

Para C. Hill, as nossas interpretações históricas variarão "segundo as nossas atitudes, segundo o que vivemos no presente". Portanto, as reinterpretações da História não são somente possíveis, se fazem também necessárias, pois grande parte de nossa História foi escrita partindo de minúsculos fragmentos da população e do ponto de vista de seus autores. Assim, é preciso, conforme C. Hill, termos "[...] a intenção de ampliá-la tanto em profundidade quanto em largura" (1991, p. 33). Pois,

> a história precisa ser reescrita a cada geração, porque embora o passado não mude, o presente se modifica; cada geração formula novas perguntas ao passado e encontra novas áreas de simpatia à medida que revive distintos aspectos das experiências de suas predecessoras. [...]
> A narrativa histórica, o contorno mais amplo dos acontecimentos está dada. Ainda que se estude de modo sistemático o pormenor da documentação existente, isso não modificará o que é essencial, factualmente, na história. Mas a interpretação variará segundo nossas atitudes, segundo o que vivemos no presente, Por isso a reinterpretação não é somente possível – é também necessária. (HILL, 1991, p. 32-33)

Necessariamente, escrevemos e reescrevemos a História pelas posições que assumimos no presente, espaço temporal que produz nossas problemáticas de pesquisa e deparamos com novas fontes, novos conceitos, outras teorias e técnicas pelas quais fazem com que reavaliemos o passado e revemos as interpretações instituídas. O acompanhamento das mudanças da História se faz necessário, como também sua reinterpretação e, assim, podemos investir na produção de uma História da Educação que incorpore ações de sujeitos que propuseram formas ímpares de educar ou ser educado e que são desconsiderados como atos educativos.

Por sua vez, baseando-se em Ricoeur, José Carlos Reis mostra-nos que:

> O historiador é como um sonhador no dia seguinte: um narrador do seu sonho. Acordado, esse sonhador se torna historiador – ele se lembrará do que sonhou e fará uma narrativa do sonho. Este, o sonho, assim como o vivido, é noturno, desconhecido, repleto de camadas profundas do passado. A narrativa se dá no dia seguinte e será a organização do sonho/vivido. A narrativa não é o próprio sonho/vivido: é um esforço de organização e atribuição de sentido. O sonho e o vivido são inabordáveis em si: deixam vestígios, lembranças, com as quais se tece uma narrativa totalizante. Tal narrativa é um esforço de interpretação do sonho/vivido, de decifração,

> de reconstrução e compreensão. [...] A narrativa será sempre refeita, reescrita, reelaborada, ressignificada. [...] Nenhum texto aparece saturado de sentido, transparente, e exige sempre uma decifração contínua. Não há leitores definidos de um texto, não há decifração conclusiva do sonho, não há narrativas esgotadoras do vivido histórico. Por isso, a história é sempre reescrita. Não há narrador que reproduza o seu sonho tal qual foi sonhado; não há historiador que reproduza o vivido tal qual foi vivido. Entre narração/conhecimento e sonho/vivido há um abismo intransponível, sobre o qual se estende a ponte frágil e oscilante das *interpretações*. (2007, p. 19-20)

Nossa inclinação volta-se para perceber, pelo nosso próprio olhar, o ofício de historiador que traduz também como leitor de sonhos/vividos, pois nossos esforços perpassam pela tradução/interpretação da organização de textos atribuídos de sentidos expressados nas narrativas. Nesse sentido, somos decifradores de produções/narrativas históricas que podem ser compreendidas como filhas de seu tempo, mas que sempre devem ser refeitas, reelaboradas e ressignificadas. Portanto, colocamo-nos na disposição de rever seus sentidos e decifrar os textos continuamente.

C. Hill chama-nos atenção para as omissões e preconceitos da historiografia que desqualifica alguns sujeitos na História, desconsiderados pela maneira de pensar que, de uma forma ou de outra, ultrapassam as versões formadoras ou visões enquadradas. Sobre os radicais do séc. XVII ou, no nosso caso, aqueles sujeitos que pretendiam outras versões de educar, C. Hill fala-nos:

> [...] cada geração recupera uma nova parte daquilo que seus predecessores, com arrogância e esnobismo, desqualificaram sob o nome de "camada de lunáticos". [...]
>
> Na verdade, os historiadores fariam bem em evitar um termo tão carregado quanto "camada de lunáticos". O lunatismo – assim como a beleza – pode estar nos olhos de quem vê. Houve, é claro, lunáticos no século XVII, mas a psiquiatria de nossos dias está nos ajudando a entender que a própria loucura pode ser uma forma de protesto contra as normas sociais, e que de certa forma o "lunático" pode ser mais sadio do que a sociedade que o rejeita. (1991, p. 33-34)

O historiador ainda acrescenta que é melhor errarmos porque buscamos significação racional em ideias levadas a sério por homens e mulheres no tempo, pois se desconsiderarmos tais concepções, por parecer-nos irracionais, "poderemos estar-nos privando de algumas chaves valiosas para a compreensão da sociedade [...]". Nesse sentido, para o autor, os historiadores devem se interessar por determinados pensamentos não apenas porque eles influenciam as sociedades, mas também porque são reveladores das sociedades que os originaram (HILL, 1991, p. 34-35).

Pelas produções historiográficas sentimos a mobilidade teórica que nos permite eleger conceitos os quais possam conduzir para uma leitura histórica e social e, assim, discernir alguns aspectos e não outros, estabelecendo atrelamentos que não poderiam ser constituídos sem os instrumentais teóricos que apossamos. Assim, pelas reelaborações mentais de outros autores, podemos dialogar para buscar organizar o nosso próprio quadro teórico.

Contudo, na busca de trabalhos que poderiam ter dialogado com o trabalho historiográfico de C. Hill, visitamos e examinamos os anais do Congresso Brasileiro de História da Educação (CBHE), nas suas várias edições, em consulta aos diversos eixos temáticos, principalmente aqueles associados à imprensa pedagógica, história da leitura e do livro, das instituições, das relações entre religião e educação, não conseguimos encontrar nenhuma referência ao autor. Entretanto, isso não nos autoriza afirmar que a não existência de referências a C. Hill possa anular a autoridade da historiografia social inglesa para o campo da História da Educação. Sentimos, por sua vez, que o campo vem se assegurando em maneiras próprias de produção de conhecimento e que possa, talvez, pensar os fenômenos educativos movimentando pela "História vista de baixo".

Por sua vez, um incidente bastante profícuo para o nosso trabalho ocorreu na conferência final do IV Encontro Norte/Nordeste de História da Educação (IV ENNHE) – História da Educação: Imprensa, Impressos e Práticas Educativas, de 1 a 4 de abril de 2012, em Aracaju-SE, no momento em que soou aos nossos ouvidos o nome de C. Hill. Com o texto/conferência "Imprensa, Bíblia e leitura: da Europa para o Mundo", Maria Juraci Maia Cavalcante traz na sua exposição a "historicidade e circularidade de processos culturais e educacionais", uma "história entrelaçada da imprensa, impressos e práticas educativas", na qual justifica seu interesse pelos estudos culturais (2012, p. 1). Ao referir-se à imprensa, a historiadora volta-se para a obra de C. Hill *A Bíblia inglesa*, apontando: o impacto político e cultural provocado pela impressão da Bíblia pelos ingleses; a inspiração provocada pela Bíblia nas rebeliões e revoluções, como também serviu de guia para protestantes e comerciantes; o número crescente de leitores por diferentes níveis sociais após liberdade de acesso à leitura bíblica, antes restrita aos monges, padres e teólogos católicos (CAVALCANTE, 2012, p. 3).

A autora dá continuidade à sua análise, pela obra de C. Hill, ressaltando a importância da impressão da Bíblia no séc. XVI para os movimentos reformistas, para a abertura da teologia ao debate laico e ao academicismo, como também para a esfera científica. Mostra que o efeito da ação dos pregadores leigos entre as classes populares, em lugares variados, despertou uma opinião circulante, gerando indisposições, desobediências, contraposições entre casais, senhores e servos, suscitando, pelo saber bíblico, uma liberalidade que estimulava as advertências e lições. Portanto, a liberação da impressão e a disseminação sem controle da leitura da Bíblia provocou ensinamentos políticos, sociais e históricos, sendo "um fundamento valioso intelectual e moral dos séculos XVI e XVII" (CAVALCANTE, 2012, p. 5).

Para encerrar a conferência, Maria Juraci Maia Cavalcante relembra-nos que

> Na condição histórica de nação colonizada, herdamos da Europa: 1) a revolução aberta por Gutemberg; 2) uma guerra persistente entre católicos e protestantes; 3) a busca obstinada por riqueza, encetada por navegadores, comerciantes e judeus; 4) soldados de Cristo com a missão católica do ensinamento bíblico ao gentio, aos colonos e escravizados. Todos esses fatores e atores estiveram envolvidos numa ação calculada e militarizada de dominação devastadora e controle político sobre povos e culturas, que a eles reagiram como puderam para conservar seus deuses e valores culturais. Este é um espólio sem o qual não nos seria hoje tão necessário e convidativo estudar a história da educação brasileira, sob o ângulo da imprensa, impressos e práticas educativas. (2012, p. 12)

A partir de estranhamentos dos legados históricos, podemos também compor narrativas pela História da Educação, tendo em vista possibilidades de problematizações contínuas que nos impõe o presente vivido. Assim sendo, pela leitura da obra de C. Hill é possível apreender o movimento de sua operação histórica diante da diversidade de fontes impressas dos séculos XVI e XVII, das quais fazem emergir tanto outros sujeitos, como suas próprias tramas ou experiências. Para C. Hill, referindo-se a uma de suas fontes privilegiadas, a literatura é um dos instrumentos mais importantes para compreender a sociedade. A evidência histórica documental, trazida pela literatura, pode ser compreendida pela sua própria análise, pois cada fonte possui sua especificidade, um modo de ser tratada e pode ajudar-nos a compreender o que as pessoas pensavam em determinadas épocas. A título de exemplo, C. Hill revelou-nos que as produções literárias podem "estimular nossa curiosidade com relação à sociedade que havia produzido uma poesia com tais contradições e conflitos", e que o fazia pensar no momento vivido (HILL, 1995, p. 96). Contudo, as evidências literárias foram essenciais para a narrativa de opiniões e crenças de sujeitos imbuídos do seu próprio tempo.

A metodologia desenvolvida por C. Hill remete-nos à visão do trabalho historiográfico do autor, elegendo fontes e extraindo dessas algo específico, capaz de promover o movimento sistemático diante do tema escolhido e dos materiais por ele definidos. As fontes históricas trazem informações para a produção historiográfica, pois são discursos a serem decifrados, analisados e incorporados pelo historiador. Assim, a metodologia retroage sobre a concepção teórica do historiador, trazendo à tona seus posicionamentos pelas operações históricas, pelo alargamento do campo ocular e, ainda, pelo estabelecimento do movimento em prol da resolução/análise do problema. Torna-se essencial, então, procurar entender como os sujeitos históricos promoveram algum movimento em suas determinadas realidades sociais ou como essas realidades o compuseram como sujeitos históricos. Assim, podemos atentar em trazer para a nossa escrita da História da Educação as experiências educacionais provocadas por diversos sujeitos, pelos seus modos de ser e viver a educação. Os problemas são sentidos e os objetos se compõem à medida que ocupamo-nos em querer entender o que foi e o que é a educação de homens e mulheres, na sua idade adulta ou na sua infância, tendo em vista as similitudes e diferenças que se expressam pela cor, pela raça, pela religiosidade.

Quiçá possamos promover (re)construções conceituais, documentais e narrativas compostas num presente que nos aponta para o desafio de poder compreender a dessemelhança entre passado e futuro. Pois os estudos de composições historiográficas, como as de C. Hill, permitem-nos abrir o olhar, compreender as fontes, produzir fecundas reflexões teóricas pensadas pelo ângulo de nossas problemáticas de pesquisas. Por fim, gostaríamos de expressar que a reflexão e análise da produção e operação historiográfica de C. Hill podem revigorar a nossa própria, pois o diálogo com a historiografia propõe questionamentos, por perguntas que levam a novas abordagens/enfoques/investidas. Perceber a escrita da História de C. Hill é conhecê-lo e reconhecê-lo como historiador que foi e que deixou-nos um legado de como fazer/construir história – virar o mundo/historiografia de ponta-cabeça? Afinal, o que fazemos ou podemos fazer enquanto historiadores da educação?

REFERÊNCIAS

CAVALCANTE, Maria Juraci. Imprensa, Bíblia e leitura: da Europa para o mundo. In: ENCONTRO NORTE E NORDESTE DE HISTÓRIA DA EDUCAÇÃO, 4., 2012, Aracaju. *Trabalho apresentado...* Aracaju: Universidade Tiradentes/SBHE, 2012.

HILL, Christopher. *O mundo de ponta-cabeça*: ideias radicais durante a revolução inglesa de 1640. São Paulo: Companhia das Letras, 1991.

____. *Origens intelectuais da Revolução Inglesa*. São Paulo: Martins Fontes, 1992.

____. Bridget Hill e Christopher Hill. *Varia História*, Belo Horizonte, Fafich – UFMG, n. 14, páginas 1-163, set. 1995..

____. *A Bíblia inglesa e as revoluções do século XVII*. Rio de Janeiro: Civilização Brasileira, 2003.

REIS, José Carlos. Introdução. In: REIS, José Carlos. *As identidades do Brasil*: de Varnhagen a FHC. Rio de Janeiro: Ed. FGV, 2007. p. 7-20.

RIBEIRO, Renato Janine. Introdução. *Varia História*, Belo Horizonte, Fafich – UFMG, n. 14, p. 79-82, set. 1995. .

THOMPSON, E. P. *Whigs and Hunters*: The Origin of the Black Act. New York: Pantheon Books, 1975.

Eric Hobsbawm: a historiografia social inglesa e a História da Educação no Brasil

MARCÍLIA ROSA PERIOTTO

A publicação do primeiro livro que compõe as "Eras"[1] tornou Eric Hobsbawm presença obrigatória nos cursos de História brasileiros em razão dos estudos realizados sobre a sociedade capitalista, processo de industrialização, classes sociais e manifestações operárias desde sua gênese até o caráter e desdobramentos dos conflitos que mantiveram com a burguesia, entre outros temas como a história social do jazz. Entretanto, um dos aspectos mais significantes era o método adotado pelo historiador, cujas categorias explicativas permitiam o enfrentamento com os textos predominantes na área e que encaminhavam para uma compreensão ora naturalizada sociedade, ora na perspectiva única dos vencedores. Eric Hobsbawm expressou, então, um dos momentos de renovação do debate no interior dessa área do conhecimento e consolidou um tipo de interpretação histórica no qual a coerência teórica reclama a emergência de um historiador compromissado com as questões do seu tempo.

A proposta do texto é realizar uma reflexão sobre a História Social e Cultural Inglesa e as possíveis contribuições que podem oferecer à pesquisa em História da

[1] *Era das Revoluções - 1789-1848* (1975) *Era do Capital - 1848-1875*, e *Era dos Impérios - 1875-1914* (1978) foram publicados no Brasil pela Editora Paz e Terra. O último livro da série *Era dos Extremos: o breve século XX -1914-1991* (1995) é uma publicação da Editora Companhia das Letras. A publicação do primeiro livro em Londres é de 1962.

Educação. O objetivo é permitir um maior diálogo com essa historiografia na medida em que não se avista mais com frequência a sua adoção nos estudos realizados no campo da pesquisa histórico-educacional, ausência provocada certamente pela emergente "crise dos paradigmas explicativos da realidade" (PESAVENTO, 2005), embora a teoria marxista tivesse vigorado com predominância nas ciências humanas e sociais nas décadas de 70 e 80 do século XX.

O decaimento do marxismo, observado no interior da academia e junto aos intelectuais que até então o utilizavam nas suas reflexões, foi provocado na esteira dos desdobramentos da Guerra-Fria e no fim da União Soviética. Essas mudanças, por sua vez, resultaram na necessidade de buscar novas formas explicativas para os eventos históricos, e inauguraram, na História da Educação, o que Bittar e Ferreira Jr. atestaram como a "hegemonia da Nova História" e que resultou, na opinião dos estudiosos, numa produção fragmentada do conhecimento: "O declínio da influência do marxismo e a ascensão da pós-modernidade engendraram outra maneira de produzir o conhecimento histórico, pois foram abandonadas as preocupações explicativas do sentido da totalidade na qual se inserem os objetos das pesquisas" (BITTAR; FERREIRA JR., 2009, p. 490).

A importância dos estudos ingleses para a pesquisa na área se afirma face ao quadro político, econômico e social da atualidade, os quais são analisados por Hobsbawm sob o prisma das forças sociais conflitantes, em conjunto com a ideia defendida por Marx e que dá o eixo aos seus estudos, de que os homens constroem a sua própria história, mas não do jeito que querem ou sonham, e sim com as condições concretas e possíveis ao momento histórico em questão.

Eric Hobsbawm é o pensador escolhido para este capítulo. O conjunto de sua obra é constituído por estudos embasados no pensamento marxista, cuja concepção de história o acompanha no decorrer dos intermitentes anos de produção historiográfica. O livro *Sobre História*, publicado em Londres no ano de 1997 e no Brasil em 1998, composto por ensaios com os quais o historiador procurou enfrentar "um conjunto coerente de problemas", será o guia da reflexão por traduzir de forma objetiva a filiação do autor ao marxismo e realçar as preocupações que desenvolveu ao longo do século XX durante o envolvimento umbilical que manteve e ainda mantém com a tarefa de refletir sobre história:

> Em primeiro lugar, estou preocupado com os usos e abusos da história, tanto na sociedade, quanto na política, e com a compreensão e, espero,

> a transformação do mundo. Mais especificamente, discuto o valor da história para as outras disciplinas, especialmente na área das ciências sociais [...] Em segundo lugar, dizem respeito ao que tem acontecido entre os pesquisadores acadêmicos do passado. Incluem levantamentos e avaliações críticas de várias tendências e modas em história, além de intervenções em debates, como, por exemplo, sobre pós-modernismo e cliometria. Em terceiro, dizem respeito a meu próprio tipo de história, ou seja, aos problemas centrais com que todo historiador sério deve se defrontar, à interpretação histórica que achei mais útil quando os enfrentei, e, também, à maneira pela qual a história que tenho escrito traz as marcas, antecedentes, convicções e experiência de vida de um homem de minha idade. (HOBSBAWM, 1998, p. 7-8)

Ao estudo importa, portanto, o entendimento de Hobsbawm sobre história – a teoria –, e os passos que deu no sentido de apontá-la – a metodologia – enquanto manifestações históricas, e explicitá-la enquanto respostas aos problemas inerentes à sociedade capitalista. Nesse ponto inclui-se a significativa contribuição a ser dada por seus escritos e engajamento político à História da Educação, quando aponta "o que é e o que não é", e, se não aplicado ou observado, "não pode haver história" (HOBSBAWM, 1998). Outro aspecto a se considerar é o destino dado pelo historiador aos resultados de seus esforços, o que, de certa forma, define a relação entre os seus estudos e a História da Educação e com a pesquisa insurgente, pois não se faz história para se ter uma noção cabível do passado, mas para se ter uma "história crítica – uma história que é capaz de nos ajudar na sociedade contemporânea" (HOBSBAWM, 1998):

> Isso ainda deixa muita coisa com que os historiadores podem contribuir para nossa exploração do futuro: descobrir o que os seres humanos podem e não podem fazer a respeito; estabelecer as condições e, por conseguinte os limites, potencialidades e consequências da ação humana; distinguir entre o previsível e o imprevisível e entre diferentes tipos de previsão. (HOBSBAWM, 1998, p. 67)

A longevidade de Eric Hobsbawm – completou 95 anos em junho de 2012 – deu a ele a ocasião de vivenciar os conflitos e contradições aguçados por uma sociedade profundamente desigual e concentradora de riqueza e na qual a supremacia da classe dominante pretende-se perpetuada. O seu propósito, diante dessas relações inerentes a natureza do capital foi encontrar respostas para a complexidade da vida contemporânea, permeada pelas crises sociais e políticas incapazes de apontar uma nova perspectiva social que não se originasse de um processo revolucionário de âmbito mundial.

Marxista convicto, militante comunista até mesmo após a derrocada do mundo soviético, quando se supunha haveria uma desilusão profunda e um consequente afastamento das teses elaboradas por Marx e Engels de parte de seus partidários mais persistentes, Hobsbawm contrariou as expectativas a respeito e continuou a produzir vigorosas reflexões sobre a sociedade capitalista, nas quais a defesa incondicional da história, como movimento, o habilita a produzir interpretações com o objetivo sempre presente de buscar, face às circunstâncias postas na contemporaneidade, novas respostas para os acontecimentos do passado.

O texto que se apresenta tem o intuito de marcar as contribuições que a produção historiográfica de Hobsbawm pode legar à escrita da História da Educação enfatizando, sobremaneira, a concepção de história característica na sua obra e os resultados que poderão advir dessa observação teórica para o campo da historiografia educacional brasileira. O entusiasmo que se vislumbra no campo da pesquisa histórico-educacional autoriza o reclame por um debate teórico-metodológico que a torne efetivamente uma expressão do objeto que se investiga, juntamente com o pleno reconhecimento deste como evento histórico mais ou menos determinante na sociedade capitalista.

Não será realizada aqui uma análise rigorosa nem extensiva das obras do historiador. As consultas visam perceber, de imediato, a importância que tem para a historiografia mundial e as contribuições que podem legar à História da Educação. Por outro lado, o texto traz limites os quais advêm da impossibilidade de alcançar, em curtas linhas, o conjunto dos escritos e de refletir todas as questões oferecidas ao debate historiográfico e político. Dessa maneira, procurou-se ser fiel à proposta do livro e apresentar um esboço da concepção de história condutora da reflexão de Hobsbawm, apresentando-se uma noção geral da sua trajetória intelectual e de vida.

A leitura que se fez para inferir o peso da teoria abraçada por Hobsbawm em seus estudos origina-se da compreensão de que, se inúmeras são as obras, é sempre a mesma concepção de história que transita sistematicamente nos resultados das pesquisas, com as quais explicita a história dos homens desde fins do século XVIII até os dias atuais.

A VIDA DE ERIC HOBSBAWM E A SUA FORMAÇÃO EDUCACIONAL

Já se comentou acerca da longevidade do historiador inglês e do privilégio de participar vivamente de quase um século de eventos que foram cruciais para a humanidade. A longa trajetória de Eric John Earnest Hobsbawm teve início no Egito, quando, em Alexandria, nasceu no dia 9 de junho de 1917, filho de pai inglês de origem judaica e de mãe austríaca.

Após o fim da Primeira Guerra Mundial a família de Hobsbawm dirige-se para Viena. Nessa cidade principiou a sua formação educacional, porém, aos 14 anos, perde os pais e vai residir na Alemanha junto com a irmã, ficando ambos sob os cuidados dos tios Gretl e Sidney. O tempo vivido na Alemanha foi curto, mas suficiente para testemunhar a gestação do nacional-socialismo e das tensões existentes entre nações que tentavam conservar as partes do mundo as quais confiavam pertencer-lhes em particular, e também para despertar no jovem o pendor para a política, tanto que movido pela curiosidade e vontade de entender o tempo presente, sozinho, passou a ler o *Manifesto do Partido Comunista* e engajar-se a uma organização comunista de estudantes do ensino secundário, denominada Sozialistischer Schülerbund (HOBSBAWM, 2002).

Em 1933, com o recrudescimento da política nazista e o ar de beligerância que eclipsava a Europa, seu tio mudou-se com a família para a Inglaterra. A medida revelou-se certeira, pois logo a Alemanha deu início à perseguição dos judeus, inaugurando uma era denominada pelo historiador de "colapso e catástrofe" (HOBSBAWM, 1995), quadro que certamente teria sido fatal à existência da família Hobsbawm.

Na Inglaterra o historiador pôde concluir seus estudos, passando pelo curso secundário da Saint Marylebone Grammar School, instituição onde teve contato fecundo com a literatura inglesa – os estudos literários desempenharam um peso significativo na sua formação –, e pelo ensino superior na Universidade de Cambridge, onde pôde conhecer e conviver de perto com figuras que ganhariam destaque na política e historiografia inglesas.

Sobre os anos de formação, no livro autobiográfico *Tempos interessantes, uma vida no século XX* (2002), Hobsbawm delineia a sua trajetória de vida numa exposição de memórias que busca explicitar os rumos investigativos dos estudos e engajamento político consolidados na perspectiva marxista da história. A análise feita dos desdobramentos relacionados aos maiores eventos do século XX – as duas grandes guerras mundiais –, e as consequências impostas aos milhares de indivíduos tragicamente afetados pelo conflito bélico, demonstram a mudança social em curso representada pela nova reordenação político-econômica mundial.

No livro consta um relato minucioso da construção de seu pensamento e a dos companheiros que, em conjunto, fundaram a chamada História Social e Cultural Inglesa e o jornal *Past & Present*, órgão de expressão do Grupo de Historiadores do Partido Comunista britânico, em 1952, "no ambiente mais agradável do University College, na Gower Street" (HOBSBAWM, 2002) e que, na opinião de Martins, "adquiriu forte influência antes dos 1960 e representou as novas tendências de introduzir uma dimensão social e econômica na História" (MARTINS, 2010, p. 59).

Os primórdios da fundação da "história-social" vinculam-se ao envolvimento do grupo com a leitura dos escritos marxistas e a adoção da teoria como condutora da análise que realizavam e, no caso de Hobsbawm, de adesão incondicional àquelas teses e à militância política resultante da filiação ao Partido Comunista britânico. A sua permanência, quando muitos negavam o Partido e dele se afastavam, deveu-se

> [...] à lealdade a uma grande causa e a todos aqueles que por ela sacrificaram suas vidas [...] se você acredita que o comunismo é algo maior do que a história dos países atrasados nos quais os comunistas chegaram ao poder, então essa história não é motivo suficiente para abandonar a causa. (HOBSBAWM, 1999, p. 170- 171)

O compromisso político que mantém intacto e secundado por correlata concepção teórico-metodológica reafirma a importância do marxismo para sua produção intelectual como também a confiança de que Marx permitiu uma reflexão sobre a evolução histórica do mundo, não tomada na perspectiva positivista e sim do movimento, da transitoriedade das relações sociais:

> A principal vantagem da análise do marxismo é que considera o capitalismo como um sistema que origina periodicamente contradições internas que geram crises de diferentes tipos que, por sua vez, têm de ser superadas mediante uma transformação básica ou alguma modificação menos do sistema [...] Esse é o principal elemento que ainda sobrevive do marxismo. (HOBSBAWM, 2011, p. 1)

A formação intelectual de Hobsbawm iniciou-se em meio ao advento do nazi-fascismo e das consequências funestas trazidas com a Segunda Grande Guerra. Os dezenove meses vividos no Prinz-Heinrichs-Gymnasium, na Alemanha, foram os que mais marcaram sua vida: "Por intermédio da escola vivi o que já sentia ser um momento decisivo na história do século XX" (HOBSBAWM, 2002). A experiência em Berlim traçou o caminho que percorreria nos seus quase cem anos de vida. Lá deu os primeiros passos para a apreensão do pensamento marxista e da esperança de que a sociedade do devir, desenhada pelo socialismo científico, ainda poderia vingar:

> Os meses que passei em Berlim me tornaram comunista para o resto da vida, ou pelo menos me transformaram em alguém cuja vida perderia a natureza e o significado sem o projeto político a que se dedicou quando estudante, ainda que esse projeto tenha falido – e, como agora sei, somente poderia falir. O sonho da Revolução de Outubro ainda está em algum lugar dentro de mim, assim como um texto apagado no computador lá permanece, à espera de que os técnicos o recuperem dos discos rígidos. Abandonei-o, ou melhor, rejeitei-o, mas não foi eliminado. (HOBSBAWM, 2002, p. 73)

Os fatos que advieram ao fim da República de Weimar, consolidaram a visão de que com "o breve século XX" iniciou-se uma era de catástrofe e terminou num "estado de inquietação" onde as certezas absolutas esmoreceram. Isso exige dos historiadores respostas para um "mundo desenraizado", cuja permanência humana continua em suspenso (HOBSBAWM, 1995). A compreensão de que o marxismo é fruto de circunstâncias históricas justificou a sua adesão às teses de Marx e o conduziu na certeza de que os historiadores, hoje, são mais do que nunca necessários face à luta contra a "mitologia histórica" (2002).

Hobsbawm lecionou na New School for Social Research (Universidade de Nova York, 1980-1997), foi professor visitante na Universidade de Stanford (1960), no MIT (1967), na Universidade Nacional Autônoma do México (1971) e no Collège de France (1982) e é professor aposentado do Birkbeck College (Universidade de Londres), entre outros compromissos que mantém ativos (MARTINS, 2010).

A HISTÓRIA SOCIAL E CULTURAL E OS JOVENS HISTORIADORES INGLESES

A Historiografia Social e Cultural Inglesa referendou os procedimentos teórico-metodológicos de cunho marxista e influiu diretamente na renovação do campo da pesquisa histórica ao se contrapor às interpretações predominantes, em especial a história política e a positivista, redigidas dando ênfase aos "grandes homens" e aos "grandes conflitos bélicos" como decisivos na história, os quais eram reconhecidos como as causas primeiras das grandes transformações sociais.

No Brasil os estudos embasados na ciência da história, notadamente na área da educação, tornaram-se cada vez mais raros em razão da crise do pensamento marxista e da oposição oriunda das tendências interpretativas atuais, motivadas por ideias que predicam enfoques onde as subjetividades humanas devem ser consideradas como elementos passíveis à pesquisa. As intermitentes crises políticas, econômicas e sociais geraram, por extensão, a chamada crise dos paradigmas nas Ciências Sociais que, por sua vez, responderam com o que se denomina hoje Nova História nas suas mais diferentes ramificações: história das ideias, das mentalidades, do cotidiano, a micro-história, etc.

No bojo desse movimento, as tendências historiográficas apontavam no horizonte contestando as velhas formas de fazer história, naquilo que Peter Burke (1991) aludiu por

> [...] a substituição da tradicional narrativa de acontecimentos por uma história-problema. Em segundo lugar, a história de todas as atividades humanas e não apenas história política. Em terceiro lugar, visando completar os dois primeiros objetivos, a colaboração com outras disciplinas, tais como a geografia, a sociologia, a psicologia, a economia, a linguística, a antropologia social, e tantas outras. (BURKE, 1991, p. 11-12)

Lucien Febvre e Marc Bloch, fundadores dos *Annales* (1929), convidavam os historiadores para, então, "reformarem" a escrita francesa da história definida "não pelo seu objeto, mas pelo seu material" (FEBVRE, 1989). Sobre esse momento Ferreira (2000) assevera que a "nova história" produziu "imensa transformação que se operou no campo da história a partir da França":

> Seus pressupostos eram que os fenômenos inscritos em uma longa duração são mais significativos do que os movimentos de franca amplitude, e que os comportamentos coletivos têm mais importância sobre o curso da história do que as iniciativas individuais [...] O fundamental era o estudo das estruturas, em que assume a primazia não mais do que é manifesto, o que se vê, mas o que está por trás do manifesto. (FERREIRA, 2000, p. 5)

O longo "combate"[2] produziu uma renovação historiográfica substancialmente provocadora, colocando por terra a história contada pela velha-guarda da historiografia francesa e encontrou simpatia no grupo renovado dos historiadores ingleses, entre os primeiros, Hobsbawm e Rodney Hilton, numa ação que Burke chamou de estratégia intelectual: "os *Annales* eram um aliado na luta contra o domínio da história política tradicional" (BURKE, 1991).

Diz Ferreira (2000) que "esse grupo defendia uma nova concepção, em que o econômico e o social ocupavam lugar privilegiado" em contraposição aos estudos que apenas distinguiam os eventos passados, isto é, a descrição da história feita por documentos, numa narrativa na qual as "sociedades passadas e suas metamorfoses" são tomadas como evolutivas e apartadas do movimento da história, como exclamava Febvre, ao defender a escrita de uma "nova história":

> Os homens, únicos objetos da história [...] homens sempre tomados no quadro das sociedades de que são membros, pelos homens membros dessas sociedades numa época bem determinada do seu desenvolvimento, pelos homens dotados de funções múltiplas, de atividades diversas, de preocupações e de aptidões variadas, que se mesclam todas, se chocam, se contrariam, e acabam por concluir entre si uma paz de compromisso, um *modus vivendi* que se chama Vida. (FEBVRE, 1989, p. 30)

Nessa época de espírito restaurado a História Social e Cultural Inglesa surge com a convicção de que era fundamental na explicitação histórica a consideração de que as sucessivas etapas da trajetória humana não são estáticas nem perduram para sempre. Na entrevista concedida a Antonio Polito, Hobsbawm (1999) relata que

> nos dez anos posteriores à guerra, nossa geração aprendeu história em seminários regulares realizados por historiadores amigos e membros do Partido Comunista britânico, o chamado Grupo de Historiadores Comunistas: Christopher Hill, Maurice Dobb, E. P. Thompson, o medievalista Rodney Hilton, eu mesmo e outros. Também depois da guerra, houve as discussões com historiadores de outros países, entre quais muitos franceses. (HOBSBAWM, 1999, p. 10)

[2] Referência ao título do livro de Lucien Febvre, *Combates pela História* (1952), publicado pela Editorial Presença, Lisboa, 1989.

O fim do stalinismo se, por um lado, acarretou uma baixa significativa entre os intelectuais que proviam seus estudos com as teorias de Marx e defendiam a sociedade socialista tornou-os presa fácil da crítica dos oponentes teóricos e ideológicos, resultou, por sua vez, na fundação de uma das escolas mais férteis da historiografia inglesa que ainda hoje suscita interesse não só entre pesquisadores, mas de um público composto por jovens estudantes, conforme comprovam as recorrentes impressões de Hobsbawm recolhidas nas palestras realizadas em várias partes do mundo, assinaladas por ele nos livros mais atuais e entrevistas concedidas para a imprensa em geral.

A publicação em 1963 do livro *Formação histórica da classe operária* por Thompson deu ênfase ao posicionamento do grupo e colocou no centro da reflexão aspectos até então despercebidos como fundamentais à escrita de uma história não apenas compromissada com a realidade, mas oposta aos limites da ciência burguesa e se constituía numa visão social das relações mundiais. Thompson iria também "se interessar por aquilo que chamava de mediações culturais ou morais" (ARAÚJO, 2008), ou seja, trazer à tona nos escritos historiográficos as "experiências" dos sujeitos que fazem a história, nos conflitos que estabelecem entre si, das formas que representam o mundo e a si próprios. Para Faria Filho o "entrelaçamento entre a experiência e cultura está, para Thompson, uma das grandes virtudes do seu próprio trabalho" (FARIA FILHO, 2005), um movimento que abriu um horizonte de possibilidades investigativas e que colocou indivíduos até então invisíveis no centro das preocupações da análise histórica.

Hobsbawm, em particular, dirigiu suas inquietações para um campo de pesquisa no qual os objetos e as fontes são subtraídos das manifestações que conformam os sujeitos a determinações históricas mais gerais. A variedade de temas que saíram de sua lavra – *História Social do jazz*, *Rebeldes primitivos*, *Pessoas extraordinárias: resistência, rebelião e jazz*, associados com os estudos da *Eras*, trazem questões cruciais para a compreensão do capitalismo e das consequências para a contemporaneidade dos conflitos renovados ao longo dos séculos XX e XXI e na afirmação da supremacia da potência norte-americana, bem como o significado desse quadro político-econômico para o conjunto das demais nações.

Nessas investigações é recorrente o registro da transitoriedade dos fenômenos sociais, onde são reafirmados como resultados das contradições da sociedade, precisamente da oposição entre os que controlam o capital e os que se esforçam para produzi-lo. Essa fidelidade à concepção marxista, que trata do movimento, e exige revelá-lo, tem continuidade nos escritos de Hobsbawm e reforça a opinião do historiador de que "não é possível nenhuma discussão séria da história que não se reporte a Marx ou, mais precisamente, que não parta de onde ele partiu" (HOBSBAWM, 1998, p. 43).

A tenacidade demonstrada pelos historiadores sociais ingleses, ainda que se considerem as fontes e objetos submetidos ao crivo particular de cada um e a maior ou menor aproximação com os conceitos marxistas, legou à história contemporânea estudos que revolucionaram o entendimento do estado atual da humanidade, os quais foram elaborados à luz dos acontecimentos do passado, das tensões existentes entre os interesses de classe e não exclusivamente circunscritos aos limites da história inglesa. São estudos abrangentes, nos quais se observa a preocupação em apontar as possibilidades históricas de superação das condições que mantêm os homens subjugados a uma estrutura social alienante e prenhe de mitos históricos. Para esses o historiador social receita o combate cujas armas são a pesquisa e a escrita da história, de forma que as ideologias que prendem os homens eternamente ao passado sejam compreendidas como a negação das transformações sociais (ARAÚJO, 2008).

A importância desses historiadores e de seus estudos para a renovação é reconhecida até os dias atuais. A fecunda reflexão de Hobsbawm sobre os temas que interessam à contemporaneidade, conjugados com a agonia de uma época difícil para a grande maioria dos indivíduos, ressalta o fato de que o campo conceitual marxista ainda é uma alternativa adequada aos estudos históricos. De acordo com Martins,

> O aspecto mais significativo desse conjunto de marxistas britânicos está sobretudo no que produziram em termos de fundamentação conceitual. A maioria dos historiadores vinculados a essa tendência influenciou tanto a pesquisa histórica concreta quanto a definição de processo histórico e dos fundamentos da disciplina. (MARTINSb, 2006, p. 6)

Dos mais reconhecidos membros dessa historiografia, Thompson e Hobsbawm dedicaram esforços no sentido de integrar à história os indivíduos que eram sistematicamente preteridos no interior do fazer historiográfico tradicional, no que afirma Araújo "Os historiadores sociais contribuem para uma ampliação do conceito de fontes, multiplicação dos objetos de pesquisa e uma abordagem das práticas dos grupos considerados marginais no contexto da história oficial" (ARAÚJO, 2008, p.1).

Os movimentos sociais, os trabalhadores, os processos postos pela história ao desenvolvimento dessa classe surgem numa perspectiva que enfrenta a história oficial desautorizando a proeminência de uma história única, escrita conforme a visão dominante e na qual os trabalhadores aparecem como coadjuvantes ou apêndices de uma história de classe vitoriosa ao mesmo tempo que demonstra os limites explicativos inclusive das tendências historiográficas insurgentes.

Os estudos desses historiadores, vinculados à organização do trabalhismo e das classes populares, conquistou pesquisadores brasileiros da área historiográfica e, durante muito tempo, a presença deles e dos demais membros da Escola circunscreveram a esse campo do conhecimento. Martins afirma que:

> A partir de fins da década de 1970, a universidade brasileira passou a ler mais intensamente os trabalhos de Hobsbawm, em traduções que rapidamente se multiplicaram. Nas nossas Faculdades de Filosofia e Letras de Economia e Administração, os textos do historiador inglês integraram as referências bibliográficas de numerosas disciplinas, destacando-se sua tetralogia sobre a história contemporânea. (MARTINSa, 2010, p. 60)

Na perspectiva dos estudos teóricos de Hobsbawm e seus colegas, a História deixa de ser uma coleção de fatos que se encaixam e permanecem e passa a ser algo mutável, uma determinação humana, fruto da atividade incessante de indivíduos que se relacionam e produzem cisões, as quais estão no cerne dos interesses de classe. Dessa maneira a história que se faz e que interessa ao historiador inglês "é a analítica, ou seja, aquela que procura analisar o que ocorreu em vez de simplesmente descobrir o que aconteceu" (HOBSBAWM, 2009, p. 11), ou seja, busca-se conhecer a dinamicidade da sociedade ou os elementos que a tornam incapaz de reproduzir esse dinamismo histórico.

A posição de um fazer historiográfico empenhado em buscar respostas aos fenômenos sociais no espaço onde são produzidos, e de circular a análise com a multiplicidade de relações com as quais um dado objeto pode ser explicitado, fazem de Thompson e Hobsbawm intérpretes da historiografia marxista inglesa que mais permanecem em voga. Faria Filho conta que a presença de Thompson no Brasil "gozava de enorme prestígio entre os historiadores brasileiros", mas não havia "por parte da comunidade em formação dos historiadores da educação, nos anos quase 80 do século passado", interesse em conhecer a sua obra, ainda mais após o vaticínio de José Willington Germano:[3]

[3] GERMANO, 1989. Luciano Mendes de Faria Filho, no capítulo escrito para o livro *Pensadores sociais* (2005), faz interessante debate sobre a presença-ausência do historiador na pesquisa histórico-educativa e a forma como foi introduzido ao mundo "thompsoniano" quando cursava Pedagogia na UFMG. Marcus Aurélio Ta-

> [...] um dos raros autores que discute a obra do historiador inglês e a possibilidade de sua incorporação na pesquisa em educação é José Willington Germano (1989), que conclui pela não necessidade de se trabalhar com aquele autor, já que, do ponto de vista historiográfico, ou seja, teórico e metodológico, não fazia sentido recorrer a um marxista tão heterodoxo para aprender como fazer história. Para isso, bastava ler, e ler corretamente, o próprio Marx. (FARIA FILHO, 2005, p. 239-240)

Essa ausência é paralela ao declínio do pensamento marxista nas universidades brasileiras após um período de relativo domínio na área de História, se bem que essa concepção durante as décadas de 70 e 80 do século passado esteve também presente nas grades curriculares de alguns cursos de Pós-Graduação em Educação e contou com a participação de estudantes dispostos a compreender os escritos de Marx e Engels[4] e que, nas últimas décadas do século XX, ainda fazia estremecer espíritos antiquados. Entretanto, muitos foram os fatores que inibiram a manutenção dos grupos de estudos marxistas, entre os quais a queda do Muro de Berlim, a desagregação do socialismo soviético e o retorno da Rússia ao capitalismo.

A História Social e Cultural Inglesa nasceu sob a unidade teórica dada pela concepção marxista. O alinhamento a essa concepção resultou na elevação de temas marginais na historiografia tradicional para o posto de prioritárias nos estudos do grupo inglês. As fontes coligidas para as pesquisas desses historiadores passaram a ser consideradas a partir do universo dos indivíduos invisíveis para a história, que não os via nem os ouvia como fundamentais aos estudos da sociedade e de seus problemas, conforme se vê na lista dos sujeitos históricos submetidos por Hobsbawm ao escrutínio da análise marxista:

---

borda também produziu um texto interessante sobre a importância de se considerar os escritos do historiador inglês na elaboração de pesquisas em História da Educação.

[4] Entre alguns dos Programas de Pós-Graduação em Educação, o da UFSCar contou com a participação de professores reconhecidamente marxistas, e outros tantos que faziam uma leitura bem aproximada da concepção materialista da história. Cito Pedro Alcântara Figueira, membro do grupo coordenado pelo prof. Nelson Werneck Sodré que elaborou uma História Nova do Brasil escrita com a aplicação do método de Marx. Alguns dos membros foram presos pelos militares de 64, entre eles o professor acima citado. Sobre o episódio ver *História da História Nova*, livro de autoria de Werneck Sodré, publicado em 1986 pela Editora Vozes.

> Se o método empregado por Hobsbawm para construir essa extensa obra foi mesmo o materialismo histórico, as fontes primárias são variadas. Citem-se apenas alguns tipos, que diferem dos consagradíssimos documentos escritos. No livro *Bandidos,* a literatura de cordel aparece destacadamente. Em *Rebeldes primitivos*, os depoimentos de aldeões e camponeses são fundamentais. No estudo *Homem e Mulher: imagens da esquerda*, que integra o livro *Pessoas extraordinárias*, a iconografia é a pedra de toque. E, é claro, a *História social do Jazz* está alicerçada em muita música, ouvida com sentimento e interesse nos dois lados do Atlântico.[5] (MARTINS, 2010, p. 60)

O método marxista é então o divisor de águas entre os membros dessa escola e as demais tendências que passaram a figurar no século XX. Buscaram continuar a leitura do movimento histórico sob o escudo da totalidade, incluíram e mantiveram os aspectos sociais e econômicos como fundadores na análise, e dialogaram com as fontes e objetos de pesquisa enfatizando as experiências sociais dos homens, que se põem como "o cotidiano da vida material" num movimento contínuo de transformação.

Captar esse momento e submetê-lo ao crivo das categorias que endereçam os fenômenos sociais à compreensão histórica pode ser de grande valia para a pesquisa em História da Educação na medida em que, hoje, diante da crise mundial, pode ser preciso retomar uma teoria que tem a seu favor elementos capazes de explicitar o estado atual da sociedade capitalista e o sentido apontado pelo movimento histórico, tanto nas relações mais gerais como no da educação.

Hobsbawm (2011) referindo-se à crise de 2008 afirma "que a discussão de Marx e do marxismo não pode ficar limitada ao debate a favor ou contra, ao território político e ideológico ocupado pelas diversas e mutantes variações de marxistas e seus antagonistas", ratificando preocupação não só com o "futuro do marxismo", mas, principalmente com o "futuro da humanidade".

As pesquisas historiográficas na educação buscam reafirmar por meio dos seus objetos e fontes particularizadas como e o que moveu o mundo na construção

[5] Este texto não discute detalhadamente os encaminhamentos adotados por Hobsbawm nas investigações teóricas que realizou. É ciente o fato de que já há uma considerável leva de artigos que tratam com muita propriedade e aprofundamento a obra do historiador.

das sociedades, e também o conhecimento os quais produziram. As contribuições que poderão ser subtraídas da obra de Hobsbawm apontam para esse advento.

A CONTRIBUIÇÃO DE ERIC HOBSBAWM PARA A HISTÓRIA DA EDUCAÇÃO

Ao abrir um campo de pesquisa ampliado por temáticas relacionadas à longa construção da sociedade brasileira, a historiografia da educação forneceu aos pesquisadores uma cartela de procedimentos teóricos e metodológicos os quais se presumem contarão os acontecimentos passados com a veracidade que o trabalho científico exige. Os novos "métodos" que nascem junto a essa fase profícua dos trabalhos historiográficos buscam inspiração nas correntes teóricas inauguradas como reação a um mundo imerso em sérias dificuldades de ordem estrutural, política e econômica.

A pesquisa em História da Educação colocou aos pesquisadores da área desafios que se traduzem por temas e questões à espera de abordagens explicitadoras das ações e projetos relacionados diretamente com a educação, e no qual a luta pela construção da nação brasileira se tornou debate obrigatório entre intelectuais intrigados com o desenvolvimento do país.

A produção na pesquisa histórico-educacional, em resposta aos novos desafios originados pela emergência do campo que se amplia com uma oferta maior dos cursos de Pedagogia país afora, espaço próprio a esse tipo de pesquisa, emerge um movimento que realiza, na pessoa dos investigadores, "um grande esforço no sentido de adquirir competência no âmbito historiográfico de modo a estabelecer um diálogo de igual para igual com os historiadores" (SAVIANI, 2005, p. 245).

Junto à perspectiva de uma escrita alargada da História da Educação brasileira e de todas as manifestações que assim podem ser consideradas, ou seja, que atuaram no processo, de maneira direta ou indireta, verifica-se também um debate sobre a história da História da Educação em consideração à sua própria concepção, métodos e procedimentos, os quais dividem hoje a preocupação com a constituição do fazer apropriado ao descerramento dos fenômenos, tal qual sugere Gohn:

> A reflexão deve buscar a articulação e a determinação dos fatos, dos objetos, dos dados, das manifestações, etc., [...] que expresse, enfim, o chamado movimento real concreto que dá vida e confere aquela aparência aos acontecimentos. (GOHN, 2005, p. 258)

Para chegar ao estágio em que hoje se encontra a disciplina de História da Educação e a pesquisa histórico-educacional no Brasil, o caminho percorrido teve que superar o corte substancial de disciplinas da área nos cursos de Pedagogia, definido pelo Parecer 252 do Conselho Federal de Educação em 1969 (SAVIANI, 2005). As consequências trazidas pelo Parecer se fizeram sentir de maneira radical no âmbito da formação de professores, pois, ao reduzir a carga horária do campo historiográfico da educação, que anteriormente fora base principal do curso, influiu no interesse dos alunos que passavam pelas disciplinas sem tempo para conhecer as perspectivas teóricas que orientavam o debate e as interpretações dos fatos históricos.

De acordo com Saviani, "a institucionalização dos programas de Pós-Graduação, a partir de 1970" despertou o interesse por se produzirem pesquisas em educação e, mais especificamente, na área da História da Educação (SAVIANI, 2005). Esse novo tempo acarretou a introdução de novas perspectivas históricas nos cursos de Pedagogia, devidamente acompanhadas das obras de seus fundadores, em especial os historiadores franceses cujos estudos derivam do que Leonel define por "representações do tempo histórico" (LEONEL, 2006).

Entretanto, o que se observou na adoção das obras expressivas da nova historiografia nos programas da disciplina de História da Educação foi o surgimento de autores como os que "contavam" a história da sociedade capitalista de uma perspectiva bem diferenciada dos manuais de história de cunho positivista, mas na qual "as teorias globalizantes foram expurgadas, sem muita explicação, para dar lugar às teorias subjetivas" (LEONEL, 2006, p. 65), caso observado pela autora na nova LDB, nos PCNs das disciplinas tradicionalmente "formadoras da cidadania", história e geografia.

Havia uma renovação na forma de se analisar o "mundo", dividido entre "dominantes e dominados", e isso ficava claro para os estudantes, mas faltava a profundidade teórica e histórica para subtrair dos autores e das suas obras aquilo que dava realmente vida às suas formulações: uma concepção de história que desnaturalizava o "natural" e se colocava como uma interessante possibilidade de apreensão da realidade vivida e em curso. Fugia à compreensão, da obra dos historiadores em voga, principalmente o método.

A *Era das Revoluções* se inscrevia entre as obras referenciadas para a disciplina de História da Educação – aqui cito minha vivência de aluna de Pedagogia – lembro-me, pouco se apreendia quanto ao esforço de Hobsbawm de analisar, na perspectiva da luta de classes, um longo período histórico que só se concluiria com a *Era dos Extremos*, entendida unicamente como a luta entre ricos e pobres, os quais os primeiros viviam para se apropriar do sangue e suor dos trabalhadores. As determinações históricas se afiguravam abstrações dificilmente entendidas e, por essa razão, os estudos mais elaborados que poderiam ter se iniciado desde a graduação tendiam a desabrochar somente quando passávamos a cursar a pós-graduação, momento em que o mundo, finalmente, era iluminado por um conhecimento que nos fora furtado até então.

É certo que essa experiência no curso de Pedagogia foi circunstancial e não deve ser desdobrada aos inúmeros cursos ofertados nas universidades brasileiras, também porque a abertura proporcionada pelo fim do regime militar requeria uma também retomada de leituras as quais foram abolidas, por força de decretos e perseguições da ditadura de 64, dos programas disciplinares das Ciências Humanas e Sociais. Este quadro influiu certamente no direcionamento dado às leituras dos textos recém recuperados e introduzidos nos programas disciplinares. Outro fato era o medo da repressão que não sumiu prontamente com a distensão do regime e cerceou por um grande tempo ações mais ousadas na academia.

O quadro atual da pesquisa em História da Educação, a definição e consolidação do campo, o levantamento de fontes se afiguram extremamente positivos. Apresentam-se aos pesquisadores uma diversidade de questões sobre a articulação entre a história brasileira e a História da Educação, conduzidos por uma variedade de concepções teóricas, novos métodos e novos temas que proporcionam um panorama já abrangente das etapas nas quais a educação brasileira se desenvolveu.

Percebe-se, no esforço dos pesquisadores, o objetivo primeiro de dar inteligibilidade aos acontecimentos históricos, o que justifica a existência de um elenco expandido de temáticas, uma garimpagem extenuante de fontes que se sabem muitas delas ainda desconhecidas e quase inacessíveis ao pesquisador. Além, é claro, daquelas fontes distanciadas da educação, mas que podem ser lidas e esmiuçadas nessa perspectiva.

Este momento torna oportuna a presença da historiografia social inglesa e autoriza um retorno ao eixo teórico-metodológico amplamente utilizado pelo historiador. Diante dessa diversidade de caminhos interpretativos, a pesquisa histórico-educacional tende a tornar-se fértil na medida em que se ampliam os conhecimentos culturais obtidos por e através das leituras minuciosas das obras de seus representantes. A concepção teórica que conduz os estudos de Hobsbawm acentua a significação dos condicionantes múltiplos do processo de desenvolvimento histórico, e impõe à pesquisa condicionar os fenômenos educativos a esses fenômenos, os quais determinam os rumos impetrados a uma dada sociedade.

A pertinência teórico-metodológica e a consideração que os meios intelectuais devotam à obra de Hobsbawm autorizam a observá-la quando da elaboração de pesquisas histórico-educativas voltadas aos problemas brasileiros, sejam os do passado, sejam os atuais, ainda mais se o compromisso do pesquisador é permitir, com seus estudos, uma leitura da realidade social que implica "conceber e praticar a ciência e a educação de modo a fazer delas instrumentos da emancipação humana, tanto no plano pessoal, como no plano coletivo, levando-se em conta as precárias condições de existência em que ainda se encontra a maioria da população brasileira" (SEVERINO, 2007).

Sobre o fazer historiográfico de Hobsbawm o que chama a atenção é o fato de ter resistido ao que ele próprio denomina de modismos, sem, no entanto, fechar-se às contribuições das linhas historiográficas inauguradas no século XX:

> Naturalmente não quero sugerir que não se possa ou não se deva distinguir entre história marxista e não marxista, apesar da heterogeneidade e imprecisão da carga que os dois recipientes carregam. Historiadores na tradição de Marx – e isso não inclui todos os que se assim intitulam- têm uma contribuição importante a fazer para esse esforço coletivo. Mas não estão sozinhos. Nem deveria o seu trabalho, ou o de quem quer que seja, ser julgado pelas etiquetas políticas que ele ou outros afixam em suas lapelas. (HOBSBAWM, 1998, p. 10)

Entre as abordagens observadas, a produção de Hobsbawm se destaca em razão da persistência política com a qual reveste seus escritos e análises sobre a história. A historiografia educacional vinculada ao método marxista tem nele e nas suas obras um auxiliar de envergadura, embora o marxismo que conduz seus estudos experimentasse um refluxo entre os estudiosos da sociedade capitalista, envolvendo economistas e historiadores na crítica sobre o que vêem como determinismo da infra e superestrutura. Diz o historiador a respeito da tendência de excluir ou diminuir o impacto de Marx nos estudos historiográficos que as peculiaridades apontadas acima são as que "permitem explicar – ao contrário de outros modelos estruturais – funcionais de sociedade – por que e como as sociedades mudam e se transformam: em outras palavras, os fatos da evolução social" (HOBSBAWM, 1998).

É oportuno ressaltar que as tendências historiográficas aproximadas teórica e metodologicamente do pensamento marxista, ou mesmo as oponentes desse tipo de entendimento são frutos diretos de uma época tomada por guerras sangrentas, avanços tecnológicos sem precedentes que trouxeram benefícios à humanidade, mas também flagelos na medida em que nem todos são estendidos à grande massa de indivíduos, ao rearranjo do poder das grandes nações e da divisão do mundo entre socialistas e capitalistas, fatores que provocaram um profundo mal-estar entre os intelectuais e pareciam exigir uma nova forma de explicar as intempéries sociais.

Isso posto é prudente apontar as contribuições que poderão ser dadas pelos estudos de Hobsbawm à pesquisa histórico-educacional. Primeiramente destaca-se a concepção de história que conduz suas investigações, o mundo em processo permanente de transformação ou então "a capacidade do homem de compreender como o mundo veio a ser o que é hoje, e como a humanidade pode avançar para um futuro melhor" (HOBSBAWM, 1998).

Esta visão recoloca a questão da totalidade em foco, ou seja, a multiplicidade de relações que transformam as condições de vida dos homens, desde os laços familiares, a cultura, o modo de pensar e o fenômeno da educação. As determinações econômicas, sociais, políticas e culturais são investigadas pelo historiador nas íntimas conexões que travam umas com as outras e afastam a ingerência das fragmentações quando da análise do objeto.

Assim, o passado que o pesquisador busca entender e que investigado nas suas causas, num movimento teórico-prático, revela a "experiência humana" que leva à aprendizagem, o conhecimento de um mundo em vida que poderá responder às inquietações da nossa época.

Leonel, ao participar da discussão, lembra que "a rigor, não existe história da educação. A educação é parte integrante da história, mas a história não é da educação" (LEONEL, 2006). Esse entendimento remete à maneira como Hobsbawm investiga e interpreta as fontes sob os termos da história social: "A história da sociedade é *história*; ou seja, tem como uma das suas dimensões o tempo cronológico real [...]" (HOBSBAWM, 2008, p. 91), ou, como assinala Leonel,

> A premissa de que o passado, quando examinado do ponto de vista do conflito entre forças produtivas e relações sociais de produção, é mais esclarecedor do presente do que o presente está em condições de esclarecer, não só mostra que a investigação histórica não tem compromisso com o passado como não pode prescindir dele. E o preconceito que se tem contra ele vai aos poucos sendo superado, na medida em que a história deixa de ser concebida como estaleiros abandonados, que satisfaz apenas nossa

> curiosidade sobre como viviam os homens sem os progressos da ciência e da tecnologia, e passa a ser utilizada como instrumental de reflexão dos acontecimentos humanos. (LEONEL, 1998, p. 87)

No campo da pesquisa historiográfica na atualidade não se afirma que uma teoria é mais completa que as demais quando da elaboração dos estudos históricos particularizados. O resultado da pesquisa, em termos das contribuições que traz para o avanço do conhecimento e do engajamento político, são indícios de que o pesquisador foi bem sucedido na sua empreitada. Este é o aspecto que considero fundamental nas reflexões históricas realizadas por Hobsbawm e que, em grande medida, o tornaram respeitado e influente historiador que escreve uma história da totalidade sem, no entanto, almejar torná-la totalizante.

As ideias defendidas pelo historiador inglês, a sua concepção de história e o seu posicionamento político diante das incongruências que a época atual produz com uma capacidade inaudita, acredito, encerram as contribuições que podem tornar a pesquisa historiográfica educacional mais pródiga, além do que é hoje, entretanto mais aberta ao debate teórico-metodológico realizado sem os fatores que entrincheiram seus agentes nas torres de marfim, apontadas por Febvre (1989) como esterilizantes ao fazer historiográfico.

Lucien Febrve argumenta, no livro *Combates pela História*, e em defesa da História que ela é a "Ciência do Homem [...] Ciência da mudança perpétua das sociedades humanas, do seu perpétuo e necessário reajustamento a condições novas de existência material, política, moral, religiosa intelectual" (1989, p. 40) num libelo contra o estudo do passado pelo passado, num convite à Vida, cabendo ao historiador "arregaçar as mangas", ou seja, fazer história por aquilo que ela é, a história dos homens.

Exatamente essa forma de fazer história, de observar as revoluções, multiplicadas, que resultam num sistema produtivo-social mobilizado por crises cada vez mais constantes, tornou o ofício de investigador social assumido por Hobsbawm uma matéria-prima que não se esgota em termos de pesquisa. Demonstrar as possibilidades contributivas da obra do historiador para a História da Educação exige, por sua vez, a coragem de afirmar, isso porque estamos ainda num tempo avesso ao marxismo, de que não é a pessoa do historiador que deve estar em foco nas reflexões da área e, sim, a concepção teórica marxista observada na produção de estudos historiográficos vigorosos e elucidativos da trajetória humana executada no tempo cronológico da pesquisa que vai desde fins do século XIX até o XX.

Acrescento que a História da Educação que se compraz das reflexões do historiador deve necessariamente ter em vista que ela não poderá ser outra coisa senão a leitura de uma história sempre em movimento, portanto dinâmica na medida em que a base material – as estruturas econômicas e sociais – produz inovações, as quais nem sempre têm o caráter transformador, ao contrário, servem, às vezes, para manter a sociedade sem perspectivas de superação. A educação, na sua historicidade, e na perspectiva de Hobsbawm, ao incorporar aspectos fragmentários do fazer escolar, do cotidiano das instituições, deve estar atenta para não perder o sentido abrangente das relações sociais e o exercício de pressão de uma classe sobre a outra.

Para finalizar, reproduzo as palavras de Hobsbawm que sintetizam a sua longa trajetória de historiador visceralmente vinculado ao pensamento marxista: "'Em outras palavras, não é possível nenhuma discussão séria da história que não se reporte a Marx ou, mais precisamente, que não parta de onde ele partiu. E isso significa, basicamente – como admite Gellner, uma concepção materialista da história" (1998, p. 43).

REFERÊNCIAS

ARAÚJO, S. V. História social e história cultural e suas influências na produção historiográficas sobre cidades no Brasil. In: Encontro Estadual da Anpuh-PB: entre o nacional e o regional, 13., 2008, Guarabira. *XIII Encontro Estadual da Anpuh-PB*: entre o nacional e o regional. Campina Grande: EDUFCG, 2008. p. 1-11.

BITTAR, Marisa; FERREIRA JR., Amarilio. História, epistemologia e pesquisa educacional brasileira. *Educ. Soc.*, Campinas, v. 30, n. 107, p. 489-511, maio/ago. 2009. Disponível em: <http://www.cedes.unicamp.br>. Acesso em: 10 de março de 2011.

BURKE, Peter. *A Escola dos Annales (1929-1989)*: a Revolução Francesa da historiografia. São Paulo: Editora UNESP, 1991.

FARIA FILHO, Luciano Mendes de. Fazer História da Educação com E. P. Thompson: trajetórias de um aprendizado. In: FARIA FILHO, Luciano Mendes de (Org.). *Pensadores sociais e História da Educação*. Belo Horizonte: Autêntica, 2005.

FEBVRE, Lucien. *Combates pela História*. Lisboa: Editorial Presença, 1989.

FERREIRA, Marieta de Moraes. História do tempo presente: desafios. *Cultura Vozes*, Petrópolis, v. 94, n. 3, p. 111-124, maio/jun. 2000.

GERMANO, José Willington. Thompson e o método em Marx. *Educação & Sociedade*, n. 32, p. 7-22, abr. 1989.

GOHN, Maria da Glória Marcondes. A pesquisa na produção do conhecimento: questões metodológicas. *Ecos- Revista Científica*, São Paulo, v. 7. n. 2, p. 253-274, jul./dez. 2005.

HOBSBAWM, Eric. *Era dos Extremos: o breve século XX*. São Paulo, Companhia das Letras, 1995.

____. *Sobre História*. Tradução de Cid Knipel Moreira. São Paulo: Companhia das Letras, 1998.

____. *O Novo Século*: entrevista a Antonio Polito. São Paulo: Companhia de Bolso, 1999.

____. *Tempos interessantes*: uma vida no século XX. São Paulo: Companhia das Letras, 2002.

____. *Como mudar o mundo*: Marx e o Marxismo. São Paulo: Companhia das Letras, 2011.

LEONEL, Zélia. Para ler os clássicos: lições de Montaigne. InterMeio: revista do Mestrado em Educação, Campo Grande, MS, 4(8): 86-95, 1998.

____. Tendência atual da História da Educação. In: SCHELBAUER, Analete R; LOMBARDI, Jose C; MACHADO, MARIA C G. *Educação em Debate*: perspectivas, abordagens e historiografia. Campinas: Autores Associados, 2006.

MARTINS, Estevão de Rezende. História e Teoria na Era dos Extremos. *Fênix-Revista de História e Estudos Culturais* Uberlândia, Local, v. 3, n. 2, p. 1- 19, abr./jun. 2006. Disponível em: <www.revistafenix.pro.br>. Acesso em: 4 de novembro de 2011.

MARTINS, Marco Lobato. *Eric Hobsbawm*. In: LOPES, Marcos Antônio; MUNHOZ, Sidnei J. (Org.). *Historiadores de nosso tempo*. São Paulo: Alameda, 2010. p. 71-92. Disponível em: <www.minasdehistoria.blog.br/wp.../>. Acesso em: 23 de dezembro de 2012.

PESAVENTO, Sandra Jatahy. *História e História Cultural*. Belo Horizonte: Autêntica, 2005.

SAVIANI, Dermeval. A produção em história da educação na pós-graduação. InterMeio: revista do Programa de Pós-Graduação em Educação, Campo Grande, MS, v.15, n.29, p.235-251, jan./jun. 2009.

SEVERINO, A. J. A pesquisa na pós-graduação em educação. *Revista Eletrônica de Educação*, São Carlos, UFSCar, v. 1, n. 1, p. 31-49, set. 2007. Disponível em: <http://www.reveduc.ufscar.br>. Acesso em: 11 de abril de 2010.

História social e História da Educação – As contribuições de Edward Thompson

ALESSANDRA FROTA MARTINEZ DE SCHUELER
MARCELO MAC CORD

HISTÓRIA SOCIAL BRITÂNICA – BREVE INTRODUÇÃO

Desde os anos de 1946, um grupo de historiadores marxistas, filiados ao Partido Comunista britânico, produzia reflexões em torno da validade das ferramentas teórico-metodológicas do materialismo histórico não apenas para a pesquisa e a produção historiográficas, mas, também, para a renovação da ação e das práticas políticas de esquerda. A reflexão, em parte, relacionava-se ao contexto de uma profunda crise política e econômica causada pelas tensões e estragos do pós-guerra, pelo endurecimento do stalinismo soviético e sua violência institucionalizada e pelos expurgos aos "inimigos internos" dos partidos comunistas europeus, que ousavam discordar da ortodoxia oficial. Entre os historiadores militantes, Edward Thompson (1924-1993) foi um dos fundadores e integrantes da chamada *NewLeft*, juntamente com Christopher Hill (1910-2003), George Rudé (1910-1993), Rodney Hilton (1916-2002), Eric Hobsbawm (1917), Dorothy Thompson (1923) e Raphael Samuel (1938-1996), apenas para citar alguns entre os mais conhecidos historiadores sociais marxistas no Brasil.

No campo historiográfico britânico, esses jovens autores – formados na experiência de militância política, alguns entre eles também nos movimentos sociais e na prática educativa com jovens e adultos (como foi o caso do próprio Edward

Thompson) – se destacaram pela investigação de temáticas inovadoras, que impunham ampla revisão da história social inglesa. Entre as problemáticas principais enfrentadas pelos autores, sobressaíram-se aquelas relacionadas ao reexame do processo de industrialização e à Revolução Industrial dos séculos XVII e XVIII; às transformações econômicas e jurídicas sobre a propriedade e usos da terra nas sociedades pré-industriais, como a política de cercamentos; às *Poor Lawse* às políticas estatais de educação e controle social sobre as classes trabalhadoras; aos movimentos populares e operários e às suas lutas, desde os setecentos; à cultura e aos valores dos grupos populares; à história da educação, da literatura, das letras e do Iluminismo entre os grupos operários e seus movimentos; às ações de contracultura e contra-hegemonia ocorridas em diferentes contextos históricos, entre outros temas (ANDERSON, 1985). Na maioria dos estudos, estava presente uma reflexão mais detida sobre a cultura, a literatura, a educação e os valores dos grupos sociais e das classes trabalhadoras, questões que há muito vinham sendo levantadas por outros estudiosos no campo da crítica e da história literárias, em especial por Richard Hoggart e Raymond Williams.

A presença da questão cultural se fez notar mesmo nos estudos focados em temas clássicos da história social e econômica, como os de Eric Hobsbawm sobre a constituição do operariado e sobre o processo de formação do capitalismo e suas transformações nas eras do capital, da expansão imperial e da concentração financeira; nos trabalhos de Christopher Hill sobre a Revolução Inglesa e a participação popular nos protestos políticos desde o século XV; na pesquisa extensa de Perry Anderson sobre a passagem do feudalismo ao capitalismo e nas suas obras teóricas sobre o marxismo, etc. Os problemas materiais da cultura, da experiência (agência) e da construção simbólica da consciência humana são centrais na pesquisa e na produção histórica de Edward Thompson. Na sua operação metodológica, observa-se forte apropriação de estudos e categorias oriundas tanto da antropologia histórica e cultural quanto dos próprios pensadores sociais vinculados ao campo de renovação teórica do marxismo na segunda metade do século XX, tais como Antonio Gramsci, Georg Lukács, Lucien Goldmann, entre outros autores (PALMER, 1996).

Naquele contexto, parcela da historiografia britânica direcionava-se ao alargamento da própria concepção a respeito dos limites e da abrangência do social. Reivindicava-se, então, a consideração dos múltiplos aspectos da sociedade, enfocando não apenas as tradicionais dimensões econômicas e políticas, mas, também, as culturais, e, sobretudo, a indissociabilidade delas na totalidade e na formação social (BURKE, 1992). Assim, a política foi recolocada no interior do social e o social no interior da política. A cultura - ou as diferentes culturas - foi entendida como campo de lutas, arena das disputas de classes, disputas essas que giravam não apenas em torno de relações de produção, mas, sobretudo, em torno dos valores, dos símbolos, dos sentimentos familiares e das ideologias, nos embates da vida cotidiana. Com isso, as fontes e os documentos históricos tradicionais foram revisitados, na busca de historiar outros atores e suas experiências, bem como novas fontes foram valorizadas. Nesse enfoque, as experiências históricas dos homens, das mulheres e das crianças comuns ganharam espaço, em meios às derrotas políticas e à destruição de tradições, valores e costumes pela hegemonia cultural do capitalismo econômico triunfante (WILLIAMS, 1976). Nos anos de 1960, a história social britânica, que emergiu relativamente às margens do *establishment* oficial, foi posteriormente identificada com uma corrente teórica que valorizava as classes populares e uma espécie de *history from bellow*.

Entre as contribuições da historiografia britânica, interessa-nos apresentar em breves linhas e discutir alguns aspectos da trajetória e da obra de Edward Thompson, principalmente no que se refere à sua produção teórico-metodológica e suas contribuições para a escrita da História da Educação.

EDWARD THOMPSON - TRAJETÓRIA E HISTORIOGRAFIA

Com um irmão mais velho, Frank, o jovem Edward Thompson, nascido em Oxford, em fevereiro de 1924, cresceu em meio a uma casa agitada, no que diz respeito às atividades culturais e políticas. Seus pais, John e Teodosia, foram ativos missionários metodistas nos domínios britânicos da Índia, antes de se instalarem em Oxford, no ano de 1923. John, como professor universitário, teve ativa vida acadêmica nos campos da literatura e da história. Edward Thompson estudou e vivenciou sua formação acadêmica inicial na cidade natal, onde cursou História, entre 1940 e 1945. Nesse mesmo período, filiou-se ao Partido Comunista inglês.

A relação de Edward Thompson com as ideias socialistas e sua ligação ao movimento político comunista foi, entretanto, bem anterior à sua inserção como estudante universitário. Sua identificação com o irmão mais velho, Frank, e o trauma profundo ocasionado pela sua morte nos campos de batalha contra o nazifascismo,[1]

[1] Frank Thompson morreu fuzilado na Bulgária, em 1944, quando lutava na guerra. Por defender as teorias comunistas e a liberdade humana, Frank Thompson foi denunciado por infiltrados no exército. Morreu de-

segundo Bryan Palmer, foram fatores que auxiliaram na trajetória de Edward para superar as raízes religiosas de seus pais, produzindo nele uma reflexão profundamente crítica sobre o capitalismo e seus corolários liberais.

A ação política de Edward Thompson esteve amplamente associada a sua atuação como professor de história, por mais de 20 anos (final da década de 1930 e ao longo dos anos 1950 e 1960), com a educação de jovens e adultos trabalhadores, tanto no ensino médio quanto nos quadros de extensão das universidades e associações operárias britânicas (*Leeds, Halifax, Worker's Education Association*, etc.). A experiência social e profissional na educação de adultos, por aproximadamente duas décadas, foi mediador fundamental para a construção teórica de Edward Thompson no campo da historiografia marxista. Os alunos dos cursos de extensão para adultos nas cidades inglesas eram provenientes das classes populares e médias baixas e dos setores de trabalho industrial e comercial. Operários, donas de casa, professores primários, funcionários de escritórios, bancários, viajantes, ativistas dos movimentos políticos e partidários, etc., compunham o quadro discente dos cursos para jovens e adultos e foram responsáveis pelo crescimento intelectual e humano, tanto de Edward quanto de sua mulher, Dorothy Thompson, segundo declarações públicas de ambos, em várias oportunidades (THOMPSON, 2002).

Educador, historiador e pesquisador da Universidade de Leeds, membro do Partido Comunista entre os anos de 1940 e 1956, ativista político em movimentos em prol dos trabalhadores e do socialismo, Edward Thompson produziu obra jornalística, participando em jornais e revistas comunistas, além de iniciar suas reflexões sobre a história econômica, social e cultural das classes trabalhadoras inglesas nos séculos XVII e XVIII. Naquele momento, intrigava-lhe a necessidade de compreender o desenvolvimento do capitalismo na Inglaterra, porém, sob o ponto de vista do desmantelamento das tradições populares do antigo regime e das suas reações e lutas, não apenas econômicas, mas, também, lutas em torno de suas antigas tradições,

---

fendendo o direito de não delatar os colegas comunistas que participavam no interior do exército britânico. Segundo Eric Hobsbawm, Frank Thompson foi um jovem ativo e um comunista brilhante nas ideias, tendo sido responsável pela formação marxista do seu irmão mais novo. Os acontecimentos em torno de sua morte certamente influenciaram Edward Thompson a ingressar no PC e a participar da reconstrução dos países comunistas arrasados pelo conflito bélico. Trabalhou nos mutirões de construção de casas e ferrovias na Itália e na Iugoslávia, lugar em que conheceu sua futura esposa, Dorothy Towers, professora de literatura e história graduada em Cambridge, membro do partido e sua companheira na trajetória pessoal, acadêmica e política.

costumes e valores culturais, vigentes no regime paternalístico de dominação da *gentrywhig* e *tory*. Com tais preocupações surgiram os primeiros textos sobre William Morris (1955) e artigos históricos, como "A sociedade inglesa no século XVIII: luta de classes sem classes?" e "Economia moral da multidão", ambos publicados na Past and Present.

Em relação às suas perspectivas teóricas, nesses primeiros textos Edward Thompson alinhava-se claramente à história social e econômica, sem, no entanto, aceitar qualquer reducionismo economicista ou estruturalista, questionando tanto o marxismo ortodoxo quanto as teorias funcionalistas e estruturalistas. Rejeitava a ideia simplista evocada pela metáfora mal utilizada da base/superestrutura. Seguindo a tradição inaugurada por Richard Hoggart e Raymond Williams, Edward Thompson interessava-se pelos estudos sobre o homem e suas múltiplas dimensões ontológicas, valorizando a cultura, os costumes, as tradições, os valores morais e as histórias das pessoas comuns – elementos esquecidos tanto pela historiografia liberal quanto pela historiografia marxista predominante. O historiador, como os demais estudiosos que lhe antecederam, estava familiarizado com os *Manuscritos* de 1844, de Karl Marx, bem como com as vozes dos líderes e operários radicais dos séculos XVII, XVIII e XIX, como William Blake e William Morris. Segundo suas palavras:

> O estrago feito pelo capitalismo industrial avançado e o estrago causado pela sociedade de mercado consistiram em definir as relações humanas como fundamentalmente econômicas. Marx engajou-se na economia política ortodoxa e propôs o homem econômico-revolucionário como resposta ao homem econômico explorado. Mas também está implícito, principalmente no Marx mais jovem, que o estrago reside na definição do homem como "econômico"sob quaisquer circunstâncias. (THOMPSON *apud* PALMER, 1996, p. 78)

Nos anos seguintes Edward Thompson dedicou-se à nova revista, a *Past and Present* (1952), às aulas para as universidades, aos cursos de jovens e adultos e à pesquisa histórica. O impacto de seus primeiros trabalhos historiográficos sobre a história social britânica foi fenomenal, tanto no que se refere às críticas produzidas à sua obra quanto à construção de linhas de pesquisa e formação de pesquisadores receptivos às suas perspectivas teóricas. Grupos de investigação sobre a história social (estudo sobre revoltas e motins populares, tradições culturais e famílias operárias, relação entre a Igreja, o Estado e as classes populares britânicas), nos três séculos anteriores, começaram a surgir, a exemplo do *Social History Group of Oxford* (1965-1975), no qual participaram Gareth Stedman Jones, Tim Mason e Raphael Samuel. Seminários anuais (*Histrory Woorkshops*) e uma revista (*History Workshop Journal*) foram alguns dos resultados da intensa atividade do grupo entre os anos de 1965 e 1975. Em Warwick, o próprio Edward Thompson fundou o *Center for the Study of Social History*, que funcionou sob sua liderança no período de 1965 a 1971.

Em *The making of the english work class*, três volumes publicados em 1963, Edward Thompson analisou a formação da classe trabalhadora inglesa, desde 1790 até 1840, culminando com a deflagração do movimento cartista, momento político no qual a classe trabalhadora consolidara-se enquanto tal. A obra do autor trouxe à tona as experiências concretas da classe trabalhadora, entendidas como elementos fundamentais para a construção de uma consciência, embora escapando do antigo esquema essencialista presente nos conceitos de classe e de consciência de classe. Para Edward Thompson a classe é sempre histórica, formada no movimento das lutas em uma dada sociedade:

> [...] Por classe, entendo um fenômeno histórico que unifica uma série de acontecimentos díspares, e aparentemente, desconectados, tanto na matéria-prima da experiência como na consciência. Não vejo a classe como uma "estrutura", nem mesmo como uma "categoria", mas como algo que ocorre efetivamente (e cuja ocorrência pode ser demonstrada) nas relações humanas. [...] a noção de classe traz consigo a noção de relação histórica. Como qualquer outra relação, é algo fluido que escapa à análise se tentarmos imobilizá-la num dado momento e dissecar sua estrutura. [...] A relação precisa estar sempre encarnada em pessoas e contextos reais. (THOMPSON, 1987, p. 9-12)

Na perspectiva de Edward Thompson, a classe, constituindo uma relação histórica, resulta da interação de alguns homens e mulheres em experiências comuns e compartilhadas, nas quais sentem e articulam interesses entre si, em oposição e contra outros homens e mulheres cujos interesses diferem e se antagonizam. A experiência de classe é determinada, em grande medida, pelas relações de produção em que os homens nasceram. Mas a consciência de classe vai além dessas mesmas relações, pois resulta das formas como tais experiências foram tratadas em termos culturais, no interior de tradições históricas, valores, ideias e formas institucionais: "Se a experiência aparece como determinada, o mesmo não ocorre com a consciência de classe. Podemos ver uma lógica nas relações de grupos profissionais semelhantes que vivem experiências parecidas, mas não podemos predicar nenhuma lei" (THOMPSON, 1987, p. 10).

Com esses argumentos, por um lado, o autor criticava as correntes marxistas que julgavam ser a classe trabalhadora uma medida matemática, calculável em termos numéricos na relação direta com os meios de produção em uma sociedade. Tal perspectiva considerava inexistente a consciência de classe, na medida em que não encontrava entre os trabalhadores o modelo de organização que esperava: partidos políticos sólidos, sindicatos autônomos, interesses homogêneos definidos coletivamente. Sem tais paradigmas, próprios das sociedades contemporâneas, essas correntes marxistas receitavam uma fórmula pretensamente infalível: a classe trabalhadora necessitava de uma direção, uma organização e um rearranjo externo – este seria, então, a *missão* e o *lugar* dos intelectuais marxistas e dos grupos do partido! Por outro lado, ao compreender a classe como uma categoria histórica, forjada no interior de complexas relações e lutas sociais, Edward Thompson visava destruir as teses daqueles setores que, contrários às teorias materialistas, negavam a própria existência da classe. Entre eles as perspectivas funcionalistas e estruturalistas, as quais buscavam avaliar a relação entre o indivíduo e o exercício de um papel social (função) específico, uma posição no espectro das profissões e da organização social.

Argumentando em favor da existência histórica da classe, Edward Thompson propõe, ao mesmo tempo, uma reflexão teórica e uma metodologia de pesquisa:

> [...] Se detemos a história num determinado ponto, não há classes, mas simplesmente uma multidão de indivíduos com um amontoado de experiências. Mas se examinarmos esses homens durante um período adequado de mudanças sociais, observaremos padrões em suas relações, suas ideias e suas instituições. A classe é definida pelos homens enquanto vivem sua própria história e, ao final, esta é a sua única definição. (THOMPSON, 1987, p. 10)

Se o trabalho sobre a formação da classe trabalhadora foi responsável pela projeção de Edward Thompson na academia, principalmente entre os grupos de pesquisadores vinculados à *social history*, não apenas na Grã Bretanha, mas em outros países, também constituiu motivo e alvo dos críticos mais vorazes do historiador, destacando-se os próprios marxistas pertencentes ao Partido Comunista e/ou às universidades. Historiadores como Perry Anderson, Tom Nairn, e, com menores divergências, Eric Hobsbawm, mesmo reconhecendo o valor dos estudos de Edward Thompson, apontaram para o que denominaram "nacionalismo romântico", que, segundo eles, estaria presente nos três volumes de *The making of the english class.* O apego e o respeito do autor à "árvore da liberdade" foi razão para que fosse acusado de liberal. Edward Thompson respondeu vorazmente aos críticos, tomando como base os autores Marx e Engels, lembrando-lhes que: "a história é memória de uma cultura" e "jamais pode estar livre de paixões e comprometimentos. Não me sinto inibido de forma nenhuma pelo fato de que minhas próprias paixões e comprometimentos sejam evidentes" (THOMPSON *apud* PALMER, p. 125).

Aliás, a própria necessidade de se conhecer as culturas populares, suas crenças e suas tradições era uma das inquietações de Edward, pois ele buscava compreender o enigma do fracasso da revolução na Inglaterra no século XIX, bem como os fracassos políticos evidentes da esquerda britânica no seu próprio tempo. Em defesa própria, respondeu aos críticos a importância de sua abordagem:

> Esses homens, os trabalhadores e seus líderes, nos séculos XVIII e XIX, encontraram o utilitarismo em suas vidas diárias e procuraram fazê-lo recuar, não cegamente, mas com inteligência e paixão moral. Lutaram, não contra a máquina, mas contra as relações exploradoras e opressivas intrínsecas ao capitalismo industrial. Naqueles mesmos anos, a grande crítica romântica ao utilitarismo vinha correndo em curso paralelo. [...] Assim, esses anos revelam, não um desafio revolucionário, mas um movimento de resistência, onde tanto os românticos quanto os artesãos radicais se opunham à anunciação do Homem Aquisitivo. No fracasso em se chegar ao ponto de junção entre as duas tradições, algo se perdeu. O quanto foi, não podemos saber com certeza, pois estamos entre os perdedores. (THOMPSON *apud* PALMER, p. 125)

A diferença das análises de Edward Thompson para algumas análises sobre a história econômica inglesa não residia apenas no fato de estas últimas descartarem a cultura e as experiências histórias de homens e mulheres explorados. A distinção era muito mais profunda e baseava-se no fato de que as análises predominantes buscavam compreender a história nos termos de seus fracassos e de suas perdas, e enquadravam as lutas dos trabalhadores no rol das batalhas inglórias. Edward Thompson, ao contrário, investigando através de uma massa documental expressiva as experiências sociais e as ações dos trabalhadores, ouvindo os gritos de suas vozes a partir do material (ele costumava afirmar que era "tomado pelas fontes"), preocupava-se não apenas em identificar suas perdas, mas, sobretudo, recuperar e enfatizar suas lutas. A diferença não era simplesmente de abordagem ou de objeto, mas, essencialmente, havia, entre tais enfoques, um profundo abismo teórico-metodológico. Para ele, a classe se formava nos contextos das lutas históricas, quando homens e mulheres de uma determinada formação social percebiam uma unidade em seus interesses e em suas experiências, as antagonizavam-se com outras classes sociais. O duplo enfoque da classe como uma relação histórica, e da luta de classes como motor e movimento da história, confrontava com a perspectiva de teóricos, marxistas ou não, que privilegiavam ora as estruturas, ora as funções.

A resposta aos críticos e a tentativa de superar o estruturalismo e o funcionalismo que predominavam no campo dos estudos materialistas, principalmente a partir da entrada triunfante de Louis Althusser, nos anos 1960, veio, posteriormente, em *The poverty of theorie: or an orrery of errors* (1978). O desmantelamento de Althusser partiu do esforço do autor para afirmar positivamente o marxismo e o materialismo como uma importante teoria e uma prática necessárias às pesquisas acadêmicas e às lutas políticas. Remontando à tradição marxista, Edward Thompson recorreu à polêmica de Marx *versus* Proudhon (*The poverty of philosophy*), de onde extraiu o título, sustentando a sua argumentação na ampla leitura dos textos do marxismo clássico e nas pesquisas de base materialista.

O historiador inglês, satírico e polemista, reivindicou a história e o materialismo para o marxismo, refutando as correntes idealistas, platônicas, estruturalistas e funcionalistas dos diversos "marxismos" então existentes. Contestou a totalidade das premissas de Althusser, sua teologia e sua ideologia, principalmente a sua abordagem sobre a "falsa consciência". Reafirmou a importância do sujeito histórico – determinado e formado pela experiência – mas atuante nas suas relações históricas, na medida de suas possibilidades. Buscava estabelecer um equilíbrio entre as estruturas e as intervenções humanas, dos grupos e das classes sociais em luta, nos processos históricos:

> Essa forma de pensamento [althusseriano] é exatamente o que comumente se denomina idealismo na tradição marxista. Esse idealismo não consiste na afirmação ou negação da primazia de um mundo material ulterior, mas em um universo conceitual que dispõe de capacidade de autogeração, impondo sua própria idealidade aos fenômenos de existência social e material, ao invés de engajar-se em um diálogo contínuo com os mesmos. (THOMPSON, 1981, p. 14-15)

O diálogo entre teoria e prática, epistemologia e empiria era uma reclamação e uma *práxis* constante em toda a extensa produção de Edward Thompson. A sua opção teórica pelo materialismo histórico era confrontada, numa perspectiva dialética, com o material de pesquisa e as evidências históricas reais. Assim, o diálogo entre a teoria e a empiria tornava-se uma necessidade imperativa para uma produção histórica atenta ao rigor epistemológico, mas, ao mesmo tempo, aberta aos enigmas da história. Os processos históricos eram encarados a partir de seus contextos e de seus movimentos. Para ele – como argumentaria em um artigo dos anos 1980 sobre a necessidade de uma aproximação entre a história social e antropologia – a história era, sobretudo, contexto, processo e movimento (THOMPSON, 1992).

A reafirmação das proposições teóricas de Marx e Engels ocupou a escrita de Edward Thompson na *Miséria da Teoria* e, posteriormente, em seus trabalhos sobre a história social inglesa dos séculos XVII, XVIII e XIX. No decorrer de seus estudos, Edward Thompson trabalhou com outras categorias tomadas do marxismo, dialogando com autores como Antonio Gramsci e G. Lukács. Os textos clássicos, reunidos em 1979 na obra *Tradición, revuelta y consiencia de clase*: *Estudios sobre la crisis dela sociedad preindustrial*, caracterizaram-se pelo aprofundamento da pesquisa histórica e o amadurecimento teórico-metodológico do historiador.

Argumentando acerca do uso dos conceitos de paternalismo e hegemonia, o autor realizou uma série de considerações. Em primeiro lugar, demonstrou como a utilização indiscriminada de termos como "sociedade pré-industrial", "paternalismo", "hegemonia", "classes" nada poderia explicar, caso não fossem recolocados e reavaliados segundo os contextos e a totalidade de um processo histórico social determinado. Da forma como muitas vezes foram utilizados, tais conceitos poderiam designar quaisquer sociedades, como no exemplo citado pelo autor em que o conceito de paternalismo servira para explicar tanto a sociedade escravista brasileira quanto as relações entre patrícios e plebeus, na Inglaterra dos séculos XVI-XVIII. O termo paternalismo, centrado em si mesmo, poderia dizer muito sobre a concentração de autoridade política e econômica por uma classe proprietária, mas dizia muito pouco sobre as relações específicas de poder, a natureza do Estado, as múltiplas formas de uso da propriedade, a ideologia e a cultura de uma sociedade contextualizada.

Além disso, na maioria das vezes, como afirmava Edward Thompson, o paternalismo foi útil para descrever uma realidade a partir da perspectiva das classes dominantes. Outras formas de existência social, como a vida nas paróquias, as relações de poder entre os mercadores e agricultores (campo e cidade), os festivais e rituais, as formas de justiça dos pobres e as suas aspirações, poderiam ser bem diferentes da direção preconizada pelos ricos, havendo mesmo, em muitos casos, uma verdadeira dissociação e um antagonismo entre interesses e entre as culturas. Nesse sentido, o paternalismo - assim como a hegemonia - deveria ser revisto no sentido de se atentar para o seu aspecto relacional e para as dimensões de luta, embate de forças e possibilidade de negociação, existentes nas relações sociais de poder e dominação. O consenso é obtido sim, muitas vezes, e os pobres dominados, mas não sem um processo histórico de lutas, vitórias e derrotas para ambas as classes sociais envolvidas.

Edward Thompson realizou um estudo sobre a cultura popular no século XVIII, aliando o materialismo histórico a uma aproximação com a antropologia, na linha histórica de Keith Thomas e Natalie Davies. No capítulo sobre a *Economia moral da multitude*, investigou o caráter das lutas de classes na chamada sociedade inglesa pré-industrial, combatendo as visões tradicionais que consideravam os motins populares à luz de um reducionismo economicista, tratando-os como se fossem apenas resultado da fome e da necessidade, negligenciando as lutas em torno das tradições populares e de suas antigas formas de vida comunitária, que a entrada gradual das relações capitalistas, aos poucos, buscava destruir. As dimensões políticas e culturais dos motins populares foram recuperadas pelo autor.

Da mesma forma, na sua análise sobre o *Tiempo, disciplina de trabajo y capitalismo industrial*, Edward Thompson investigou as transformações que o modo de produção capitalista em formação ocasionava nas relações de trabalho tradicionais, dinamitando o sistema de aprendizagem, as antigas relações entre artesãos-mestres e aprendizes nas corporações de ofício, visando modificar a percepção não somente do tempo, mas das formas de controle social e a totalidade da cultura. O processo de transformação dos significados e das práticas em torno do trabalho foi um longo processo de exploração, de resistência e de lutas, ao contrário da visão de linearidade presente nos modelos explicativos do desenvolvimento econômico e industrial.

As análises sobre as classes e as lutas de classes no século XVIII foram capazes de reconstruir as dimensões das experiências sociais humanas na sua vida cotidiana, da cultura e das contradições históricas, mostrando o sujeito histórico em sua inteireza, em sua totalidade. Para Edward Thompson, uma análise privilegiada dos aspectos culturais e das lutas em torno de valores morais entre as classes sociais, ao contrário de significar uma fragmentação pós-moderna, representava a afirmação do marxismo e a validade de seu instrumental para a análise das sociedades de classes existentes na história. Uma história comprometida com a totalidade social e uma teoria comprometida com a prática política, jamais poderiam prescindir de um instrumental teórico que valoriza o homem na inteireza de sua existência e em sua materialidade histórica.

No artigo de 1992, publicado em Buenos Aires, *Folklore, antropologia y historia social*, Edward Thompson defendeu a aproximação entre a história social e a antropologia, sem, contudo, permitir a perda, para o historiador, das perspectivas da história enquanto contexto e processo, os quais conferiam dialética e movimento à história humana. O objetivo do autor, nessa argumentação, consistia em resistir à utilização ingênua dos modelos teóricos antropológicos em uma aplicação de pesquisa historiográfica, pois a história

> [...]é a disciplina do contexto e do processo [...], todo significado é um significado no contexto, e quando as estruturas mudam, as formas antigas podem expressar funções novas, e as funções antigas podem encontrar expressão em formas novas. [...]
> As funções do ritual [referia-se aqui ao charivari] mudam. O tipo de transgressor não é o mesmo e nem o é a forma, em diferentes tempos e espaços históricos. O charivari, como querem os antropólogos, não tem uma função transcultural constante e imutável. [...] Os rituais informam sobre as normas vigentes em uma sociedade dada. (THOMPSON, 1992, p. 76)

Para Edward Thompson, o modo de produção é uma totalidade e possui uma centralidade no que diz respeito à formação da vida humana e da experiência social. No entanto, o modo de produção não se reduz ao econômico, mas compõe normas, valores e cultura. Lembrava que, se alguns teóricos alegam não existir produção sem economia, também sem cultura não pode haver produção. A importância das normas sociais e dos modos de produção de consenso, sempre conseguidos a partir de lutas e processos contraditórios, intrigava nosso autor. A existência do direito e das leis, tão essenciais para a formação liberal capitalista e também para as tradições históricas de sua sociedade (basta lembrar as Cartas de João Sem Terra, do século XII e os seguintes *Bill of Rights*), e o seu papel na ordenação e no controle sociais, consistiu mais uma das preocupações teóricas e historiográficas de Edward Thompson.

Em *Whigs and hunters* (1977), o historiador debruçou-se fartamente sobre denso material histórico, visando investigar as repercussões das primeiras leis que limitavam o acesso dos camponeses ingleses às terras comuns e à extração de lenha nas florestas comunais. Ao invés de estudar as leis, com a ótica dos seus produtores, as classes dominantes compostas pelos ilustres "magistrados de perucas brancas", Edward Thompson buscou a ação dos camponeses e suas possíveis reações à destruição de suas práticas, costumes e tradições comunitárias. Os processos judiciais, os arquivos policiais, mapeando a repressão aos "roubos e furtos de lenha", aos "bandos de pobres e vagabundos", além dos panfletos produzidos pelos párocos, líderes dos movimentos e pelos magistrados (advogados), trouxeram à superfície da história as experiências de homens e mulheres camponeses que, de algum modo, defenderam seus interesses, seus valores e suas tradições. Defesas essas que, em alguns momentos, impuseram limites e temores aos seus opressores. Formaram, a seu modo, uma frente de lutas contra o que ficou conhecido como a "lei negra" nos campos ingleses. Na argumentação teórica presente em *Senhores e caçadores*, Edward Thompson tencionou pesquisar o direito, sob o ponto de vista dos significados e das reivindicações daqueles camponeses e trabalhadores rurais, explorados pela imposição dos limites ao uso comum das terras e madeiras. Para tanto, discutia com os autores que preconizavam o total e irrestrito "domínio da lei", inclusive os marxistas tradicionais para quem o direito positivo seria, por definição, "um artefato cultural ou institucional de classe para reproduzir a infra-estrutura" (THOMPSON, 1997, p. 348).

Assim como outras interpretações estruturalistas, tal visão sobre o direito prescindia da história: a estrutura, como essência, não necessitaria sofrer investigação, aparecendo como um edifício pronto, acabado. Contra essa "pobreza teórica", Edward Thompson trazia o movimento das lutas de classe e as possíveis brechas existentes na lei, por meio das quais setores mais amplos da população puderam reivindicar aquilo que acreditavam constituir seus direitos, sendo o próprio campo jurídico um instrumento não apenas de produção de um domínio, mas um meio e uma arena institucional de conflitos de classe. Nesse sentido, argumentava Edward Thompson: "Num contexto de flagrantes desigualdades de classe, a igualdade da lei em alguma parte será sempre uma impostura. Mas, mesmo aí, as regras e a retórica impuseram algumas restrições ao poder imperial" (THOMPSON, 1997, p. 353-354).

Em um dos seus últimos textos, *Customs in Commum*, defendeu a tese de que a consciência e os usos costumeiros eram fortes na Inglaterra do século XVIII. Práticas costumeiras, mesmo algumas de invenção recente na moderna sociedade capitalista inglesa, foram traduzidas como reivindicações de antigas tradições culturais e como novos direitos. Os costumes e o direito consuetudinário constituíam, naquela época o que, atualmente, conhecemos sob uma perspectiva mais ampla de cultura, mas estavam longe de serem estáticos e permanentes, sendo campos permanentes de disputas e conflitos sociais. Dialogando, mais uma vez, com os antropólogos, Edward Thompson esclareceu a suas posições quanto ao termo cultura:

> o costume era um campo para a mudança e a disputa, uma arena na qual interesses opostos apresentavam reivindicações conflitantes. Essa é uma razão pela qual precisamos ter cuidado quanto à generalizações como "cultura popular". Esta pode sugerir, numa inflexão antropológica influente nos trabalhos de historiadores sociais, uma perspectiva ultraconsensual dessa cultura, entendida como "sistema de atitudes, valores e significados compartilhados, e as formas simbólicas (desempenhos e artefatos) em que se acham incorporados". *Mas uma cultura é também um conjunto de diferentes recursos, onde há sempre uma troca entre o escrito e oral, o dominante e o subordinado, a aldeia e a metrópole; é uma arena de elementos conflitivos, que somente sob uma pressão imperiosa – por exemplo, o nacionalismo, a consciência de classe ou a ortodoxia religiosa predominante – assume a forma de um sistema.* (THOMPSON, 1999, p. 15-19, grifos nossos)

A cultura – como, aliás, quaisquer instrumentos teóricos –, na ótica do historiador britânico, não pode ser tomada como uma categoria fechada, e, muito menos, como expressão de uma estrutura, de um consenso social. Ao contrário, a cultura se inscreve em contextos históricos específicos, no seio das lutas de classe e das relações materiais de poder, em sociedades determinadas. Por essa razão, a luta de classes é também uma disputa em torno de tradições e valores, regras morais, estéticas, religiosas, padrões familiares e sociabilidades – é uma luta entre culturas. A hegemonia de um padrão cultural e civilizatório sobre os demais, nesse sentido, pode se tornar vencedor, mas quase nunca consegue erradicar a força e os conflitos culturais contra-hegemônicos.

Ao investigar historicamente costumes e cultura popular tradicional do século XVIII, na Inglaterra, Edward Thompson desenvolveu suas hipóteses a respeito do processo longo e doloroso, que constituiu a passagem de uma sociedade de Antigo Regime ao capitalismo. Argumentou que a racionalidade econômica do capital impunha conflitos e lutas ativas aos usos e às tradições populares, às quais, por sua vez, foram resistentes às novas determinações históricas que ameaçavam desintegrar suas experiências. A "economia moral da plebe" foi uma frente de batalhas contra a economia de mercado inovadora. Edward Thompson construiu uma leitura da prática historiográfica, na qual a história se movimenta a partir das lutas históricas e da busca humana por alternativas concretas, sejam elas alternativas econômicas e sociais (impulsionadas pela necessidade) ou políticas e culturais (identificadas ao reino da liberdade ou ao campo de possibilidades históricas).

A INTRODUÇÃO DE EDWARD THOMPSON NA HISTORIOGRAFIA BRASILEIRA

No Brasil de meados da década de 1980, alguns intelectuais de esquerda procuravam novas ferramentas interpretativas para compreender e reescrever a história do país. Entre outros objetivos, eles queriam renovar os estudos culturais brasileiros e rediscutir a formação do nosso mundo do trabalho. Tendo em vista as preocupações que surgiram no período em quadro, dois projetos historiográficos foram gestados pelo grupo em formação. O escopo do primeiro era problematizar a produção nacional de matriz culturalista. Nela, por exemplo, encontramos tanto os folcloristas que defendiam a existência de uma "alma brasileira" quanto os cientistas sociais que "demonstravam" os imbricamentos pretensamente naturais entre "raça" e cultura.[2] O outro projeto tinha por objetivo relativizar as análises dos marxistas mais ortodoxos, que, de maneira purista, tomavam os sindicatos e os partidos comunistas como os únicos e "verdadeiros" espaços de luta dos trabalhadores que aqui viveram e produziram. Genericamente, a bibliografia dessa última corrente foi escrita por militantes comunistas e por sociólogos preocupados em realizar grandes sínteses explicativas sobre a "evolução" da classe operária.[3]

Naquele momento de ruptura epistemológica da historiografia brasileira, o grupo em formação escolheu os referenciais da história social e da cultura inglesa para dar conta de seus desafios, problemas e questionamentos. Em especial, as obras

---

[2] Entre os folcloristas que buscavam a "alma nacional", podemos citar: CARNEIRO, Edison. *Dinâmica do folclore*. Rio de Janeiro: Civilização Brasileira, 1965; CASCUDO, Luís da Câmara. *Folclore do Brasil*. Rio de Janeiro: Fundo de Cultura, 1967. Entre os cientistas sociais que defendiam "umbilicais" cruzamentos "raça/cultura", temos: FREYRE, Gilberto. *Casa-grande & senzala*: formação da família brasileira sob o regime da economia patriarcal. 35. ed. Rio de Janeiro: Record, 1999; RAMOS, Arthur. *O negro brasileiro*. Recife: Massangana, 1988.

[3] Entre outros autores que representam a tendência bibliográfica, consultar Rodrigues (1968) e Segatto (1981).

e as perspectivas de Edward Thompson encontraram maior ressonância entre os pesquisadores que pretendiam rediscutir a tradição culturalista e a ortodoxia marxista. Categorias como "agência", "fazer-se", "economia moral da multidão" e "costumes comuns" foram escolhidas para nortear, e até certo ponto reorganizar, a história social brasileira da cultura e do trabalho. Apoiado nesse instrumental analítico, o campo queria instituir, no país, mediante consistente pesquisa empírica, uma vigorosa "história vista de baixo". Ou seja, por meio de diversos tipos de fontes quantitativas e qualitativas, o novo grupo abdicaria dos modelos ideais, sociologizantes, para interpretar as experiências dos subalternos a partir de suas próprias especificidades constituintes. Nada de pressupor suas noções de coletividade, identidade, trabalho, família, direitos, etc. A questão maior era percebê-las nos documentos.

A emergência de um grupo brasileiro preocupado em desenvolver a história social da cultura e do trabalho também foi acompanhada de importante estratégia editorial. Em 1987, pelas mãos da Editora Paz e Terra, o grande público teve acesso à primeira edição de *A formação da classe operária inglesa*: a árvore da liberdade, obra de Edward Thompson. O volume corresponde à primeira parte do *The making of the english work class*. Nele, o conceito "classe" é questionado enquanto categoria modelar e autoexplicativa. Para o autor britânico, a formação da classe operária inglesa somente pode ser compreendida como algo processual, dependente das ações dos trabalhadores em suas próprias conjunturas históricas e sociais. No livro, ainda observamos que as conexões entre passado, presente e futuro são escolhas advindas de intensos combates políticos entre os sujeitos históricos. A formação da classe operária inglesa, portanto, nada teria a ver com causalidades teleológicas. Ao contrário, ela somente pode ser entendida, segundo Edward Thompson, a partir das tensões que envolveram os processos de construção de identidades coletivas e das condições materiais de existência dos subalternos. Sinteticamente, podemos afirmar que a agência dos sujeitos históricos é que dá o tom analítico da obra.

A inspiração thompsoniana da nascente história social brasileira da cultura e do trabalho, assim como a publicação de *A formação da classe operária inglesa*: a árvore da liberdade, não pode ser encarada como algo fortuito. Dialeticamente, a opção por Edward Thompson e pelas propostas da história social e cultural inglesa foi ao encontro de uma série de especificidades conjunturais, que remetem o leitor ao processo de redemocratização do país. Na academia, registramos, nos anos de 1980, a paulatina profissionalização dos domínios de Clio. O aumento quantitativo e qualitativo, em nossas universidades, dos programas de pós-graduação em história, permitiu que os estudiosos escolhessem mais livremente suas abordagens metodológicas e tendências teóricas. Como desdobramento, foi possível o mais amplo exame crítico das realidades sociais, sem que as análises fossem conduzidas, necessariamente, por polarizações ideológicas. Na sociedade civil, por sua vez, percebemos que a reorganização do movimento sindical também foi muito importante para revigorar o interesse dos analistas pelo mundo do trabalho. Ainda foi significativo o "ressurgimento" dos movimentos sociais, que amplificavam as vozes das mulheres, dos negros, dos homoafetivos e de outras minorias que buscavam o reconhecimento de sua atuação política e social, de sua cidadania (CHALHOUB; FONTES, 2009).

Na década seguinte à introdução de Edward Thompson na historiografia social brasileira da cultura e do trabalho, muitos frutos haviam sido colhidos. Em 1995, Silvia Lara publicou um representativo balanço sobre a historiografia da escravidão, que buscou seus referenciais analíticos nas obras do marxista inglês. Segundo a autora, a orientação thompsoniana permitiu que os pesquisadores criassem novas abordagens sobre a temática e transformassem radicalmente sua compreensão. A categoria "agência", por exemplo, possibilitou que fossem observadas as expectativas e as ações dos próprios cativos na formação de suas famílias, na construção de seus espaços de autonomia e de sociabilidade, na montagem de suas estratégias por alforria e na elaboração de novos significados para a liberdade (LARA, 1995). Na medida em que os historiadores sociais entenderam que os escravos eram sujeitos históricos, utilizaram as próprias experiências e percepções do cativeiro para reconstruir as identidades sociais dos africanos e seus descendentes. Para realizar essa empreitada, novas perguntas foram feitas para velhas fontes. Outros documentos, até então inéditos, também foram compulsados,entre eles os processos judiciais (SLENES, 1985).

Concorrentemente aos renovadores estudos sobre a história da escravidão, também foram investigadas, sob inspiração thompsoniana, as experiências dos trabalhadores assalariados que viveram nos períodos de desenvolvimento e de consolidação da indústria nacional. Neste sentido, um balanço historiográfico feito por Claudio Batalha, publicado no ano de 2003, demonstrou que as ideias de Edward Thompson também vinham sendo utilizadas, desde a década de 1980, para repensar e redimensionar a história da classe operária brasileira. Na medida em que a categoria "classe" era entendida como algo socialmente construído, como propunha o *The making of the english work class*, nossos pesquisadores conseguiam demonstrar, por meio de sólida base empírica, importantes especificidades espaços-temporais na organização dos trabalhadores nacionais que lutaram por direitos no transcorrer do século passado. Vale registrar que, como resultado de suas investigações, os novos estudos relativizaram as problemáticas noções de "atipicidade" e "incompletude" da formação do operariado brasileiro, teses clássicas que marcaram a bibliografia especializada das décadas de 1960 e 1970 (BATALHA, 2003, 1992).

No tempo presente, é possível afirmar que a história social brasileira da cultura e do trabalho, orientada por alguns questionamentos propostos pela história social e cultural inglesa, consolidou seu projeto acadêmico em diversas instâncias nacionais e internacionais. Fundamentamos essa afirmativa na criação de alguns grupos de pesquisa pelo país, nas publicações de artigos e de livros, nas traduções de algumas dessas obras para a nossa língua, nos prêmios recebidos pelos historiadores do campo, nos intercâmbios firmados com algumas universidades estrangeiras e nos financiamentos concedidos pelas agências de fomento. O texto que apresentamos ao leitor não é o espaço mais adequado para destrinchamos, de forma pormenorizada, as mais recentes realizações e as novas ambições da história social brasileira da cultura e do trabalho. Contudo, para efeito de registro, frisamos que um dos maiores desafios enfrentados pelos profissionais da corrente é construir substantivas zonas de contato entre suas temáticas de pesquisa. Talvez, o mais instigante de todos os desafios do campo seja pensar, sempre com o auxílio dos arquivos, as experiências dos trabalhadores para além das senzalas e das fábricas (NEGRO; GOMES, 2006).

EDWARD THOMPSON E A HISTORIOGRAFIA SOCIAL BRASILEIRA DA EDUCAÇÃO

Tendo em vista o que foi discutido até aqui, parece compreensível que a história social brasileira da cultura e do trabalho esteja distante da temática "educação" – ao menos em seus significados mais clássicos. Nos últimos anos, contudo, o campo tem acolhido alguns projetos de pós-graduação atentos às experiências dos trabalhadores que criaram estratégias próprias de escolarização, lutaram pelo seu aperfeiçoamento profissional e discutiram o respeito às costumeiras hierarquias artesanais. Para o século XIX, por exemplo, encontramos investigações que analisam as vivências de artífices especializados, livres, durante a vigência do escravismo. Organizados em sociedades de auxílio mútuo, eles utilizavam o aperfeiçoamento técnico adquirido nas oficinas e a instrução alcançada em aulas noturnas para conquistarem respeitabilidade pública e mobilidade social ascendente. A educação escolar era apropriada pelos subalternos como arma de reconhecimento de sua cidadania.[4] Por sua vez, uma pesquisa sobre a atuação sindical no complexo coureiro-calçadista paulistano, entre 1950 e 1980, identifica demandas de aprendizes contra seus mestres na Justiça do Trabalho. Tal atitude feria as tradicionais hierarquias que caracterizavam o tirocínio artesanal. Como resultado, por conta da interferência do Estado nas relações de trabalho, foi alterado o costume comum que marcou o processo ensino-aprendizagem das oficinas.[5]

Apesar de algumas das mais recentes pesquisas da história social brasileira da cultura e do trabalho abordar, direta ou indiretamente, temas que exijam aproximações com a história social da educação produzida no país, é preciso fazer um importante destaque: nenhuma delas mantém diálogos com a produção ou com as categorias de análise desse último campo. Acreditamos que isso ocorra por causa de dois fatores dialógicos:o primeiro deles nos remete para a insipiente organização da história social brasileira da educação, que ainda carece de grupos de pesquisa mais consistentes, de categorias de análise mais bem fundamentadas em estudos empíricos e de espaços autônomos para a discussão de propostas teóricas e metodológicas, o que daria maior visibilidade acadêmica para seus questionamentos e interesses; o outro fator, também delicado, é que até hoje inexistem reverberações mais consistentes do legado thompsoniano nos projetos de pesquisa e nas publicações dos profissionais que pretendem realizar uma história social da educação mais sólida. É sobre ambos os problemas que nos debruçaremos agora, deixando, contudo, que os próprios especialistas da área conduzam nossa narrativa.

Nos anos 2000, Marcus Aurélio Taborda (2008) e Luciano Mendes de Faria Filho (2005), entre outros intelectuais preocupados com a história social brasileira

[4] Para uma análise mais precisa das estratégias de mobilidade social dos artesãos, por meio de processos de escolarização, ver: MAC CORD, Marcelo. *Andaimes, casacas, tijolos e livros*: uma associação de artífices no Recife, 1836-1880. Tese (Doutorado) - IFCH/UNICAMP, Campinas, 2009. Para uma análise mais geral das sociedades de artífices e o desejo de distinção social registrado em seus estatutos, ver: LACERDA, David P. *Solidariedades entre ofícios*: a experiência mutualista no Rio de Janeiro Imperial (1860-1882). Dissertação (Mestrado) - IFCH-Unicamp, Campinas, 2011.

[5] REZENDE, Vinícius de. A Justiça do Trabalho na "capital do calçado" (Franca-SP, 1940-1980). Texto apresentado no seminário *A Justiça do Trabalho no Brasil: perspectivas históricas*, realizado no CECULT-IFCH-UNICAMP, nos dias 13 e 14 de outubro de 2011. O artigo é resultado do processo de pesquisa que resultará em sua tese de doutorado. O projeto de Vinícius de Rezende, financiado pela FAPESP, tem o título "Trabalho, sindicalismo e conflito social no complexo coureiro-calçadista de Franca (SP), entre os anos de 1950 e 1980".

da educação, sublinharam a inexpressiva influência de Edward Thompson no campo. Vale destacar que ambos os pesquisadores orientam suas investigações no sentido de compreender, no espaço-tempo, o "fazer-se" de nossas culturas escolares e de nossos processos de escolarização. Respeitadas as especificidades temáticas daqueles dois pesquisadores diante dos problemas que foram enfrentados pela história social e cultural inglesa, sabemos que os processos de formação, em seu sentido mais amplo, também foi assunto bastante caro para aquele marxista inglês. Em algumas de suas reflexões acadêmicas, percebemos que a escolarização formal da classe operária criou conflitos com velhos costumes, que foram constituídos a partir de experiências cotidianas e de sentimentos comunitários de reciprocidade (THOMPSON, 2002). Em sua militância política, por sua vez, são mais que conhecidas as ações educacionais de Edward Thompson junto à classe trabalhadora. Tal atuação, sem dúvida, foi bastante importante para que o intelectual reavaliasse os processos de elaboração identitária dos subalternos, como observamos no *The making of the english work class*.

Em 2010, Liane Maria Bertucci, Marco Aurélio Taborda e Luciano Mendes de Faria Filho procuraram reforçar, por meio do livro *Edward P. Thompson: história e formação*, a importância dos usos do autor britânico para fomentar, no país, investigações em história social da educação. Como podemos facilmente deduzir, o vácuo anunciado pelos dois últimos autores, anos antes, ainda persistia. Tendo como bússola os instrumentais teóricos e metodológicos oferecidos pela história social e cultural inglesa, a publicação faz algumas apostas. Entre elas, tomar a "cultura escolar" como auspicioso objeto de estudo, pois a mesma seria formada a partir das tensões entre as experiências dos sujeitos que convivem *com* e *na* escola e o processo educacional oficial. Nesse viés analítico, a educação formal e os estabelecimentos escolares deixariam de ser encarados como simples elementos superestruturais ou reprodutores de um "saber universal", ou seja, espaços de um absoluto domínio ideológico sobre seu público. Movido por essa percepção, segundo os autores, o investigador poderia compreender as complexidades do processo histórico da escolarização, marcado por conflitos e/ou confluências com outras tradições educativas – que são informadas, entre outros elementos, por práticas costumeiras. A partir dessa perspectiva, seria fundamental pesquisar a escola e sua relação com a sociedade.

A partir do que foi acima sugerido, *Edward P. Thompson: história e formação* desdobra outro caminho investigativo. O pesquisador municiado pela história social e cultural inglesa também poderia lançar seu olhar para as temporalidades escolares, temática que se cruza com o processo histórico da escolarização e, principalmente, com os rigorosos tempos que são impostos pelas sociedades capitalistas ao mundo do trabalho. Por fim, para os autores daquela obra, as perspectivas de Edward Thompson também teriam grande valia para os projetos de pesquisa que pretendessem estudar os campos de força que produzem as leis educacionais. Isso porque, apesar da hegemonia das "classes dominantes", nem sempre seus interesses prevalecem ou se impõe na arena legislativa. As leis educacionais, portanto, não seriam entendidas como algo ensimesmado, isoladas de suas condições de produção, mas como fruto das lutas e das mais diversas demandas que as forjaram. Junto disso, o investigador em história social da educação ainda poderia atentar para a execução dos códigos que regulam a educação formal, pois, além de sofrerem interpretações, nem sempre são total ou parcialmente respeitados nas instâncias mais cotidianas da vida (BERTUCCI; FARIA FILHO; TABORDA, 2010).

Tendo em vista a agenda de pesquisa proposta pelo livro *EdwardP. Thompson: história e formação*, o desejo de fortalecimento da história social brasileira da educação e a pequena ressonância do marxista inglês no campo, certamente ainda há muito por fazer. E o trabalho será desafiador, por conta de duas correntes intelectuais que são hegemônicas nos departamentos de história da educação. Desde o final da ditadura civil-militar, em meados da década de 1980, os estudos culturais têm sido dominados por grupos francófilos, que acionam em suas investigações alguns pressupostos de autores como Roger Chartier, Michel de Certeau, Pierre Bourdieu e Michel Foucault. Obviamente, cada um desses pensadores é respeitado em suas peculiaridades teóricas e metodológicas. A outra corrente, que mantém certo monopólio sobre as temáticas vinculadas à história social, optou por um marxismo mais ortodoxo como ferramenta explicativa – mesmo que a perspectiva não mais possua o mesmo viço das décadas de 1960 e 1970. Absolutamente, afirmamos que são legítimas ambas as escolhas acadêmicas. Contudo, problematizamos alguns excessos subjetivistas que marcam os estudos culturais de inspiração francesa. Da mesma forma, relativizamos o aprisionamento da cultura e do indivíduo às determinações econômicas, postulado das tendências marxistas mais "tradicionais".

POR UMA HISTÓRIA SOCIAL BRASILEIRA DA EDUCAÇÃO, COM EDWARD THOMPSON

Já que há muito que fazer, e o desafio é grande, propomos dois encaminhamentos para a tessitura de uma consistente história social brasileira da educação, com Edward Thompson. Primeiramente, precisamos tratar a categoria "educação" da mesma forma que o marxista inglês tratou a categoria "classe". Recordemos que o *The making of the english work class* desconstruiu alguns determinismos sobre a formação das identidades sociais dos trabalhadores. Relativizando o conceito de "classe" enquanto algo modelar e autoexplicativo, o livro ofereceu aos pesquisadores do mundo do trabalho a possibilidade de entender a formação da classe operária como algo processual. Edward Thompson ainda afirma que devemos estar atentos às ações dos trabalhadores em suas próprias conjunturas históricas e sociais. Com esses cuidados, as conexões entre "passado", "presente" e "futuro" seriam fruto de escolhas e de combates políticos travados entre os sujeitos históricos. A formação da classe operária, portanto, nada teria a ver com causalidades teleológicas. Ao contrário, sua constituição dar-se-ia a partir do processo dialético que envolve a construção de identidades coletivas e as condições materiais de existência dos subalternos.

Orientados pelo procedimento analítico de Edward Thompson, prontamente observamos que a categoria "educação" ainda mantém profundos vínculos com certas perspectivas criadas pelo pensamento iluminista. Em especial, sublinhamos o axioma de que a escola seria, por excelência, o mais conveniente estabelecimento para a formação técnica e humana dos indivíduos. Desde finais do setecentos, ecoa a crença de que a escola "aperfeiçoa". Os filósofos ilustrados definiram que o ensino propedêutico era o mais perfeito meio para que a "humanidade" alcançasse a "Civilização" – ponto de chegada de um percurso teleológico conduzido pelo "sentido histórico".[6] Nessa ótica, a escola passou a ser encarada como um espaço demiúrgico, pronto para "conduzir" alguém, por meio da "racionalidade", para a "correta" compreensão da "realidade" e de "si mesmo". Nesse sentido, a pedagogia conquistou o privilégio de ser uma das principais ferramentas científicas para viabilizar o "Progresso da Razão" e promover a igualdade entre os cidadãos. Segundo Francisco Falcon, os filósofos setecentistas acreditavam que somente a pedagogia poderia propiciar a eliminação "do abismo que separava os *espíritos bem-pensantes*, moralmente *bem-*

[6] Para aprofundar o debate que pressupõe o "sentido histórico" como algo teleológico e civilizador, consultar: CASSIRER, Ernest. *A filosofia do Iluminismo*. 2. ed. Campinas: Unicamp, 1994; ELIAS, Norbert. *O processo civilizador*: uma história dos costumes. Rio de Janeiro: Jorge Zahar, 1990. v. 1.

-formados e socialmente *bem-educados*, da plebe ignorante, supersticiosa, inclinada aos maus costumes e mal-educada".[7]

Entre finais do século XVIII e início do seguinte, tais concepções ilustradas ganharam contornos de política governamental. Chancelado pelo Estado francês, por exemplo, o Marquês de Condorcet, homem público absolutamente envolvido com o "Progresso da Razão", estruturou um sistema de ensino nacional, público e laico. Informado pelo viés progressista e teleológico da categoria "educação", o nobre queria eliminar os efeitos "nocivos" do Antigo Regime e afirmar a emergência do "novo homem", que seria reconhecido por seus talentos, capacidades e virtudes – nunca por seu nascimento, família ou fortuna (BOTO, 2003). Contudo, apesar do aparente igualitarismo e da possibilidade de ascensão social por meio da iniciativa particular, sabemos que a França criou um projeto escolar público que consagrava fortes hierarquias e clivagens sociais. Por princípio, a escola das elites letradas e proprietárias foi organizada para formar uma comunidade intelectual mais homogênea e apta para usufruir o "direito natural de liberdade".[8] Por sua vez, a escola básica, criada para ensinar os fundamentos da leitura e da escrita, as operações matemáticas fundamentais e os princípios morais, prepararia os mais pobres para as exigências do mundo do trabalho, da pátria e da ordem republicana.[9]

Alimentada pela perspectiva ilustrada que naturalizou o entendimento da categoria "educação", a historiografia brasileira mais tradicional quase sempre atentou para os projetos escolares estatais que foram concebidos e administrados pelas elites letradas e proprietárias. Independentemente da perspectiva política do analista, os

---

[7] FALCON, Francisco J. C. *Iluminismo*. 4. ed., 2. reimp. São Paulo: Ática, 2002. p. 62-63 (grifos do autor).

[8] Sobre o projeto iluminista para formar uma comunidade intelectual mais homogênea, consultar: HAVELOCK, Eric A. *A revolução da escrita na Grécia e suas consequências culturais*. Rio de Janeiro: Paz e Terra; São Paulo:Ed. UNESP, 1996. Sobre as relações entre "direito natural de liberdade", "maioridade intelectual", "uso pleno da racionalidade", Iluminismo e comunidade erudita, consultar: KANT, Immanuel. *Resposta à pergunta*: o que é iluminismo?. Disponível em: <www.lusofonia.net>. Acesso em: 3 jul. 2011.

[9] Sobre os projetos de ordem e de instrução voltados para os subalternos, consultar: DUPIN, Charles. *Effects de l'enseignement populaire de la lecture, de l'écriture, de l'arithmétique, de la géométrie et la méchanique, appliquées aux arts, sur les prospérités de La France, discours prononcé dans la séance d'ouverture du Cours normal de Géométrie et de Méchanique appliquées, le 29 novembre 1826, au Conservatoire de Arts et Métier*. Paris, Bachelier Libraire, 1826. Disponível em: <http://gallica.bnf.fr/ark:/12148/bpt6k110299j>. Acesso em: 24 jul. 2007. Comparativamente à Inglaterra, ver: WRIGLEY, Julia. The division between mental and manual labor: artisan education in science in nineteenth-century Britain. *The American Journal of Sociology*, v. 88, 1982, supplement: Marxist Inquiries: Studies of Labor, Class and States.

"de baixo" da pirâmide social sempre aparecem como meros consumidores de produtos culturais impostos pela "classe dominante" – sejam tais produtos encarados como "alienantes" ou "civilizatórios".[10] Vale destacar que não propomos o abandono dos estudos sobre a escola como instituição de educação, em seus moldes mais clássicos, entretanto precisamos avançar na proposição de novos problemas e abordagens. Os autores do livro *Edward P. Thompson: história e formação* sugeriram algo semelhante, quando defenderam a investigação das culturas escolares que foram construídas a partir das experiências dos "de baixo": professores, alunos, pais e funcionários. Sem dúvida, essa é uma proposta analítica fundamental, que já vem sendo colocada em prática pelos próprios autores e outros estudiosos. Contudo, é possível avançar um pouco mais. Podemos pesquisar outras formas de ensino-aprendizagem vivenciadas fora das salas de aula, mas que também estão repletas de tensões políticas e sociais. Por exemplo, pensamos aqui no tirocínio artesanal das oficinas, nos espaços plurais de trabalho urbano e rural, nas heterogêneas formas de relações familiares, nas práticas difusas e informais de transmissão de valores, técnicas, saberes e modos de conduta social entre os variados grupos sociais e, ainda, nos códigos que organizavam as relações cotidianas entre senhores e escravos (FONSECA, 2009; GONDRA; SCHUELER, 2008; VEIGA; FONSECA, 2003).

Uma série de pesquisas produzidas pela história social brasileira da cultura e do trabalho pode servir como ponto de partida para as novas investigações sugeridas. No tocante ao tirocínio das oficinas, Marcelo Mac Cord observou que a relação de trabalho entre mestres e aprendizes, no Recife oitocentista, era permeada por regulações. Em 1838, o Compromisso da Irmandade de São José do Ribamar, que congregava pedreiros, carpinteiros, tanoeiros e calafates, determinou que os aprendizes, meninos livres, trocariam de mestre quando castigados excessivamente no processo de "aperfeiçoamento" profissional (MAC CORD, 2009). Por sua vez, o problema dos castigos impingidos aos escravos, pelos senhores, foi muito bem

[10] Existem diversos balanços historiográficos que tratam do tema. Entre eles, consultar: SAVIANI, Demerval; LOMBARDI; José Claudinei; SANFELICE, José Luis (Org.). *História e história da educação*: o debate teórico metodológico atual. Campinas: Autores Associados/HISTERBR, 1998. SBHE (Org.). *Educação no Brasil*: história e historiografia. Campinas: Autores Associados, 2001. VEIGA, Cynthia Greive; LIMA, Thais Nívia de (Org.). *História e historiografia da educação no Brasil*. Belo Horizonte: Autêntica, 2003. CARVALHO, Marta Maria Chagas. A configuração da historiografia educacional brasileira. *In*: FREITAS, Marcos César de (Org.). *Historiografia brasileira em perspectiva*. São Paulo: Contexto, 2003. p. 329-353.

explorado por Silvia Lara. Ao estudar os Campos dos Goitacazes setecentista, a autora percebeu que os envolvidos com as punições compreendiam, cada um a sua maneira, seu teor educativo e corretivo (LARA, 1988). Nas próprias senzalas do sudeste brasileiro oitocentista, como observou Robert Slenes, existiu uma gramática criada e compartilhada pelos próprios cativos,desconhecê-la ou desrespeitá-la criava problemas comunitários (SLENES, 1999).Segundo os estudos de Ricardo Pirola (2011), as revoltas escravas ocorridas em Campinas, no ano de 1832, foram promovidas por africanos ladinos que haviam aprendido e apreendido diversos aspectos do mundo senhorial, o que permitiu que exigissem o reconhecimento de direitos conquistados. Por fim, ainda citamos o estudo clássico de João José Reis sobre a chamada Revolta dos Malês. Na Bahia, em 1835, africanos islamizados utilizaram práticas de letramento para transmitir seus códigos culturais e viabilizar um movimento com fins sociais e políticos (REIS, 2003).

A pequena amostragem oferecida ao leitor permite que discorramos sobre o segundo encaminhamento para a tessitura de uma sólida história social brasileira da educação. Precisamos viabilizar a aproximação dos historiadores da educação de influência thompsoniana daqueles que labutam na história social brasileira da cultura e do trabalho, pois esses últimos acumularam muita experiência nos arquivos, construíram inovadoras abordagens metodológicas e novas perspectivas historiográficas. Apesar de os primeiros possuírem amplas e consolidadas agendas de pesquisa, ainda precisam avançar na seleção quantitativa e qualitativa das fontes, assim como em seu tratamento. Não basta apenas enunciar que os processos judiciais e as leis educacionais são documentos relevantes, por exemplo. É preciso definir suas limitações e possibilidades analíticas, de acordo com os problemas que conduzirão cada projeto de pesquisa. Nesse sentido, por meio de seminários, entre outros encontros acadêmicos, publicações e outras formas de intercâmbio, os historiadores sociais do trabalho, da cultura e da educação poderiam promover reflexões conjuntas sobre os usos dos referenciais interpretativos propostos por Edward Thompson.

O distanciamento que os historiadores da educação de inspiração thompsoniana mantêm dos que labutam na história social da cultura e do trabalho fica evidente, por exemplo, quando compulsamos as referências bibliográficas da obra *EdwardP. Thompson*: históriaeformação. No livro, apesar de um arrolamento de livros e de artigos absolutamente importantes para o entendimento da obra e das propostas do marxista inglês, inexistem textos produzidos pelos componentes daquele último grupo.

Acreditamos que seja simplista uma justificativa baseada em diferenças temáticas ou programáticas, pois, como sabemos, a comparação é salutar aos domínios de Clio. Talvez, possamos creditar a falta de referência aos textos da história social brasileira da cultura e do trabalho às lutas por autonomia do campo história da educação, que ainda hoje experimenta certo drama identitário por transitar entre dois ramos do conhecimento com fronteiras epistemológicas bem delimitadas: a educação e a história.[11] Sem dúvida, a aproximação também seria interessante para os historiadores sociais brasileiros da cultura e do trabalho, que teriam a sua disposição novas ferramentas interpretativas para suas pesquisas e o alargamento de seus objetos e problemas investigativos.

REFERÊNCIAS

ANDERSON, Perry. *A crise da crise do marxismo*: introdução a um debate contemporâneo. 2. ed. São Paulo: Brasiliense, 1985.

BATALHA, Cláudio H. M. A historiografia da classe operária no Brasil: trajetórias e tendências. In: FREITAS, Marcos C. de (Org.). *Historiografia brasileira em perspectiva*. São Paulo: Contexto, 2003. p. 145-158.

____. Identidade da classe operária no Brasil: atipicidade ou legitimidade?. *Revista Brasileira da História*, v. 12, n. 23/24, p. 111-124, set. 1991/ago. 1992.

BERTUCCI, Liane M.; FARIA FILHO, Luciano M.; TABORDA, Marcus A. *Edward P. Thompson*: história e formação. Belo Horizonte: Ed. UFMG, 2010.

[11] Sabemos que a questão da autonomia, na história da educação, sempre foi algo fundamental para o campo. Sobre a constituição da história da educação como campo, consultar: VIDAL, Diana Gonçalves; FARIA FILHO, Luciano Mendes de. História da Educação no Brasil: a constituição histórica do campo (1880-1970). *Revista Brasileira de História*, v. 23, n. 45, p. 37-70, 2003. STEPHANOU; Maria; BASTOS, Maria Helena Câmara (Org.). *Historias e memórias da educação no Brasil*. Rio de Janeiro:Vozes, 2005. v. 2.

BOTO, Carlota. Na Revolução Francesa, os princípios democráticos da escola pública, laica e gratuita: o relatório de Condorcet. *Educação e Sociedade*, v. 24, n. 84, p. 735-762, 2003.

BURKE, Peter. *A escrita da história*: novas perspectivas. São Paulo: Ed.UNESP, 1992.

CARVALHO, Marta Maria Chagas. A configuração da historiografia educacional brasileira. In: FREITAS, Marcos César de (Org.). *Historiografia brasileira em perspectiva*. São Paulo: Contexto, 2003. p. 329-353.

CASSIRER, Ernest. *A filosofia do Iluminismo*. 2. ed. Campinas: Unicamp, 1994.

CHALHOUB, Sidney; FONTES, Paulo. História social do trabalho, história pública. *Perseu: História, Memória e Política*, n. 4, ano 3, p. 219-228, 2009.

ELIAS, Norbert. *O processo civilizador*: uma história dos costumes. Rio de Janeiro: Jorge Zahar, 1990. v. 1.

FALCON, Francisco J. C. *Iluminismo*. 4. ed., 2. reimp. São Paulo:Ática, 2002.

FARIA FILHO, Luciano M. Fazer história da educação com E. P. Thompson: trajetórias de um aprendizado. In: FARIA FILHO, Luciano M. de (Org.). *Pensadores sociais e História da Educação*. Belo Horizonte: Autêntica, 2005.

FONSECA, M. V. *População negra e educação*: perfil racial das escolas mineiras no século XIX. Belo Horizonte: Mazza. Coleção Pensar a Educação, Pensar o Brasil. Série Estudos Históricos, 2009.

GONDRA, José; SCHUELER. Alessandra. *Educação, poder e sociedade no Império Brasileiro*. São Paulo: Cortez, 2008. (Col. Biblioteca Básica de Educação, v. 1).

HAVELOCK, Eric A. *A revolução da escrita na Grécia e suas consequências culturais*. Rio de Janeiro: Paz e Terra; São Paulo, Ed.UNESP, 1996.

LACERDA, David P. *Solidariedades entre ofícios*: a experiência mutualista no Rio de Janeiro Imperial (1860-1882). Dissertação (Mestrado) - IFCH-Unicamp, Campinas, 2011.

LARA, Silvia H. Blowin'in the wind: E. P. Thompson e a experiência negra no Brasil. *Projeto História*, n. 12, p. 43-56, 1995.

LARA, Silvia H. *Campos da violência*: escravos e senhores na Capitania do Rio de Janeiro, 1750-1808. Rio de Janeiro: Paz e Terra, 1988.

MAC CORD, Marcelo. *Andaimes, casacas, tijolos e livros*: uma associação de artífices no Recife, 1836-1880. Tese (Doutorado) - IFCH/UNICAMP, Campinas, 2009.

NEGRO, Antonio Luigi; GOMES, Flávio dos Santos. Além de senzalas e fábricas: uma história social do trabalho. *Tempo Social*: Revista de Sociologia da USP, v. 18, n. 1, p. 217-240, 2006.

PALMER, Bryan. *Edward Thompson*: objeções e oposições. Rio de Janeiro: Paz e Terra, 1996.

PIROLA, Ricardo F. *Senzala insurgente*: malungos, parentes e rebeldes nas fazendas de Campinas (1832). Campinas: Ed. Unicamp, 2011.

REIS, João José. *Rebelião escrava no Brasil*: a história do levante dos malês em 1835. São Paulo: Companhia das Letras, 2003.

SAVIANI, Demerval; LOMBARDI, José Claudinei; SANFELICE, José Luis (Org.). *História e história da educação*: o debate teórico metodológico atual. Campinas: Autores Associados/HISTERBR, 1998.

RODRIGUES, José Albertino. *Sindicato e desenvolvimento no Brasil*. São Paulo: Difusão Europeia do Livro, 1968.

SBHE (Org.). *Educação no Brasil*: história e historiografia. Campinas: Autores Associados, 2001.

SCHUELER, Alessandra. Marxismo e Historiografia no Reino de Vitória: as contribuições de Edward Palmer Thompson. *Verinotio*, v. 6, p. 4-18, 2007.

SEGATTO, José Antonio. *Breve história do PCB*. São Paulo: Ciências Humanas, 1981.

SLENES, Robert W. *Na senzala, uma flor*: esperanças e recordações na formação da família escrava – Brasil Sudeste, século XIX. 3. imp. Rio de Janeiro: Nova Fronteira, 1999.

____. Escravos, cartórios e desburocratização: o que Rui Barbosa não queimou será destruído agora?. *Revista Brasileira de História*, v. 5, n. 10, p. 166-196, 1985.

STEPHANOU, Maria; BASTOS, Maria Helena Câmara (Org.). *Histórias e memórias da educação no Brasil*. Rio de Janeiro: Vozes, 2005. v. 2.

TABORDA, Marcus A. O pensamento de Edward Palmer Thompson como programa para a pesquisa em história da educação: culturas escolares, currículo e educação do corpo. *Revista Brasileira de História da Educação*, n. 16, 2008.

THOMPSON, Edward. Educação e experiência. *Os românticos*: a Inglaterra na era revolucionária. Rio de Janeiro: Civilização Brasileira, 2002.

____. As peculiaridades dos ingleses e outros artigos. Campinas: Ed. UNICAMP, 2001.

____. *The Essential E. P. Thompson*. New York: New York Press, 2001.

____. *Costumes em comum*. São Paulo: Companhia das Letras, 1998.

____. *Making History*. Writings on History and Culture. New York: New York Press, 1995.

_____. *Senhores e caçadores*. Rio de Janeiro: Paz e Terra, 1997.

_____. *A formação da classe operária inglesa*: a árvore da liberdade. Rio de Janeiro:Paz e Terra, 1987. v. 1.

_____. *Exterminismo e Guerra Fria*. São Paulo: Brasiliense, 1987.

_____. *A miséria da teoria ou um planetário de erros*. Rio de Janeiro: Paz e Terra, 1981.

_____. *Tradición, revuelta y consciencia de clase*: la sociedad inglesa preindustrial. Barcelona, 1979.

VEIGA, Cynthia Greive; FONSECA, Thais Nívia de Lima (Org.). *História e historiografia da educação no Brasil*. Belo Horizonte: Autêntica, 2003.

VIDAL, Diana Gonçalves; FARIA FILHO, Luciano Mendes. História da Educação no Brasil: a constituição histórica do campo (1880-1970). *Revista Brasileira de História*, v. 23, n. 45, p. 37-70, 2003.

WILLIAMS, Raymon. *Keywords*: a vocabulary of culture and society. London: Fontana, 1976.

Raphael Samuel e a história local

RAYLANE ANDREZA DIAS NAVARRO BARRETO

Raphael Elkan Samuel, inglês, casado, historiador e professor, residente e domiciliado em Londres, nascido em 1934 e morto pelo câncer em 1996. Filho de Judeus, o pai era o advogado Samuel Barnett e a mãe, a compositora Minna Nerensein. Tendo a mãe e o tio Chimen Abramsky – o historiador judeu da Primeira Internacional – como exemplos, entrou para o partido comunista da Grã-Bretanha, no qual teve participação destacada e atuante e se juntou a Edward Palmer Thompson, Christopher Hill, Eric Hobsbawm, Arthur Leslie Morton, John Saville, George Rude, Rodney Hilton, Dorothy Thompson, Edmund Dell, Victor Kiernan e Maurice Dobb, membros de uma confraria denominada "Grupo de Historiadores do Partido Comunista" e criadores da *New Left Review*.[1] Eis o objeto de estudo para este capítulo de livro que se propõe analisar a produção historiográfica de autores da História Social e Cultural Inglesa, identificando questões teóricas e metodológicas que os articulem com a pesquisa em História da Educação e em que medida eles contribuem para esse campo.

Adentrar na história de vida de um sujeito não se traduz tarefa fácil, se se considerar que esse sujeito contribuiu com sua área de atuação de maneira singular e que, por isso, hoje consta no rol dos historiadores sociais e culturais mais bem-sucedidos da contemporaneidade, isso por causa de seu método, a tarefa se torna

[1] A *Revista Passado e Presente* foi pioneira no estudo da história da classe trabalhadora.

ainda mais comprometedora, pois exige, no mínimo, uma compreensão ampla do homem, do historiador, do seu lugar e, sobretudo, do seu ofício. Com o objetivo de entender a contribuição de Raphael Samuel para o campo da História e em especial para a História da Educação, considerarei sua trajetória de vida e sua obra intelectual. Com uma história de vida muito instigante e autor de vários artigos, resenhas, ensaios, além de organizador de vários compêndios,[2] a nossa personagem se torna cada vez mais conhecida mundo afora, pois tem na sua própria história um capítulo que deve constar na historiografia da História Social e Cultural, para além da Inglaterra.

Raphael Samuel estudou no King Alfred School e no Balliol College em Oxford, onde, dentre outros professores, foi aluno do bem conhecido historiador marxista Christopher Hill. Sua vida de estudante foi marcada pela sua ascendência religiosa judaica e por sua vontade de mudar "o seu lugar". Foi assim que enveredou por um caminho que o levou ao partido comunista da Grã-Bretanha e ao marxismo. Tempos depois, por motivos ideológicos, se viu, assim como todos os membros do "Grupo de Historiadores do Partido Comunista", premido pela situação estabelecida entre seu líder político Nikita Krushchev, sucessor de Stalin e Imre Nagy, primeiro ministro da Hungria. Isso porque o que estava em jogo era a independência dos povos do leste europeu a partir da União Soviética. A historiografia registra que para combater Nagy, que queria a retirada da Hungria do Pacto de Varsóvia e propunha uma discussão pública sobre a reforma política e econômica, Khrushchev enviou o Exército Vermelho para a Hungria, resultando em um número estimado de 20.000 mortes.

Ao ir de encontro à atitude de Khrushchev, Samuel e outros colegas acabam por serem expulsos do partido. O colega e autor de seu obituário, Bill Schwarz (1997, p. 85), assim descreve a situação vivenciada por ele naquele período:

> A partir daquele momento, seu antigo senso de identidade transformou-se, conforme ele descreveu mais tarde, em "um mundo perdido". Reestruturar-se novamente e reconstruir, a partir dos escombros, uma justificativa

---

[2] São eles: Village Life and Labour (1975), Miners, Quarrymen and Saltworkers (1977), People's History and Socialist Theory (1981), East End Underworld (1981), Culture, Ideology and Politics (1983), Theatres of the Left: 1880-1935 (1985), The Lost World of Communism (1986), The Enemy Within: The Miners' Strike of 1984 (1987), Patriotism: The Making and Unmaking of British National Identity (1989), Patriotism: Minorities and Outsiders (1989), The Myths We Live By (1990), Theatres of Memory (1996) e Island Stories: Unravelling Britain (1997).

> política ou moral para o estudo da história exigia uma jornada intelectual, que ele empreendeu com curiosa mescla de imaginação e intransigência, requinte intelectual e confessa ingenuidade teórica. (tradução nossa)

Naquele momento, foi no campo preciso da História que Samuel enveredou em busca de outros caminhos, substituindo seu discurso e sua prática de militante por concepções calcadas única e exclusivamente a partir do próprio povo, por quem e para quem, segundo ele, o historiador deve falar. O que ele queria com isso era que os indivíduos pensassem sobre o seu próprio lugar no mundo, concebendo-o, inclusive, como um lugar histórico, passível de questionamentos. Foi com esse intuito que contribuiu para a criação do Café *The Partisan*, um lugar de encontro entre intelectuais que pensavam o presente e o futuro da nova esquerda inglesa. A esse tempo, ele recebeu uma bolsa de estudos no Instituto de Estudos da Comunidade, sob a orientação de Michael Young, onde aprofundou os estudos e sedimentou ainda mais sua visão da História quando elegeu como objeto de estudo os sistemas de parentesco no bairro antigo Bethnal Green.

Começou sua carreira de professor como Tutor no Colégio Ruskin, em 1962, onde inspirou a admiração dos alunos por seu estilo despojado no vestir e portar-se, e por despertar neles a vontade de escrever. Na verdade, ele não ensinava apenas a escrever, mas a argumentar pontos de vista a partir das experiências vividas por quem está escrevendo. Mais do que alfabetizar e preparar os alunos trabalhadores de idade avançada para a entrada na universidade, ele acreditava que cada pessoa tinha uma história a ser contada e que ela poderia ser habilitada a escrever, tornando-se assim o historiador de seu próprio passado. Em 1967 Raphael Samuel criou a *History Workshop*, espécie de Oficina de História, na qual ele parecia resumir seu intencionário do fazer historiográfico. Nos seminários produzidos foram discutidos temas como a história das mulheres, a infância, o patriotismo, o que acabava ampliando as definições de nação, identidade e diversidade cultural da Grã-Bretanha.

Sua ideia era democratizar o ofício do historiador e para tanto contou com vários entusiastas, a começar por Anna Davin, sua primeira esposa, com quem compartilhou seu esforço por uma História de e para todos. Vale ressaltar que o *History Workshop* estimulou a criação de varias redes dentro da Inglaterra, que deram densidade ao movimento e que lhes rendeu reuniões anuais, consideradas instigantes para os entusiastas do novo modo de conceber a História. Como resultado do "Movimento" foi editado, em 1975, o *History Workshop Journal*, que nos seus mais de quarenta volumes guardam, como registro, a memória do trabalho e a expansão da mente do historiador Raphael Samuel, consolidando o seu modo democrático de pesquisar e entender a História.

Entre 1975 e 1980 Samuel editou os trabalhos que foram fruto das experiências com o *History Workshop*. São alguns exemplos os livros *Village Life and Labour* (1975), *Miners, Quarrymen and Saltworkers* (1977) e *People's History and Socialist Theory* (1981). O primeiro trata de algumas das tradições da vida rural e do trabalho inglês durante o tempo de crescente mecanização agrícola e sua relação com o trabalho; o segundo retrata a vida de mineradores, pedreiros e trabalhadores de salinas; o terceiro tem a colaboração teórica de vários intelectuais, incluindo Peter Burke e Edward Palmer Thompson, Ian Cartes, Perry Anderson, Stuart Hall, Paul Thompson e Ana Davis, entre outros. Segundo ele a reprodução dos textos dessa coletânea que traz artigos sobre a história do povo, a história local, a tradição oral, o papel do historiador, estudos dos camponeses, do Estado, do capitalismo, do socialismo, do feminismo dentre vários outros temas são

> [...] reproduzidos em parte por seu interesse histórico para qualquer um que gostar de saber mais sobre o desenvolvimento da história e da teoria socialista, e em parte por causa da importância substantiva das questões levantadas, em particular, a centralidade do conceito de "experiência" no trabalho histórico atual. (SAMUEL, 1981, p. 376, tradução nossa)

Em 1981, utilizando-se da metodologia da história oral, escreveu a biografia de um criminoso do leste de Londres, Arthur Harding, intitulada *O submundo de East End*. Esse livro, agregado ao conceito que já dispunha, pelos seus múltiplos trabalhos em Rustink, o levou, em 1994, depois de 30 anos alfabetizando e ensinando jovens e adultos à Universidade de East London. Foi nessa Universidade que ele criou e instalou um Centro de Pesquisas sobre a vida local. Depois de sua morte o Centro passou a ser denominado de Centro de História Raphael Samuel,[3] que funciona até

[3] O Centro de História Raphael Samuel é mantido por uma parceria entre a University of East London (UEL), Birkbeck, University of London e o Bishopsgate Institute. O centro oferece seminários, curso, eventos, desenvolve projetos de ensino e pesquisa, além de colocar a disposição de pesquisadores o arquivo pessoal do seu patrono.

hoje, enriquecido em seus propósitos por novas temáticas, que vão desde a história dos meios de transportes ao movimento LGBT, por exemplo.

Na visão de Schwartz e Louzada (1997, p. 85),

> Convencionalmente, a reputação dos historiadores bem conceituados é estabelecida a partir das obras que escrevem e da sua discreta ascensão na hierarquia acadêmica. Em nenhum desses aspectos, durante a maior parte da sua vida profissional, Samuel poderia ter a mais remota pretensão. O primeiro livro de sua autoria exclusiva, Theatres of Memory, foi lançado quando ele estava perto dos 60 anos – uma forma despropositada de se pautar pelas normas de desempenho acadêmico. Longe de se sobressair entre as fileiras e ir em busca das pompas do magistério, sentia-se feliz no ambiente que escolhera – entre os adultos que alfabetizava em Ruskin – e genuinamente indiferente a tudo que pudesse ter vestígios de carreirismo.

Assim, pautado por uma história local e aliando a história oral à pesquisa documental, Raphael Samuel amplia seus objetivos e concebe um modo historiográfico não mais preocupado com as experiências perdidas de uma ou outra classe econômica, mas um modo preocupado com "[...] os mecanismos segundo os quais o passado é relembrado, dramatizado e questionado no presente." (SCHWARTZ; LOUZADA, 1997, p. 87).

Foi com o artigo "Philosophy of brick" (Filosofia dos tijolos) que nossa personagem demonstrou sua predileção pela cultura em detrimento das questões econômicas. Ao analisar as diferentes construções de tijolos em Londres e atentar mais para o *modus operandi*, ou seja, a forma e as condições em que foram construídos, do que necessariamente para o progresso da mecanização, como faria um historiador da economia, Raphael alargou seus horizontes e decididamente se desvencilhou, se é que um dia foi adepto, da História tradicional e firmou posição em prol da História Social Inglesa. Em seu ensaio "Roughs Quarry", publicado em *Village Life and Labour* (1975), ele fez uso de vários tipos de fonte e a confrontou com a história oral e a partir delas lançou um outro olhar sobre o passado, desta feita tendo por foco a cultura. No final dos anos 1970 ele se dedicou à cultura progressista entre guerras, contribuindo com um novo entendimento da cultura britânica.

Na década de 1980, mais precisamente em 1986, ele se casou com a escritora Alisson Light e com ela estabeleceu uma parceria intelectual, culminando em um lar que se transformara, na visão de Bill Schwartz, em um laboratório de ideias. Foi nessa mesma década que, assim como muitos da esquerda, ele demonstrou um fascínio pela senhora Margareth Thatcher e o thatcherismo. Em uma série de reuniões e coletâneas de ensaios, ele procurou entender as raízes históricas de seu percurso. O resultado foi a coleção de três volumes denominada *Patriotismo*, que editou em 1989.

Mas foi precisamente com sua obra *Teatros de memória*: passado e presente na História contemporânea, de 1996, que Samuel demonstrou seu talento como historiógrafo. Nesse livro, ele tratou do uso da imagem, em especial da fotografia, para compreender a História e a memória da Inglaterra. Raphael Samuel (1997, p. 50) parte da seguinte problemática:

> Uma das coisas desconcertantes, que me levou a trabalhar no presente ensaio, foi a verificação tardia de que, em nossa ignorância sobre os artifícios da fotografia vitoriana, muito do que produzíramos com tanto amor e anotáramos (como acreditávamos) tão meticulosamente era falso – era cópia, mesmo se na forma de documentário. Assim (sei agora), o grupo de ceifadores reproduzidos (em sépia) na sobrecapa de Village life and Labour, pitorescamente agrupado ao redor de feixes de milho, tinha sido cuidadosamente arrumado para parecer uma cena do gênero, enquanto a figura de um ceifador "northumbriano" é claramente um exercício na poética do trabalho.

Em *Teatros de memória...*, Samuel desmitifica um rol de fotografias da época vitoriana, chamando atenção para o fato de que as memórias representadas nas fotografias foram, se não forjadas, maquiadas. Como exemplo trago à luz o caso do sapateiro politizado retratado na foto *Strengthening the Understanding*, que ganhou o prêmio na exposição anual da *Photographic Society*, destacado pelo *The Photographic News* de 9 de outubro de 1885. Relatou o fotógrafo:

> Meu modelo... casualmente passou pela porta do meu estúdio e, como ele estava muito sujo, assaltou-me a ideia de que seria possível tirar uma foto dele, se conseguisse pô-lo sentado. Dei um jeito de conhecê-lo e logo descobri que sua profissão era a de sapateiro e sua grande fraqueza a política. Após muita conversa, consegui tê-lo no estúdio; porém aventurei-me diretamente a lhe sugerir pousar para uma foto, o que foi o sinal para ele se encaminhar em direção a porta. A cerveja logo o convenceu a ficar e levou só dois ou três minutos apanhar um caixão vazio, uma velha caixa, barbante e papelão. A maior dificuldade era torná-lo mais desarrumado

> ainda do que estava, e quando pedi para tirar o casaco, ele saltou e disse: "Não; meus amigos não me reconheceriam assim". Consegui a expressão tornando-o excitado sobre os últimos discursos (políticos), e ao final, perguntei-lhe se sabia algo sobre a derrota do Governo e a dissolução do Parlamento, quando ele esticou ao máximo o seu pescoço e disse: "'Governo derrotado! Aonde?" – e então eu cliquei. A próxima tarefa era construir uma loja de sapateiro; o que fiz em meu estúdio de edição, e, então, imprimi a foto. (*Apud* SAMUEL, 1997, p. 63)

Tal fotografia é um dos vários exemplos utilizados por Raphael Samuel para desmitificar a memória que pode ser produzida e tomada como verdade, daí a necessidade de desoficializá-la como suporte único, o que se consegue com o confronto com outras fontes, a exemplo do testemunho oral. Por certo a fotografia serve como ilustração ou mesmo para mostrar aos presentes como foi o passado, assim como despertar naqueles que a presenciaram novas memórias, por isso elas, muitas vezes, suprem informações ou confirmam fatos. Nesse livro fica claro como o presente pode "brincar" com o passado e como é importante para o fazer historiográfico a evidência do visual e a percepção das minorias estigmatizadas.

Para Samuel (1997, p. 41-45)

> [...] a memória é historicamente condicionada, mudando de cor e forma de acordo com o que emerge no momento; de modo que, longe de ser transmitida pelo modo intemporal da "'tradição", ela é progressivamente alterada de geração em geração. Ela porta a marca da experiência, por maiores mediações que esta tenha sofrido. Tem, estampadas, as paixões dominantes de seu tempo. Como a história, a memória é inerentemente revisionista, e nunca é tão camaleônica como quando parece permanecer igual.

No segundo volume de *Theatres of Memory* que tem o subtítulo *Island Stories: Unravelling Britain*, editado depois de sua morte, em 1997, Raphael enveredou pela fascinante seara dos mitos ingleses modernos, desvendando, na vida diária e nas representações no senso comum, como cada um dos grandes personagens da História contribuem com a identidade do seu povo. Nesse livro são contempladas figuras como Bede e Gerald de Barri, Macaulay e Stubbs, Shakespeare e Dickens, Lord Reith e Raymond Williams, Margaret Thatcher e Tony Blair com o objetivo específico de evidenciar as mutabilidades nacionais e como os países usam seu passado para dar um sentido ao presente e ao futuro. Os dois volumes de *Theatres of Memory* é por certo uma obra madura que põe em evidencia a pluralidade do visual e é, por isso, considerada a mais importante de sua carreira.

Samuel também deixou um rico repertório de obituários, que servem e servirão como ponto de partida para investigações sobre os mais diversos tipos biografados e eternizados pela sua escrita. Suas notas de rodapé também são verdadeiros presentes para aqueles que desejam enveredar pelo caminho da pesquisa histórica. Nelas ele indica caminhos, fontes e abordagens que podem ser seguidas. Eis uma das suas principais contribuições para os futuros historiadores. Nas palavras de Bill Schwarz (1997, p. 88),

> Samuel acreditava que a carga emocional dos obituários provinha de seu poder simbólico de "desafiar a ideia de extinção". O poder simbólico do trabalho que desenvolveu durante toda a vida proporcionou uma impressiva dignidade àqueles mal compreendidos pela história e atuou nesse mesmo sentido.

RAPHAEL SAMUEL E SUA CONTRIBUIÇÃO PARA A HISTÓRIA SOCIAL E CULTURAL INGLESA

O que se pode apreender de Raphael Samuel em seus outros ensaios, livros e edições do *History Workshop* é que ele elegeu como objetos de suas investigações os mais marginais dos temas, a exemplo dos proletários, de irlandeses católicos pobres, da iluminação pública, da rebelião colonial, da saúde pública entre tantos outros temas. Outro aspecto que merece destaque é que não foi pela pesquisa historiográfica que Samuel contribuiu para a interpretação da História Social e Cultural Inglesa, mas simplesmente porque pôs a vida quotidiana de cidadãos simples no seu centro, popularizando a ciência e a concebendo não como realização e conclusão, mas como processo e debate.

Ele tinha uma visão muito própria da História, pois para ele,

> Por um lado, a história fragmenta e divide o que no original pode ter-se apresentado como inteiro, abstraindo aqui um pequeno detalhe descritivo, lá uma cena memorável. Por outro lado, a história compõe. Integra o que no original pode ter sido divergente, sintetiza diferentes classes de informação

> e contrapõe diferentes ordens de experiência. Traz o meio esquecido de volta a vida, de uma forma muito parecida à dos pensamentos oníricos. E cria uma narrativa consecutiva a partir dos fragmentos, impondo ordem no caos e produzindo imagens muito mais claras do que qualquer realidade poderia ser. (SAMUEL, 1997, p. 45)

Foi juntando fragmentos e produzindo imagens que Raphael Samuel produziu cerca de 165[4] escritos entre livros,[5] compilações, artigos, ensaios, entre outras expressões, por meio das quais ele reverberou sua forma de conceber e divulgar a História. No *Bishopsgate Institute*, constam tais produções que se somam a outras cujo propósito foi dar continuidade ao seu trabalho e revelar seus métodos investigativos e suas práticas de trabalho. Hoje, o Instituto apresenta-se como o guardião de sua memória. São cerca de 700 caixas de material, incluindo documentos de suas pesquisas, correspondências com outros historiadores, material bibliográfico e suas fotografias. A coleção também inclui cerca de 180 fitas cassetes (detalhando o uso da história oral para vários projetos de pesquisa). Há ainda suas palestras e aparições no rádio, bem como de alguns historiadores e ativistas e músicas de protesto político.

Assim, fosse ensinado, fosse pesquisando, fosse propondo um modo diferente de escrever a história ou mesmo deixando o fruto do seu trabalho para as gerações que lhe sucederam, Raphael Samuel contribuiu significativamente com o campo da História. Suas pesquisas acerca do passado do leste de Londres, sobre a pobreza na época vitoriana, sobre a família e os sistemas de parentesco somam-se a outras e compõem o rico acervo do Instituto Bishopsgate.

---

[4] As referencias completas de suas obras se encontram no Bishopsgate Institute no endereço: <http://www.bishopsgate.org.uk/uploads/media/98/398.pdf>.

[5] São livros: *Village Life and Labour* (1975); *Miners, Quarrymen and Saltworkers* (1977); *People's History and Socialist Theory* (1981); *East End Underworld* (1981); *Culture, Ideology and Politics* (1983); *Theatres of the Left: 1880-1935* (1985); *The Lost World of Communism* (1986); *The Enemy Within: The Miners' Strike of 1984* (1987); *Patriotism: The Making and Unmaking of British National Identity* (1989); *Patriotism (Volume 2): Minorities and Outsiders* (1989); *The Myths We Live By* (1990); *Theatres of Memory: Volume 1: Past and Present in Contemporary Culture* (1996); *Theatres of Memory: Volume 2: Island Stories: Unravelling Britain* (1997); *The Lost World of British Communism* (2006).

CONCEPÇÃO E MÉTODO HISTORIOGRÁFICO

Segundo o próprio Raphael Samuel deu a entender, ele teve em *Mnemosine*, a deusa da memória, uma espécie de guia de seu trabalho, que tinha, na memória, a base da ensinagem. Recorreu aos estudos dos gregos, ao poeta Simonides de Ceos, a Cícero, a Santo Agostinho, bem como à historiadora Frances Yates e conclui que a memória é a origem de todas as pedagogias, sendo, inclusive, fonte tanto para a arte como para a ciência. Ao reconhecer que a memória, na contemporaneidade, é concebida mais pelo viés romântico e poético do que propriamente o científico, Raphael Samuel tem nos historiadores Jules Michelet e Edward Palmer Thompson as bases e as referências para o seu modo de conceber História. O primeiro entendia que a História deveria dar "voz aos sem voz" e a palavra aos mortos; e o segundo considerava que a História era um "ato de reparação que salvasse os derrotados da enorme condescendência da posteridade". Fato é que não se pode conceber a História sem que se faça uso da memória.

Por certo, a maior contribuição de Raphael Samuel para a produção historiográfica cultural e social inglesa está no campo da história local. Ao eleger como objeto de suas investigações um criminoso local, ou mesmo o uso de tijolos em construções, ou ainda a memória local guardada ora por vitrais nas igrejas, ora nas pinturas e nas fotografias, para além das fontes documentais, que iam desde um simples anúncio num jornal a um alfarrábio guardado por um bibliotecário de uma comunidade simples, Samuel entra no rol dos historiadores voltados à decodificação da realidade, por um prisma democratizador em que o homem simples tem sua "voz" identificada e estudada. Para ele:

> A história local requer um tipo de conhecimento diferente daquele focalizado no alto nível do desenvolvimento e dá ao pesquisador uma ideia muito mais imediata do passado. Ele a encontra dobrando a esquina e descendo a rua. Ele pode ouvir os seus ecos no mercado, ler o seu grafite nas paredes, seguir suas pegadas nos campos. As categorias abstratas de classe social, ao invés de serem pressupostos, têm de ser traduzidas em diferenças ocupacionais e trajetórias de vidas individuais; o impacto da mudança tem de ser medido por suas consequências para certos domicílios. Os materiais básicos do processo histórico devem ser constituídos de quaisquer materiais que estejam à disposição no local ou a estrutura não se manterá. (SAMUEL, 1990, p. 220)

Perceber que em qualquer lugar existe uma ideia imediata do passado e que os materiais à disposição contam sua história contribuiu para o seu modo de compreender a História. Voltar seu olhar para as representações imagéticas ou mesmo ouvir o que se diz sobre esse ou aquele episódio, ou ainda sentir a atmosfera do lugar, que por sua vez pode ser dotada de sentimentos, cheiros, sabores e sensações que remetem a uma verdade escondida ou mesmo não intuída, fez do oficio do historiador Raphael Samuel um oficio alargado, não circunscrito aos ditames da academia tradicional, em que imperam imagens, vozes, decisões de pessoas que, mesmo à margem, contribuem para uma compreensão mais democrática da História.

ORALIDADE E IMAGEM NA HISTÓRIA LOCAL

> *La história oral es una necesidad en cualquier programa que intente documentar el siglo XX. Es un imperativo.* (SCHWARZSTEIN, 2002, p. 167)

Foi assim que Dora Schwarzstein começou seu artigo sobre os desafios e os problemas das fontes orais e dos arquivos. Baseando-se em historiadores como Pierre Nora e Raphael Samuel, o artigo publicado em 2002 traz dentre outras assertivas a de que a história oral tornara-se um recurso não somente indispensável para aqueles que intentam uma investigação histórica, mas a transcende, pois se convertera em uma prática de criação de patrimônio histórico, sem o qual o século XX perderia em qualidade, afinal o testemunho oral deu às fotografias e aos documentos escritos uma possibilidade a mais de explicação e interpretação, haja vista que é do confronto das fontes que o historiador faz sua arte.

Para Samuel (1990, p. 230),

> Documentos não podem responder; nem, depois de um certo ponto, eles podem ser instigados a esclarecer, em maiores detalhes o que querem dizer, dar mais exemplos, levar em conta exceções, ou explicar discrepâncias aparentes na documentação que sobrevive. A evidencia oral por outro lado é infindável, somente limitada pelo número de sobreviventes, pela ingenuidade das perguntas do historiador e pela sua paciência e tato.

Em contrapartida, a memória não é apenas e tão somente um depositório paciente, onde os fatos são guardados tal qual aconteceram. A memória é passível de interferências, de criações, de esquecimentos, de preferências; em suma de significados outros que não um único. Por isso que a fonte oral deve ser considerada ao analisar um fato, pois mais do que um lugar de lembranças, ela se revela uma forjadora de mudanças, estas consideradas de suma importância para dar sentido, forma e historicidade aos fatos. O que não significa que não existam pessoas reservadas ao revelar sua versão dos fatos, o que recorrentemente acontece quando o depoimento é sobre algo que incide sobre comportamentos como torturas, crimes ou mesmo fatos políticos. Nesses casos as informações mais preciosas podem estar no esquecido ou no que o fez esquecer.

Na visão de Samuel (1997, p. 44),

> [...] a memória, longe de ser meramente um receptáculo passivo ou um sistema de armazenagem, um banco de imagens do passado, é, isto sim, uma força ativa, que molda; que é dinâmica – o que ela sintomaticamente planeja esquecer é tão importante quanto o que ela lembra – e que ela é dialeticamente relacionada ao pensamento histórico, ao invés de ser apenas uma espécie de seu negativo.

Tendo a memória como historicamente condicionada, mudando de cor e tom, tal qual um camaleão condicionado ao tempo, Raphael a contrapõe a fontes documentais tradicionais, quer em arquivos públicos ou privados, o que faz com que os arquivos adquiram uma nova extensão e a história oral produza "[...] efeitos críticos e transformadores da prática historiográfica. O oral informa sobre a existência do documento tradicional ou modifica sua leitura" (SAMUEL, 1984, p. 70). E assim, para ele, a história tem o poder de fragmentar e compor, de sintetizar e de explicar fragmentos produzidos no tempo.

Ao refletir sobre a história oral, Louro (2000, p. 25) considera que:

> Alguns problemas são usualmente levantados, no entanto. Geralmente, o primeiro a ser destacado refere-se a questão da confiabilidade da memória. Argumentos de ordem psicológica ou mesmo de ordem biológica são traduzidos: a seletividade da memória, a repressão dos fatos indesejáveis, o esquecimento, etc. Certamente estas não são restrições desprezíveis. Contudo, delas não escapam também os documentos escritos. Sabemos perfeitamente que se registra o que se quer registrar (basta prestar atenção aos jornais de hoje, às atas de nossas reuniões universitárias, aos relatórios governamentais); ou, falando mais amplamente, os documentos – do passado e do presente – dão uma versão, usualmente a versão dos grupos

hegemônicos. "Esquecimentos", "seleção" são cometidos na forma escrita ou oral, de modo intencional ou não.

Por certo a tarefa do historiador vai além das fontes, pois recai no diálogo entre a realidade apreendida e um corpo teórico que lhe dá fundamento e direcionamento, indica fontes e método rumo ao conhecimento. Assim sendo, a História tem de ser analisada, comparada a outras Histórias, interpretada à luz do seu tempo e de suas condições, pois ao historiador cabe a busca de compreensão mais global, que por sua vez tem seu início na história local, nas micro-histórias e na metodologia da história oral. Reconhecer essa etapa como uma fase imprescindível para a compreensão da História foi o que fez Raphael Samuel. Ao investigar a cultura popular por meio de seus objetos e artefatos, ele colocou em evidência o patrimônio histórico do povo e por isso tornou-se seu historiador.

HISTÓRIA DA EDUCAÇÃO BRASILEIRA À LUZ DE RAPHAEL SAMUEL

A metodologia da história oral se revela imprescindível para aqueles que querem enveredar pelos estudos (auto)biográficos, pela História do comércio, da família, de instituições, da ocupação de algum bairro ou cidade, de uma determinada guerra ou ainda de uma mineradora ou mesmo de empresa.

Na visão crítica de Samuel (1984, p. 70),

> A história oral, que funda suas raízes em um capítulo do movimento operário – a história social –, não se fez oral por falta de documentos. À parte de que a noção de arquivo adquire uma nova extensão e combina fontes documentais tradicionais com arquivos orais, e mais frequentemente arquivos não públicos, a história oral produz efeitos críticos e transformadores da prática historiográfica. O oral informa sobre a existência do documento tradicional ou modifica sua leitura.

Seguindo o caminho aberto por Edward Palmer Thompson, Christopher Hill, Eric Hobsbawm, Arthur Leslie Morton, John Saville, George Rudè, Rodney Hilton, Dorothy Thompson, Edmund Dell, Victor Kiernan e Maurice Dobb, Raphael Samuel compõe o rol de historiadores que consolidaram uma História Cultural e Social Inglesa. De sua parte, ele deixou como exemplos: o estudo da história local, em particular os temas *undergrounds*; a preferência pela metodologia da história oral, tendo por base a memória e, o mais importante, o movimento denominado History Workshop ou Oficina de História.

No Brasil, a ideia do estudo da história local foi analisada por Rinaldo José Varussa no artigo "Pensando a paisagem como uma possibilidade para o ensino de História". Partindo dos "Parâmetros Curriculares para o Ensino de História" (3º e 4º ciclos do ensino fundamental), que aponta os "estudos do meio" como uma possibilidade de se desenvolver a produção do conhecimento histórico em sala de aula, o autor segue a linha proposta por Raphael Samuel e propõe um tipo de projeto em que os lugares conhecidos e visitados pelos estudantes no seu dia a dia sejam concebidos como documentos que, tal qual qualquer outro, também é passível de complementações de outras fontes, a exemplo de fotografias, mapas, documentos oficiais, jornais e depoimentos orais. Para Varussa, a paisagem é um documento útil ao historiador e ao professor de História e consequentemente ao "estudo do meio". Segundo ele é

> Na viabilização destes trabalhos com os estudantes, conciliando visitas aos lugares com pesquisas documentais, pensamos ser possível estabelecer reflexões que lhes permitam produzirem e vivenciarem estas dinâmicas forjadas pelos sujeitos na constituição dos "seus territórios", apontando que, para além de mera organização de peças e objetos, os lugares comportam os diversos significados, os quais se constituem, por vezes, em meio a disputas e conflitos, expressando intenções e projetos de grupos e classes. (VARUSSA, 2000, p. 11)

Não por acaso, essa proposta envolve a visão de Raphael Samuel. Na década de 1980 trabalhou junto com outros professores, estudantes, historiadores acadêmicos e formuladores de políticas para influenciar a forma como a História deveria ser contemplada no currículo nacional inglês. A iniciativa de Raphael atualmente ganha novos contornos no centro de Pesquisa que leva o seu nome. Hoje, o grupo *RSHC History & Schools Working* desenvolve vários projetos, a exemplo do *Up the Manor*; do *The Adventurers History Club*; do *Young History Workshop*; do *Take me to the River*; e do *On the Move* – todos com o objetivo de despertar nas crianças o espírito investigativo da História.

O professor do ensino médio Luis Carlos Borges da Silva, para escrever seu artigo "A importância do estudo da história regional e local no ensino fundamental", parte da ideia de Samuel de que a história local requer um tipo de conhecimento diferente daquele da História mais voltada para os grandes feitos e grandes heróis, pois aproxima o historiador do seu foco de estudo e o passado se tona mais compreensível. Segundo ele, se o estudo da história local fosse adotado pelas escolas, as aulas poderiam ser mais prazerosas, os alunos poderiam perceber que "[...] sua própria vida já é uma grande história e que o conhecimento histórico pode ser elaborado por todos, independente de qualquer aspecto social, político, econômico e cultural" (SILVA, s/d, p. 4). Eis o que Samuel também queria uma História democratizada em que todos tivessem voz.

Silva, baseando-se em autores como Rodrigues (2001) e Fernandes (1995), conclui que a função básica do ensino de História é a construção de cidadãos críticos e o estudo do local seria o meio para isso. Na sua visão,

> Ainda, estudamos Capitanias Hereditárias, Governos Gerais, Independência do Brasil e Proclamação da República, mas não analisamos o processo de emancipação política do nosso município. Falamos da cultura e arte de outros locais, porém não enfatizamos o valor histórico do São João em nossa região, como exemplo a musicalidade do forró e até a guerra de espada em Cruz das Almas. Portanto, precisamos entender a necessidade de valorização do estudo da História Regional e Local no ensino fundamental, uma vez que "estudar o município é importante e necessário para o aluno, na medida em que ele está desenvolvendo o processo de conhecimento e de critica da realidade em que está vivendo". (Fernandes, 1995, p. 8). (SILVA, 2006, p. 3)

Possamai, ao discutir possibilidades metodológicas para a investigação de vistas urbanas, presentes nos álbuns fotográficos de Porto Alegre, deixa clara a premissa de Raphael Samuel ao afirmar que ele, tal qual seus colegas de profissão e geração, são analfabetos visuais. Isso porque a grande maioria dos historiadores ainda via com maus olhos a imagem/fotografia como fonte. Para ela

> A sociedade das imagens, que na atualidade impõe sobremaneira o imagético sobre o escrito, faz pensar, porém, se é possível para a história abdicar desses documentos. Mais que isso, a investigação das imagens, sejam estas obras de arte ou fotografias, pode abrir para o historiador um universo a ser explorado, principalmente no campo da memória e do imaginário. As imagens visuais são portadoras daqueles elementos que se aproximam mais do sonho, da imaginação e das sensibilidades. Moldadas pelas configurações históricas e sociais de sua produção, suas intenções ultrapassam

> o desejado no momento de sua elaboração pelas múltiplas possibilidades que são oferecidas pelo ato de olhar. Como representações do real, as imagens visuais constroem hierarquias, visões de mundo, crenças e utopias e, neste sentido, podem constituir-se em fontes preciosas para a compreensão do passado. (POSSAMAI, 2008, p. 1)

Ao analisar os atributos de enquadramento, arranjo, articulação de planos, estrutura e efeitos de fotografias dos anos 1920 e 1930 de Porto Alegre, Possamai consegue apreender as motivações do ato fotográfico, bem como a construção dos sentidos que o fotógrafo deseja despertar nos leitores. De modo que não necessariamente o visível na fotografia interessa, mas, sobretudo, o invisível, o que está no campo da representação é que interessa ao historiador.

Em Sergipe, o modo de entender a Historia de Raphael Samuel tem ganhado eco nos chamados "Núcleos de saber local", nos quais pesquisadores antigos e iniciantes, professores e alunos, curiosos e depoentes vêm dando vida às singularidades de suas terras. O "Grupo Pedra Bonita", de Itaporanga; O "Grupo Itabaiana Grande", da cidade de Itabaiana; o "Grupo Visgo de Jaca", da cidade de Lagarto; entre outros que se formam sob o comando do historiador local Luiz Antonio Barreto, vêm somando esforços tal qual a rede History Workshop na Inglaterra e vêm desvendando as várias nuanças da sua História, hoje também vista de baixo.

Sobre os núcleos, afirma Barreto (2011):

> Um NÚCLEO DE SABER LOCAL é um instrumento com a bitola certa para a valorização das pessoas, medidas não mais pela fortuna pessoal, ou pela formação escolar, mas pelo perfil cultural que o cotidiano enseja, mesmo quando a cidade não perde sua posição de vantagem nos ranquingues acadêmicos, mercê da competência pessoal que formou médicos, advogados, engenheiros, dentistas, professores, e outros profissionais vitoriosos, com atividades locais ou em outros lugares.

A valorização das identidades formadas mediante um contexto histórico, social, político, cultural e econômico é o que propõem os membros dos Núcleos do saber local. Eles partem da premissa de que se deve conhecer o local para, a partir dele, conhecer o global. Assim como estes, exemplos outros podem ser mencionados, como o de vários memorialistas que utilizam suas próprias casas para guardar ali o que consideram histórico, ou mesmo aqueles que escrevem suas memórias como uma testemunha ocular do passado ou, ainda, aqueles que, aproveitando os espaços virtuais da rede mundial de computadores criam seus *blogs*, *sites*, comunidades nas redes sociais para enaltecer o passado de sua cidade, de seu bairro, de sua escola, de sua turma de colégio ou faculdade. O fato é que a memória, mesmo correndo o risco de tomar o lugar da História, deve ser valorizada do ponto de vista histórico, pois é a ela que o historiador recorre quando os documentos não lhe respondem.

Outros estudos no Brasil que envolvem a metodologia da história oral, a memória e a história local têm em Raphael Samuel um referencial teórico, entretanto, o campo preciso da História da Educação vem deixando de lado suas contribuições. Hoje, dado os novos objetos, as novas fontes e os novos métodos, podemos recorrer a Samuel, principalmente quando os temas envolvem instituições educativas, personagens locais, suas criações e engajamentos. Isso porque, apesar de poder ser maquiada, manipulada, a fotografia revela uma representação construída, ou não, que serve para a História da Educação ao revelar espaços, uniformes, laboratórios, sessões de educação física, desfiles cívicos, jogos, entre outras imagens que auxiliam na compreensão de um determinado contexto histórico.

A metodologia da história oral, por sua vez, revela sensações, representações, motivações e é por onde se pode recorrer para saber detalhes. Aliada a outras fontes, ela chega próximo à verdade. Ela serve para que as interpretações do tempo presente ganhem sistematização e possam ser veiculadas e interpretadas em tempos futuros. Na visão de Guacira Louro (1990, p. 22):

> Na educação, esta abordagem histórica pode trazer uma compreensão mais densa das salas de aula, da representação do trabalho para professores e estudantes; pode iluminar os lugares ocultos da vida escolar; apontar as formas mais sutis de resistência desenvolvidas pelos diferentes agentes do processo educativo; sublinhar os efeitos de currículos, normas, diretrizes; permitir uma leitura mais ampla do educativo que existe nas relações familiares, comunitárias, políticas, etc.

No Brasil, Raphael Samuel ainda é pouco conhecido, tendo apenas dois artigos. O primeiro, intitulado "Teatros de memória", está na revista do programa de estudos pós-graduados em História e do Departamento de História da PUC São Paulo, traduzido por Maria Therezinha Janine Ribeiro e Vera Helena Prada Maluf, com revisão técnica de Dea Ribeiro Fenelon e Heloisa de Faria Cruz, onde também se encontra o seu obituário escrito por Bill Schwarz traduzido por Janice Mazzilli

Louzada. O segundo, de titulo "História local e história oral", está no número 19 da *Revista da Associação Nacional de História*. O teor de seus artigos, entretanto, foi suficiente para inspirar os autores brasileiros citados a teorizarem a partir se suas ideias. Suficiente? Creio que não. A História da Educação brasileira carece de ser investigada, teorizada, sistematizada e, por que não, localizada, interpretada a partir de outros olhares, em que ganhem voz, por exemplo, as professoras primárias do interior dos estados brasileiros que só estudaram até a quarta série primária e que, suprindo as deficiências estatais, se desdobraram e alfabetizaram várias gerações de brasileiros e que hoje, por não constarem como intelectuais da educação, ficam relegadas ao não lugar na História da Educação de seus municípios, de seus estados e consequentemente de seu país.

Ao atentar para esses tipos de personagens, considerados, muitas vezes como coadjuvantes, é que foi pensado, como forma de compreender esse tipo de História, o projeto de pesquisa "Memória oral da educação sergipana", que tem como objeto de pesquisa trajetórias de vidas de professores do interior do estado e como objetivo compreender os modos de educar desses professores que não necessariamente respeitaram as reformas educacionais sancionadas e implementadas, mas criaram uma cultura de escola própria, concebida a partir das suas próprias singularidades, mediadas por métodos que partiam do cotidiano escolar e não dos manuais escolares. Tal projeto, por meio da metodologia da história oral, vem identificando práticas escolares que revelam uma parte da História da Educação sergipana ainda não dada a ver e que, tal qual aquela contada a partir dos documentos, dos jornais, da cultura material ou mesmo dos diários de classes e dos livros de registros, devem constar na historiografia da educação.

Penso que ao atentar para a história local, mais precisamente para a História da Educação local, utilizar a metodologia da história oral, compor uma micro-história a partir de sujeitos simples é tecer uma História também vista de baixo, é seguir os moldes deixados por Raphael Samuel, é participar do grupo de historiadores que democratizam a História.

Peter Burke, seu colega e hoje um dos historiadores ingleses mais bem-sucedidos da contemporaneidade, ao organizar o livro *A escrita da História*, publicado pela primeira vez em 1991, confessa ser a ideia do livro fruto de suas conversas com Raphael Samuel. É nesse livro que Burke e os outros autores deixam claro o paradigma da nova História e a necessidade de desmistificação da narrativa. Nesse sentido, apresenta quatro soluções: a micronarrativa, a partir da narração da história de populares no tempo e no espaço, observando a presença das estruturas; a utilização de várias vozes a fim de conhecer os conflitos e as constâncias que marcam um fato; a compreensão do peso que o passado tem no presente e, finalmente, a busca da relação dialética entre acontecimento e estrutura. (BURKE, 1992).

Com tal contribuição, o movimento da nova História ganha força, adeptos, objetos, métodos, fontes, análises, em cujas bases encontram-se nomes como o de Raphael Samuel, que embora não tenha nascido da academia, traz em seu ofício os argumentos e os exemplos de uma História democratizada, na qual figuram mulheres, operários, mineradores, pedreiros, crianças, sindicalistas, entre outros sujeitos simples que assim como os grandes heróis são participes da História e como tal devem constar na historiografia. Por certo, recebeu críticas e falta de apreço, além de ser avaliado como historiador de efemeridades, mas também é certo que suas ideias, suas práticas e seus modos de educar o configuram como um historiógrafo que abriu os horizontes do novo modo de conceber a História.

Um ano depois de sua morte, em 1997, foi publicado com o nome de "Raphael Samuel, Tributes and Appreciations" uma série de ensaios e obituários sobre ele, assinados por Bill Schwarz, John Prescott, Gareth Stedman Jones, Mervyn Jones, John Keegan, Ben Pimlott, Patrick Fridenson, Martin Kettle, Christopher Harvie, Chimen Abramsky, Douglas Blain, Stuart Hall, Gordon Marsden, Alun Howkins and Carolyn Steedman. O livro também conta com ensaios acerca da sua vida no Colégio Ruskin e de suas visões sobre política, além de algumas de suas memórias. Penso que Gareth Stedman Jones sintetiza bem a personagem Raphael Samuel. Segundo ele Raphael Samuel teve "a visão de um crítico literário, a acuidade de um antropólogo e a sagacidade de um jornalista político". Talvez seja por isso que inspirou os estudantes de Rustink, os membros da Oficina de História, os acadêmicos da Universidade do Leste de Londres, os colegas de profissão, além de os admiradores a compartilharem com ele a escrita da História, desta feita também vista de baixo.

REFERÊNCIAS

BARRETO, Luiz Antonio. *Cultura no interior ou núcleo de saber local.* Disponível em: <http://www.infonet.com.br/luisantoniobarreto/ler.asp?id=118198 &titulo=Luis_Antonio_Barreto>. Acesso em: 22 fev. 2012.

BURKE, Peter (Org.). *A escrita da História*. São Paulo: Ed. UNESP, 1992.

LOURO, Guacira Lopes. A história (oral) da educação: algumas reflexões. *Em Aberto*, Brasília, v. IX, n. 47, p. 21-28, 1990.

MACIEL, Laura Antunes. Imprensa, história e memória: da unicidade do passado às outras histórias. *Patrimônio e Memória*, UNESP - FCLAs - CEDAP, v. 5, n. 2, p. 66-89, dez. 2009. Disponível em: <http://www.cedap.assis.unesp.br/patrimonio_e_memoria/patrimonio_e_mem.2/ artigos/imprensa_historia_memoria.pdf>. Acesso em: 27 dez. 2012.

POSSAMAI, Zita Rosane. Fotografia, história e vistas urbanas. *Revista História*, Franca, v. 27 n. 2, 2008. Disponível em: <http://www.scielo.br/scielo.php?pid=S0101-90742008000200012&script=sci_arttext>. Acesso em: 26 fev. 2012.

SAMUEL, Raphael. Desprofesionalizar la historia. *Debats*, Valencia, n. 10, 1984.

_____. Teatros de memória. *Projeto História*: Revista do Programa de Estudos Pós-Graduados em História e do Departamento de História da PUC-SP. São Paulo, fev. 1981.

_____. História local e história oral. Tradução de Zena Winona Eisenberg. *Revista Brasileira de História*, São Paulo, v. 9, n. 19, p. 219-243, set. 1989/fev. 1990.

_____. *People's history and socialist theory* (History Workshop series). London: Edited by Raphael Samuel, 1981.

_____. *Village life and labour*. London; Boston: Routledge; Kegan Paul, 1975.

SCHWARZ, Bill; LOUZADA, Janice Mazzilli. Obituário: Raphael Samuel. *Projeto História*: Revista do Programa de Estudos Pós-Graduados em História e do Departamento de História da PUC-SP. São Paulo, p. 83-88, fev. 1981.

SCHWARZSTEIN, Dora. Fontes orales e los archivos: desafíos y problemas. *Historia, Antropología y Fuentes Orales*, n. 27, 2002.

SILVA, Luis Carlos Borges da. A importância do estudo da história regional e local no ensino fundamental. In: *ANAIS do III Encontro Estadual de História*: Poder, Cultura e Diversidade - ST 04: História e Educação: sujeitos, saberes e práticas. Caetité-BA, 2006. Disponível em: <http://www.uesb.br/anpuhba/artigos/anpuh_III/luis_carlos.pdf>. Acesso em: 25 fev. 2012.

VARUSSA, Rinaldo José. Pensando a paisagem como uma possibilidade para o ensino de História. *Revista Cadernos de História*, Uberlândia, n. 8, 2000.

Raymond Williams: um crítico radical da cultura[1]

MARCUS AURELIO TABORDA DE OLIVEIRA[2]

> [...] *ninguém está em condições de elevar o padrão cultural dos outros.* (Raymond Williams)

Raymond Williams não é um historiador no sentido profissional-especializado do termo, embora as suas ligações com os chamados historiadores do Partido Comunista Britânico, assim como com a tradição da História Social Inglesa, esteja longe de deixar qualquer dúvida. Também por essa fecunda articulação mas, sobretudo, pela qualidade da sua produção intelectual e a sua relevância para o campo das Humanidades, da educação em particular, entende-se que conhecer e explorar a sua obra para pensar a educação e a sua história é uma necessidade premente e uma oportunidade de ampliar nossas possibilidades analíticas de compreender a história dos fenômenos educativos.

Williams nasceu no País de Gales em 1921, falecendo em 1988. Era neto de agricultores e filho de ferroviário. Cresceu em um ambiente de forte tradição

---

[1] Uma versão ampliada dos argumentos aqui expostos foi publicada pela *Revista Educação e Realidade,* Porto Alegre, v. 39, n. 1, p. 257-276, já./mar. 2014. Agradeço aos editores daquele periódico pela publicação do original, mesmo sabendo que poderia ser publicado em livro posteriormente.

[2] Conselho Nacional de Desenvolvimento Científico e Tecnológico – Fundação de Amparo à Pesquisa de Minas Gerais

trabalhista, de grande presença na cena britânica, com influência comunista. Ainda muito jovem foi contemplado com uma bolsa de estudos para estudar em Cambridge, considerado por muitos como o centro da elite intelectual inglesa. Filiou-se ao Partido Comunista Britânico e lutou na Segunda Guerra Mundial. Um dos seus traços mais característicos foi ter adotado uma postura intelectual francamente militante, tendo se engajado em vários dos problemas da chamada *gente comum*, sobre a qual discorreria em diversas oportunidades. Um exemplo da sua verve pública e militante nos foi dado pelo seu intenso debate sobre – e contra – a Guerra das Malvinas, em 1982, e contra toda a política de Margareth Thatcher, a chamada Dama de Ferro, que acaba de ganhar as telas dos cinemas.

Sua intervenção política e cultural se deu mediante estudos de sociologia e crítica cultural, pela produção literária, pela intervenção na mídia e por uma análise profundamente estética da cultura e da vida em sociedade. Incursionou tanto pela chamada literatura canônica (romance, poesia, teatro), quanto pelo rádio e pela televisão, uma vez que para ele não havia distinção entre cultura popular e cultura erudita ou de elite. Aliás, não tendo abandonado nunca uma análise da cultura a partir da clivagem das classes sociais, nem por isso deixou de combater formas de reducionismos que definiam a cultura a partir da última instância econômica. Quando morreu, em 1988, escrevia seu romance em 3 volumes intitulado *O povo das Montanhas Negras*, recuperando a tradição rebelde da população da região onde nasceu, na cidade de Pandy. Infelizmente daquele projeto só temos o primeiro dos volumes, no Brasil, publicado em 1991. Em língua inglesa foi publicado o segundo volume e o que pode ser considerado o esboço do que seria o terceiro. Naquele projeto pôde exercitar parte das suas reflexões sobre a produção da cultura, as relações entre cultura e natureza e a tradição seletiva, noção que o tornaria amplamente conhecido no mundo acadêmico.

Membro do Partido Comunista Britânico, ao lado de eminentes intelectuais, ao romper com o stalinismo ajudou a fundar a chamada *new left* inglesa, juntamente com Edward P. Thompson, Eric Hobsbawm, Raphael Samuel, Christopher Hill, Perry Anderson entre outros. No âmbito do seu trabalho político e cultural atuou, ainda, como professor de jovens e adultos trabalhadores. Seu legado, visível em suas múltiplas facetas, pode ser também observado em uma disciplina que ajudou a fundar, o que hoje conhecemos como *Estudos Culturais*, juntamente com Richard Hoggart e Stuart Hall, a partir da criação do *Centre for Literature and Contemporary Cultural Studies*, da Universidade de Birminghan, em 1964, centro que foi fechado em 2002.

Sua vasta e complexa obra expõe o programa do que seria conhecido como materialismo cultural – e não culturalista, como insistem alguns. Defendeu insistentemente a ideia de um socialismo democrático, portanto, de uma cultura comum, não autoritária e aberta à experiência, em franca oposição às formas cada vez mais refinadas e sutis de dominação desenvolvidas pelo capitalismo tardio, mas sem perder de vista o que chamaria de *mente criativa* já nos anos 1950, característica distinta dos homens em relação àquilo que os cerca. Juntamente com seus companheiros militantes da nova esquerda inglesa, fundou a *New Left Review*, uma das mais destacadas revistas históricas do século XX, que se tornaria o centro de um debate político que levaria à ruptura no interior da nova esquerda, em função das diferentes reações aos eventos que se sucederam à invasão da Hungria pela URSS em 1956 e pela publicação do Relatório Krushev,[3] bem como pela forma como alguns intelectuais dessa tradição interpretaram a possibilidade de revolução na Inglaterra.

Raymond Williams foi definido por Edward Thompson, de quem era amigo mas com quem teve um áspero debate em torno do seu *O campo e a cidade* como "o melhor entre nós", referindo-se o historiador à geração da nova esquerda, que se propunha revigorar a tradicional cultura inglesa pela via de uma "república das letras", mas social e politicamente engajada.

O autor publicou mais de 30 livros, poucos deles traduzidos no Brasil ou mesmo para o português. Foram publicados no Brasil: *Marxismo e literatura* (1979), *Cultura e sociedade* (1978), *O campo e a cidade* (1989), *O povo das montanhas negras* (1991), *Cultura* (1991), *Tragédia moderna* (2005), *Palavras-chave* (2007), *A política do modernismo: contra os novos conformistas* (2010), *Cultura e materialismo* (2011), além de alguns artigos e entrevistas. O seu vasto e ambicioso projeto intelectual foi anunciado em duas obras seminais e complementares: *Culture and Society*, de 1958, e *The Long Revolution*, de 1961 (sem tradução brasileira), por sua vez complementados por *Keywords* (1977).

[3] No âmbito da chamada nova esquerda inglesa, uma das expressões do marxismo ocidental, buscava-se uma alternativa ao socialismo real autoritário da URSS. Podemos incluir nessa tradição, também, a chamada Escola de Frankfurt (Walter Benjamin, Theodor Adorno, Max Horkheimer, Herbert Marcuse, Eric Fromm), além de destacados intelectuais franceses como Jean-Paul Sartre, Maurice Merleau-Ponty, Roland Barthes, entre outros. Essa tradição intelectual marcou de forma decidida o pensamento ocidental no século XX.

WILLIAMS, SUA OBRA E A HISTÓRIA DA EDUCAÇÃO

A despeito de sua visceral participação em programas de educação de adultos trabalhadores, ou até mesmo por conta disso, a obra de Raymond Williams nos oferece um conjunto de possibilidades muito profícuo para pensarmos a educação e sua história. Seu pensamento impactou as reflexões tanto na chamada Nova Sociologia Crítica da Educação, como também a História da Educação, sobretudo na História do Currículo. No primeiro caso podemos observar uma forma de apropriação da sua produção no livro de Jean-Claude Forquin, *Escola e cultura* (1993), no qual aparece com grande evidência a força das reflexões de Raymond Williams sobre a cultura em uma perspectiva crítica, de modo que Forquin considera sua teoria como uma das âncoras do debate educacional levado a cabo no mundo anglo-saxão a partir dos anos 1960, em contraposição a outras perspectivas de corte mais funcionalista. Não é demais lembrar que muito do que se chamou de teorias críticas da educação se deve às formulações do intelectual galês. No caso da História do Currículo, Ivor Goodson (1995) já defendeu o currículo como uma "tradição inventada", parte de um processo ativo de seleção que nos remete à noção de *tradição seletiva*, de Williams. Voltaremos às duas noções.

Em ambos os casos, boa parte do que se faz ou pensa hoje, em termos críticos, no âmbito das disciplinas escolares, do currículo e das culturas escolares, e mesmo no que se refere a formas alternativas de educação social, é devedora em alguma medida da crítica radical de Williams às formas culturais dominantes no mundo ocidental, que pareciam implodir entre meados da década de 1950 e os anos finais da década de 1960. Dominantes, sim; nunca naturais, e sempre historicamente produzidas. Ao atacar, em livro de tradução recente para o Brasil, o que chama de "novos conformistas", Williams (2010) não deixa margem de dúvidas quanto à sua preocupação com a voga pós-moderna, que em nome da invenção do sempre novo olvida as condições de possibilidade histórica da produção cultural, portanto, educacional, e o fundo profundamente social e coparticipativo daquela produção. Assim, nega de saída a ênfase em todas as formas subjetivistas de pensar as relações entre ação individual, a sociedade e a cultura, bem como reafirma o caráter eminentemente histórico de todas as formas de produção ou apagamento cultural. Não é pouco em um tempo que insistentemente se proclama a primazia do indivíduo, o qual parece destinado a viver em um mundo eternamente presentificado, no qual a história não seria mais que arte de antiquário.[4] Mas acompanhemos parte do processo de produção das suas principais preocupações: a história social da linguagem, as noções de cultura e tradição seletiva, com sua ênfase na cultura comum, e as suas considerações sobre as relações entre cultura e natureza.

Em 2007 é lançado no Brasil *Palavras-chave* (*Keywords*) publicado pela primeira vez na Inglaterra em 1977. Segundo explanação do próprio Williams, essa obra foi gestada desde o período de produção de *Cultura e sociedade* (1958) e *The Long Revolution* (1961). Nessas duas obras anteriores o autor se lança ao entendimento da produção cultural em termos de relações conflituosas; estas, apagadas pela crítica conservadora, obscurecem o sentido histórico da mudança cultural, mantendo uma tendência antidemocrática de produção e acesso à cultura, fundada na ideia de consenso entre grupos antagônicos. Desse processo ganharia força a ideia de que haveria uma cultura de elite, refinada, e uma cultura popular, desqualificada em relação à primeira, como é latente no debate educacional brasileiro desde as primeiras décadas do século XX.

Williams explica que no seu processo de produção intelectual se deparou com cinco expressões (conceitos) considerados por ele fundamentais para a análise e a crítica cultural, em aproximadamente 200 anos que cobrem a afirmação da chamada modernidade: indústria, democracia, classe, arte e cultura. Essas noções se desdobraram em 131 outros termos centrais para compreender a mudança cultural no âmbito de uma sociedade.[5] Naquela obra, que não pretende ser um dicionário, um glossário, mas esmiuçar um vocabulário próprio do desenvolvimento cultural de uma sociedade específica – a inglesa – nos últimos 200 anos, Williams demonstra a sua preocupação com a *história social da linguagem*, da qual nasce *Palavras-chave*, decorrente de um combate intelectual contra os defensores do *linguist turn*, que parecem ter reduzido tudo à primazia da linguagem, esquecendo os múltiplos vetores que orientam e definem a produção cultural (inclusive a linguagem).

---

[4] Em texto recente Mirian Warde (2011), ao indagar sobre as formas de tratar a disciplina História da Educação pelo campo educacional, recupera um conjunto de reflexões sobre o "sentido da história" expressas por alguns historiadores da educação brasileiros nas últimas décadas. Hobsbawm (1998), entre outros historiadores, colocará a mesma reflexão de modo crítico e incisivo. Williams, que não era um historiador, nunca abandonou a história nas suas análises sobre a cultura.

[5] A edição brasileira acrescentou mais treze noções desenvolvidas por especialistas brasileiros, a partir do que se entende por mudanças culturais nas décadas de 1990 e 2000. Parece haver um exagero nessa decisão, uma vez que não é fácil supor que Williams estaria de acordo com as novas escolhas. Por ex., marxismo, arte como mercadoria, indústria cultural, parecem fora do quadro geral pensado por Williams.

No entanto, mais do que fazer a defesa sumária de uma tradição de pensamento contra outras, o seu rigor se volta também para a crítica interna da própria tradição marxista, quando definirá, em outra obra recentemente lançada no Brasil, que a ideia de determinação, tão cara ao pensamento de esquerda, é "de grande complexidade linguística e teórica. A linguagem da determinação e, ainda mais, do determinismo, foi herdada de explicações idealistas e especialmente teológicas do mundo e do homem" (WILLIAMS, 2011, p. 43-44). Assim, o autor mergulha na busca da compreensão histórica do surgimento e da mudança de conceitos-chave que ajudarão a compreender como a cultura, mais do que um subproduto da economia, é o solo fértil da própria produção da vida em sociedade, tanto na sua dimensão material, como na sua dimensão sensível, sem que isso implique qualquer concessão ao subjetivismo. Dessa busca nasce um diálogo crítico muito fecundo com outras tradições da crítica cultural, além da marxista, seja aquela do funcionalismo, do pós-estruturalismo ou do genericamente caracterizado pós-modernismo, diante das quais o autor constantemente irá reiterar as premissas de um materialismo cultural. Fiel à tradição do materialismo dialético, o autor faz a sua *crítica da crítica cultural* mirando interlocutores afeitos àquela tradição, mas também aqueles seus detratores.

Por si só, o resultado de *Palavras-chave* já seria estimulante para o campo educacional, uma vez que permite entender o percurso de construção e de mudança de sentido de um amplo léxico que afetou em cheio as formas de educação na modernidade, pelo menos no âmbito de influência da língua inglesa. Mas, além disso, a lembrança que os conceitos comportam uma história e essa se faz em determinadas ambiências, parece dizer muito àqueles que se preocupam com a História da Educação, seja no plano da investigação sobre intelectuais e ideias, sobre prescrições enfim, sobre todas as formas de pensar e dizer sobre a educação ao longo da história, às quais às vezes damos pouca importância, ou as descarnamos da sua base sócio-histórica. Certamente quando buscamos compreender intelectuais, ideias, culturas escolares, tradição, mudança, formação, sentimentos, discursos, entre tantas outras coisas no âmbito educacional, a produção de Raymond Williams nos oferece um rico repertório de possibilidades analíticas que começam na sua obsessão pela construção histórica dos conceitos e na minúcia da sua busca pela mudança dos seus sentidos ao longo do tempo. Por exemplo, tornou-se comum falar em *modernidade* no campo da História da Educação, mas nem sempre há a preocupação em deixar claro o que é a modernidade sobre a qual se escreve, se os processos que analisamos se inscrevem de alguma maneira em um fluxo temporal "moderno" ou se a modernidade brasileira é um simples reflexo de vogas estrangeiras, e se poderia ser assim chamada. Ou seja, como soe acontecer com diferentes expressões que são *conceitos*, ainda que descritivos, às vezes nos deparamos com a apropriação completamente acrítica de um determinado léxico e fazemos dele um uso arbitrário. Ao historiador da educação – e não só a ele – a produção de palavras, conceitos e sentidos, bem como a sua mudança ao longo do tempo e a sua variabilidade conforme o contexto são fundamentos historiográficos importantes para a compreensão de qualquer processo histórico que envolva a análise das transformações no âmbito da cultura.[6] Nessa sua empreita Raymond Williams buscou superar dicotomias tais como base/superestrutura, popular/erudito, ciência/arte, razão/emoção, cultura/política, subalterno/dominante etc., bipolarizações que enfraquecem o potencial explicativo da linguagem para a compreensão dos fenômenos históricos, sobretudo, os educacionais.

AMBIÊNCIA COMO ESTRUTURA DE SENTIMENTOS DEFINIDA POR UMA CULTURA COMUM

A partir da sua caracterização, parece pertinente explorar algumas das possíveis contribuições de Raymond Williams para as pesquisas no âmbito da História da Educação, tendo como referência a história dos intelectuais, do currículo, da educação social e das sensibilidades. Para este autor, a cultura pode ser entendida como a síntese da economia, da política e da sociedade, e se desenvolve a partir de uma *longa revolução,* conforme expressa em sua obra de 1961, a qual teria sua culminância em três dimensões: a política, expressa na consolidação da democracia, a econômica, manifesta na supremacia do capitalismo industrial, e a cultural, que garantiu a expansão das oportunidades culturais e educacionais na metade do século XX à quase totalidade da população inglesa. Com tal caracterização Williams (2003), sempre lembrando que as suas análises recaem sobre a órbita da língua inglesa, ainda que

[6] Definitivamente Williams não se enquadra naquilo que se conhece como a história dos conceitos, campo de exploração relativamente recente entre nós, a partir da contribuição de Reinhard Koselleck (2006). Mas é possível afirmar que a sua busca pela mudança dos sentidos da cultura ao longo do tempo o levou a partir do pressuposto que a linguagem é, para isso, fundamental. Como ele não parte de uma compreensão estática da linguagem, mas a toma como algo vivo e dinâmico, aparentemente bastante impactado pela obra de Mikhail Bakhtin, em praticamente toda a sua produção recorre a reflexões sobre a história das palavras, dos conceitos, e dos sentidos por eles expressos.

faça alusões a outras tradições, ajudou a desenvolver noções teóricas importantes tais como cultura, cultura comum, estrutura de sentimentos e tradição seletiva, as quais têm grande potência para pensarmos a produção historiográfica na área da educação.

Para o autor a cultura pode ser caracterizada em pelo menos três dimensões:

1. *a ideal*, em que a cultura é um estado ou processo de perfeição em termos de certos valores absolutos e remete a uma condição humana universal;
2. *a documental*, segundo a qual cultura é o conjunto das obras intelectuais e imaginativas que registram a experiência humana;
3. *a social*, sendo esta a descrição de um modo determinado de vida, o qual expressa certos valores e significados não somente por meio da arte e da aprendizagem, mas também em instituições e no comportamento ordinário.

O autor defende que uma definição apropriada e abrangente deve incluir as referências dos três tipos mencionados, ou seja, que seria inadequada qualquer definição que excluísse a referência às outras (WILLIAMS, 2003; 2007). Faz, ainda, uma distinção entre três níveis de cultura:

1. a cultura vivida em um tempo e lugar determinados;
2. a cultura registrada em todos os níveis – a cultura produzida em um dado período;
3. a cultura da tradição seletiva.

A cultura vivida de um momento e um lugar determinados só é plenamente acessível para quem neles vive. Já a cultura registrada (dos atos ordinários mas também da arte, da educação etc.), se define e é definida por um tempo e lugar específico e compõem boa parte do que é o suporte documental dos historiadores. Por fim, a cultura da tradição seletiva, uma vez que o que sobrevive não é determinado por seu próprio tempo, mas pelos tempos posteriores, que gradativamente compõem uma tradição: "Teoricamente, um período se documenta; na prática, esse documento é absorvido em uma tradição seletiva, e ambos são diferentes da cultura vivida" (WILLIAMS, 2003, p. 59).

Observe-se que a primeira das asserções identificadas por Williams nos aproxima bastante do entendimento de "civilização", e pode ajudar a entender muitas das retóricas presentes nos discursos educacionais sobre a "civilização dos costumes", preconizada no Brasil desde o século XIX, pelo menos. Ou seja, haveria que se pensar uma dimensão universal do que seria a produção e a mudança cultural, que pode ser expressa, não sem problemas identificados pelo autor, na noção de *totalidade*.

Mas a sua caracterização da totalidade guarda uma nuança incomum, sobretudo em relação à ortodoxia marxista. Para ele, "... a questão chave sobre qualquer noção de totalidade na teoria da cultura é se essa noção inclui a de intenção". E segue:

> A intenção, a noção de intenção, recupera a questão chave, ou melhor, a ênfase central. Pois embora seja verdade que qualquer sociedade é um todo complexo de tais práticas, também é verdade que toda sociedade tem uma organização e uma estrutura específicas, e que os princípios dessa organização e dessa estrutura podem ser vistos como diretamente relacionados a certas intenções sociais, pelas quais definimos a sociedade, intenções que, em toda a nossa experiência, têm sido regidas por uma classe particular. (WILLIAMS, 2011, p. 50)

Se o autor não abandona uma das principais premissas oriundas da tradição marxista, não se deixa iludir pelo simplismo da noção base-superestrutura, comumente usada, inclusive em estudos do campo educacional. Seguindo a senda aberta por Antonio Gramsci, Williams defenderá que a noção de totalidade só é útil para o entendimento da mudança cultural se for tratada diretamente relacionada à noção de hegemonia, uma vez que para o pensador sardo "... a hegemonia supõe a existência de algo verdadeiramente total". Remata, então: "E, ao contrário das noções gerais de totalidade, a hegemonia possui a vantagem de enfatizar, ao mesmo tempo, a realidade da dominação" (2011, p. 52). Nada mais próprio da pena de Williams. Entre o enrijecimento provocado pela ortodoxia, e o esvaziamento dos sentidos das múltiplas formas de dominação que constantemente se atualizam, o autor se equilibra na tensão entre ação e pensamento, ser e consciência sociais, experiência e determinação cultural.

A partir dessa constatação é possível pensar a ideia de "cultura comum", explorada por Williams a partir da tradição do romantismo inglês. Essa noção se opunha, segundo o autor, na fase de argumentação que se desenvolveu entre os anos 1850 e 1860, à noção corrente de cultura como "alta cultura", ou cultura dominante. Ao longo do tempo, no entanto, essa concepção teve de ser aprimorada, ou desdobrada, para dar conta das divisões e relações de conflito existentes dentro da "cultura". Basicamente a cultura comum se caracterizaria por um conjunto de realizações baseadas na interação da comunidade (contrapondo-se ao individualismo competitivo). Tem o sentido de cultura compartilhada, que inclui a diversidade, mas também a experiência individual, que é sempre estruturada socialmente. Para o autor arte e cultura – acrescentaria a educação – são coisas ordinárias, como todas as formas de produção que emanam da "mente criativa", uma característica exclusivamente humana (WILLIAMS, 2003, p. 90-93). Ou seja, elas se inscrevem na esfera da vida comum, sendo toda a forma de classificação na vida, na cultura ou na arte, uma forma de afirmação hegemônica. Nesse caso, não se trata de captar uma suposta totalidade abstrata, mas de entender como determinadas formas de organização da cultura foram e são desenvolvidas e partir de relações de poder que afirmam alguns atores, produtos e consumidores de cultura – a "alta cultura", por exemplo – em relação à maioria. Certamente isso ajudará a definir um conjunto de ênfases e omissões na cultura os quais definirão comportamentos, atitudes, práticas que, por sua vez, gestarão sentidos e sensibilidades que serão também distintas conforme cada grupo social, de um lado, e toda aquela sociedade, de outro, caracterizando uma verdadeira educação das sensibilidades, seja pela via da educação formal ou dos processos de formação observados no usufruto do tempo livre. Seja nos trejeitos daqueles que cultuam o vinho em uma adega especializada ou na rusticidade de um balcão de bar frequentado por trabalhadores que bebem etanol na volta à casa depois de um dia de trabalho; se estabelece um claro divisor do que poderia ser definido como "cultivado", "culto" ou "elaborado, e aquilo que é comumente caracterizado como rústico", "popular" ou "simples", que afetará não só os lazeres e as formas consideradas educadas de uma determinada sociedade, mas até mesmo como serão definidas as oportunidades de acesso a uma vida de mais ou menos penúria para os "de baixo" ou os dominantes. Assim, é possível afirmar que uma unidade como "nação", por exemplo, comporta um tipo de cultura comum, seja pela língua que fala, pelos símbolos que mobiliza para afirmar-se, e pelo maior ou menor grau de reconhecimento e pertencimento que seus integrantes sentem.

Esse pressuposto permite entender, no âmbito dos interesses dos educadores – e dos historiadores da educação, em particular – a eficácia hegemônica de noções tais como nacionalismo, ontem, e individualismo, hoje; a histórica apologia do trabalho como redenção, para alguns grupos sociais que não trabalham como outros; a retórica da morigeração dos costumes dos pobres independente da sua corrupção pelos ricos, a apologia da competição em uma sociedade de oportunidades desiguais. Mas também discursos contemporâneos que advogam a volta à "natureza", caros aos debates sobre lazer desde o início do século XX, pelo menos (CORBIN, 2001), como se a natureza não fosse uma invenção do próprio homem que, na tentativa de dominá-la e apaziguá-la, se apartou da vida "das coisas", além das retóricas que denunciam o fracasso da escola, como se a escolarização fosse um dado, e não um processo de civilização marcadamente "autoritário", para o qual, aliás, a sociedade brasileira tem dado pouca atenção.

Na pena de Williams, se não é possível perder de vista a experiência, não é demais lembrar que ela se estrutura em termos marcadamente societários, em relações que muitas vezes escapam à premissa de autonomia ou autodeterminação dos indivíduos, pela própria força dos modos de seleção e transmissão da cultura. Nessa perspectiva se entrelaçam a dimensão estrutural com a contextual, a individual com a societária, a documentação sobre a vida com a própria "vida vivida". Por isso, se para ele a determinação e a totalidade marcam, em grande medida, as formas de organização da cultura, nem por isso elas podem ser definidas fora dos embates reais que constituem cada sociedade. Sua análise da luta de classes não está, pois, em um mundo ideal e abstrato forjado na mente do intelectual, mas no dia a dia da dominação que se renova, e das forças que com ela diuturnamente também se debatem.

É justamente nesse equilíbrio dinâmico de forças antagônicas que se afirma o sentido de cultura comum, como cultura compartilhada, baseada no mutualismo e na reciprocidade, mas também na ideia de que um tempo, um espaço e aquilo que ali se produz e se pode fruir dizem respeito a todos os indivíduos e grupos naquela cultura inseridos. Daí a sua denúncia da falácia de representações como cultura popular e cultura de elite, ou alta e baixa cultura, por exemplo. Para ele, formulações como essas estão carregadas de um sentido ideológico que deve ser desvendado em cada contexto pelo historiador. Quantas vezes nos deparamos, em nossas fontes, com retóricas que reivindicavam a educação do povo, como se os grupos dominantes também não devessem ser mais e melhor educados, como se o povo fossem os outros? Quantas vezes nos preocupamos com esse tipo de representação que advoga a necessidade de controlar tempos, espaços e atividades dos pobres, independentemente do que fazem os mais ricos com eles? E quantas vezes se faz apologia da cultura popular como expressão de formas de resistência, sem que se leve em consideração que, por vezes, o "popular" nada mais é do que o resto deixado pelos jogos de poder? Por outro lado, que esforços fazemos para entender ênfases e omissões como parte do processo histórico, e não apenas como atributo de uma mente conspiratória?

A dimensão contextual das formulações de Williams leva o crítico galês a sugerir a noção de *estrutura de sentimentos* para pensar o lugar do pensamento – logo, do intelectual – na cultura. Se existe uma mente criativa ela estaria balizada por essa estrutura de sentimentos, que muito tem a ver com ambiência, rede de sociabilidade e outros conceitos de franca aceitação, hoje, para a compreensão da história dos intelectuais, dos discursos e das prescrições. Novamente, a noção de uma mente "genial" ou "brilhante", de autores portadores de *grandes ideias*, para Williams só faz sentido se entendidas as condições de produção e atuação de autores e ideias em cada sociedade determinada. O autor não deixa de alertar para as dificuldades de análise de outros lugares e tempos, o que é importante em um exercício como este aqui desenvolvido. No entanto, afirma a necessidade de se perceber a "estrutura de sentimento" que caracteriza o modo de vida de uma determinada geração (já que as concepções de "caráter social" ou "padrão de cultura" lhe pareciam muito abstratas). Essa estrutura não é formalmente aprendida, e cada geração terá sua própria estrutura, que – aparentemente – não procede de parte alguma: a nova geração responde a seu modo ao mundo que herdou, adota continuidades, reproduz muitos aspectos da organização, mas "de certo modo, sente toda a sua vida de forma diferente e molda sua resposta criativa em uma nova estrutura de sentimento" (WILLIAMS, 2003, p. 58). Assim, a estrutura de sentimentos definiria a cultura de um período e lugar e seria responsável por permitir, por exemplo, que nós historiadores nos ocupemos dos temas dos quais nos ocupamos, na forma como o fazemos, seja no âmbito da nossa intervenção sócio-política cotidiana, seja no âmbito da nossa produção como intelectuais. Essa estrutura de sentimento permitiria a elocução, a enunciação, dentro de um universo compartilhado de expectativas e necessidades. Assim, se ilide totalmente a ideia de que alguém possa estar além ou aquém do seu tempo, por exemplo. Sejam mais "avançadas" ou "atrasadas", as ideias formam parte de uma mesma estrutura de sentimento, definida pela imersão dos indivíduos e dos grupos sociais em tempos e espaços específicos, com problemas culturais compartilhados, e em fluxos de inter-relação com outros grupos, espaços e tempos também produtores de cultura e com interesses comuns. A sua mola propulsora é a cultura comum, já definida, e ela é tão dinâmica e ativa quanto pode ser cada sociedade particular e as formas de educação social que ela produz e mobiliza.

A estrutura de sentimentos de uma época e lugar remete à noção de tradição seletiva, que seria um processo seletivo bastante drástico daquilo que foi, em uma determinada ambiência social, definido como algo digno de ser perpetuado. Por motivos diversos, que incluem relações de poder político, disponibilidade econômica e visibilidade cultural, mas também a clivagem ideológica, determinadas orientações intelectuais se fixam na cultura e definem o limite da circulação de ideias opostas ou contrárias, no seu tempo. Para Williams (2003, p. 59),

> até certo ponto, a seleção começa dentro do período de produção, mesmo: de toda a massa de atividades são selecionadas certas coisas, elas são valorizadas e definidas como essenciais. Em geral, essa seleção refletirá a organização do período no seu conjunto, ainda que isso não signifique que depois sejam confirmados aqueles valores e aquelas ênfases.

Assim, ao olharmos para a cultura nos deparamos com um universo de questões que ganhariam claridade se pensássemos a partir dessa noção desenvolvida por Raymond Williams. Afinal, por que desenvolvemos certas formas de usufruto do tempo livre e não outras, com as mesmas condições materiais que dispomos? Por que isso é tão distinto entre diferentes grupos sociais, ao mesmo tempo que o consumo de algumas parece unificá-los? Que mecanismos permitem o lazer e a escolarização, por exemplo, se configurarem, ao longo do tempo, como espaços de reforço hegemônico, onde produção material e consumo cultural com frequência estão alheios a quaisquer perspectivas de valorização dos indivíduos e do próprio grupo social? Como se desenvolveu um sistema educacional onde o Estado paga diretamente para a maioria ter acesso a uma instituição pública precária como a escola brasileira, enquanto fomenta com recursos públicos a possibilidade dos mais ricos terem acesso a instituições que se converteram em verdadeiros shoppings "culturais"? Como compreender historicamente o financiamento da educação pública brasileira e seus limites, sem entender que essa mesma educação não se converteu em um problema de ponta da própria sociedade brasileira? Como compreender os discursos sobre a necessidade de lazer dos mais pobres quando as formas de trabalho a que estão submetidos não lhes permite nem mesmo ter tempo livre, quanto menos usufruir dele?

Essas inquietações só podem ser adequadamente enfrentadas se entendermos que as sociedades se fazem e refazem em cada novo momento de conflito ou de consenso. Mais que a maquinação de um Estado todo-poderoso, precisamos indagar como, no Brasil, a própria sociedade se erigiu sobre princípios tais que permitem conceber a maior parte da população alijada do acesso à cultura, ao lazer, à educação etc., além dos meios elementares de subsistência. Mas, com Williams, podemos aprender também a enfrentar aquele traço tão perverso erigido por muitos intérpretes do Brasil, o qual depositou na natureza a responsabilidade pelas nossas mazelas mais perversas. No caso da cultura e da sociedade, as mazelas nunca são naturais.

Portanto, essa noção não é estática. Atende a uma dialética entre a dinâmica do que é geracional e a estabilidade/mudança social e cultural em cada momento.

Daí, para o crítico, a importância de instituições acadêmicas e educativas, capazes de recuperar e preservar aquilo que poderia ser esquecido, atuando como verdadeiros lugares de memória, bem como o valor da imprensa como fomentadora do debate público plural na modernidade. Obviamente a sua análise não desconsidera que todas essas instituições são cortadas por disputas de poder definidas pela luta hegemônica em cada sociedade.

"DESNATURALIZANDO" A CULTURA

Contra a ideia não incomum de que o homem é também "natureza", Raymond Williams produziu, em franco debate com a psicologia, mas também com outras disciplinas fortemente ancoradas em premissas evolucionárias, um conjunto de ensaios nos quais enfrenta o debate sobre o sentido da *natureza*, seja como expressão do mundo físico, seja como conceito que visaria designar aquele.

Como ambos estão diretamente relacionados, o autor não só concebe como a natureza tem uma história, e não se trata da *história natural*, mas também como essa história foi francamente produzida pelos homens. Parte da constatação, óbvia em muitos casos ainda hoje, que muitas pessoas ao se referirem à natureza o fazem de maneira a não conceber-se como parte do seu emaranhado. Não é curioso que, hoje, muitos fujam das agruras do cotidiano enaltecendo as vantagens de estar próximo da natureza? Ou seja, desde aquelas práticas de lazer tidas como "esportes da natureza", "atividades na natureza", até aquilo que no currículo já existiu como excursões escolares, acampamentos etc., parece que muito do que se mobilizou para formar os mais jovens adveio de um entendimento que a natureza é um outro, externo a nós, ao encontro do qual vamos quando suspendemos as nossas atividades ordinárias. "A ideia de natureza contém, embora muitas vezes de modo despercebido, uma quantidade extraordinária da história humana" (WILLIAMS, 2011, p. 89).

Percorrendo, como sempre, o desenvolvimento histórico do termo, o autor mostrará que ele surgiu como um singular que pretende uma *descrição do mundo*. Admitindo as dificuldades da história linguística inicial do termo, o autor, no entanto, destaca dois sentidos bastante diversos que teriam marcado a tradição ocidental. Um deles se refere a um "estado na natureza". Este teria um potencial explicativo para as clivagens sociais, permitindo que o Jeca Tatu, por exemplo, como emblema de um tipo de cultura caipira, decadente, "natural", representasse aquele sujeito mais próximo da natureza, longe, portanto, da culta e cultivada elite moradora das cidades brasileiras.

Mas ao longo do seu desenvolvimento histórico, "natureza" se prestou tanto à definição de uma qualidade inerente de qualquer "coisa", passando pela compreensão e descrição da constituição essencial do mundo físico. Isso teria constituído o cerne de uma forma idealista de compreensão, que assumiria conotação religiosa. "A associação e, então, a fusão de um nome para a qualidade com um nome para as coisas observadas possui uma história precisa. É uma formação central do pensamento idealista. O que se buscava na natureza era um princípio essencial. A multiplicidade das coisas e dos processos da vida poderiam então ser mentalmente organizados em torno de uma única essência ou princípio: a natureza" (WILLIAMS, 2011, p. 91).

Dessa maneira, o autor estabelece uma crítica contundente a um tipo de formulação que impactou o pensamento social do século XX em todo o mundo ocidental, nos oferecendo ferramentas para compreender a dimensão profundamente ideológica de teorias de corte raciais, da eugenia, do darwinismo social e todas as formas de justificação da dominação baseadas em premissas "naturais".

Sua teoria ajuda a compreender, entre outras coisas, não só aquele *lugar comum* (BRESCIANI, 2004) próprio de diferentes intérpretes do Brasil desde Francisco Varnhagen e o IHGB, no século XIX, até modernistas como Mário de Andrade, que ajudaram a fundar a ideia de uma cultura caipira original e originária, em perfeita harmonia com a *natureza*. Permite, além disso, compreender também como se processou historicamente uma compreensão de que a formação dos indivíduos se dá pelas capacidades de aprendizagem e essas se fundam na primazia do método, aliadas às condições inatas que cada indivíduo traz em sua bagagem biológica. No âmbito educacional, o que se viu desde o século XIX, como bem mostra Monarcha (2009) ao analisar as bases de fundamentação da chamada *Escola Nova*, foi o gradativo aprofundamento de retóricas que ajudariam a definir que os indivíduos são o que são em função de uma mal de origem (sua natureza ou a natureza da sua classe social), e que a atuação dos educadores seria no sentido de domar ou consertar aquela natureza primeva e hostil, para que todos pudessem usufruir da marcha da civilização.

Sendo parte da crítica social vigorosa do pensamento da esquerda, as considerações de Williams para pensar a sociedade brasileira, muitas delas formuladas como contraponto às ideias evolucionistas que pontuaram o debate no âmbito das ciências sociais e da crítica cultural, se revestem de um sentido de atualidade impressionante em tempos em que o pensamento de esquerda parece capitular. Ou seja, mais que inovar na reflexão crítica, (re)inventando o "novo", recuperar formulações de grande potência analítica é, por si só, uma possibilidade de atualizar o enfrentamento intelectual contra a apologia do pensamento único.

> Hoje é notório que, como uma espécie, nós crescemos com confiança em nosso desejo e em nossa capacidade de intervir. Mas não podemos entender esse processo, não podemos nem mesmo descrevê-lo, até que estejamos cientes do que a ideia de natureza inclui e, em particular, se ela inclui o homem. Pois falar do homem "intervindo" no processo natural implica a suposição de que ele possa crer não ser possível fazê-lo, ou possa decidir não fazê-lo. A natureza tem que ser pensada, então, como separada do homem antes de qualquer questão sobre intervenção ou comando, para que o método e a ética de cada um possam surgir. (WILLIAMS, 2011, p. 100)

Na sequência, remata:

> É isso que vemos acontecer no desenvolvimento da ideia. Isso pode, à primeira vista, parecer paradoxal, mas o que podemos chamar de ideias mais seculares e mais racionais sobre a natureza dependeram de uma nova abstração bastante específica: a abstração do Homem. (WILLIAMS, 2011, p. 101)

Se toda uma tradição de pensamento social abstrai o homem, é forçoso reconhecer que se ara um campo fértil para toda sorte de exclusão, uma vez que nossa natureza como sociedade nos teria impingido limites e mazelas que estão além da nossa ação política deliberada. A força dos argumentos de Williams torna-se ainda maior quando observamos que a sua crítica se dirigiu também à crítica cultural, mas primeiramente ao próprio pensamento político moderno, que se fundaria nessa abstração binária natureza-homem, como uma das formas de justificação da ação política no espaço público. Essa ênfase está presente não só em *A riqueza das nações*, por exemplo, mas mesmo na reflexão dos contratualistas, dos utilitaristas e de algumas expressões do materialismo dialético. Por isso aqui se parte do pressuposto que suas contribuições originais, até porque nasceram em um tempo no qual as retóricas sobre a natureza ocupavam boa parte do pensamento social, são extremamente úteis para pensarmos sobre problemas atuais da sociedade brasileira, alguns dos quais têm grande longevidade na história da nossa formação social e parecem "naturalizadas" nas nossas formas de compreender os dilemas brasileiros. Entre estes a educação, não apenas a escolar, mas todas as formas de educação social, as relações entre o trabalho e o tempo livre dos trabalhadores, nossa forma de produção e distribuição de bens culturais, continuam a desafiar nossa capacidade de crítica da nossa sociedade. Se Williams não produziu mirando a sociedade e a cultura brasileiras, não é casual que a recente e crescente publicação dos seus livros entre nós se dê no momento que se torna mais complexa a cultura brasileira, ao mesmo tempo que ela se insere em fluxos globais. Logo, em um tempo em que se volta a perguntar se é possível falar de uma cultura brasileira, no qual se reivindica a inclusão digital, mas que, diferentemente do contexto inglês dos anos 1950 e 1960 por ele analisado, está longe de ver universalizado o acesso à educação escolar básica. Atento à mudança cultural, crítico de todas as formas de seleção e exclusão culturais, o pensamento de Raymond Williams é urgente como ferramenta analítica do que pretendemos para o Brasil.

CONCLUINDO...

Em *Cultura e sociedade* (1978) Williams conclui que "a história da idéia de cultura é a história do modo por que reagimos em pensamento e em sentimento à mudança de condições por que passou nossa vida" (p. 305). Sua reflexão o levou a uma análise arguta da chamada "cultura de massas", que seu tempo viu nascer e que hoje pontua o debate sobre produção e "consumo" culturais. Sempre insistiu na questão de que não há massas, "há apenas maneiras de ver os outros, como massa" (p. 309), discutiu o impacto das mudanças tecnológicas e as acusações de "declínio de padrões culturais", alertando para o fato de que "ninguém está em condições de elevar o padrão cultural dos outros" (p. 327). Rejeita a segmentação entre, por exemplo, cultura "burguesa" e cultura "da classe trabalhadora", já que não haveria descontinuidade entre elas, mas sim circularidade. Todos esses aspectos indicam a potencialidade da sua obra para pensar a educação, a cultura e suas várias histórias possíveis. Para ele a comunicação, tão cara aos intelectuais, é o processo de transformação da experiência única em experiência comum – e todos os nossos sistemas de comunicação, incluídas as artes e a imprensa, são partes de nossa organização social (WILLIAMS, 2003, p. 49).

Ainda que devamos estar atentos aos riscos do transplante conceitual, não é demais reconhecer que noções como experiência, cultura, cultura comum, estrutura de sentimentos e tradição seletiva ajudam a investigar múltiplas dimensões das formas de educação na história, seja no plano curricular, das ideias, dos discursos, das prescrições etc. No plano da educação social, ajudam a compreender trajetórias, formas de pensamento, produção/recepção, circulação cultural, redes, maneiras de inserção e interação social etc.

A contribuição original de Raymond Williams, por certo um dos intelectuais mais profícuos da esquerda de século XX, o é também para o pensamento marxista. Seu espírito inquiridor, não obstante, não impediu que questionasse, também, determinadas formulações daquela tradição de pensamento. Ao responder à pergunta "Você é marxista, não é?" o autor não se furtou a apontar naquela tradição os seus limites, as suas lacunas e o que ainda era preciso desenvolver nos marcos do próprio pensamento crítico. Nem por isso deixou de inscrever sua própria obra no amplo raio de influência do pensamento marxista, pensamento que, ainda hoje, sua produção intelectual ajuda a revigorar, como crítica radical da cultura e da sociedade. Não poderia ser mais fecundo para os pesquisadores que se ocupam dos diferentes processos de formação ao longo da história.

REFERÊNCIAS

BAKHTIN, Mikhail. Os gêneros do discurso. In: BAKHTIN, Mikhail. *Estética da criação verbal.* São Paulo: Martins Fontes, 1995.

_____. *A cultura popular na Idade Média e no Renascimento.* São Paulo: Hucitec, 1999.

BRESCIANI, Stella. Identidades inconclusas no Brasil do século XX: fundamentos de um lugar-comum. In: BRESCIANI, Stella; NAXARA, Márcia (Org.) *Memória e (re)sentimento:* indagações sobre uma questão sensível. Campinas: Ed. Unicamp, 2004.

CORBIN, Alain. *História dos tempos livres.* Lisboa: Teorema, 2001.

FORQUIN, Jean-Claude. *Escola e cultura.* Porto Alegre: Artmed, 1993.

GOODSON, Ivor. *La construcción social del curriculum.* Barcelona: Pomares, 1995.

HOBSBAWM, Eric. Sobre História. São Paulo: Companhia das Letras, 1998.

KOSELLECK, Reinhard. *Futuro passado:* contribuição à semântica dos tempos históricos. Rio de Janeiro: Contraponto; Puc-Rio, 2006.

MONARCHA, Carlos. *Brasil arcaico, escola nova.* São Paulo: Ed. UNESP, 2009.

WARDE, Mirian Jorge. Pesquia e ensino em História da Educação. In: GONDRA, José; SILVA, José Clúadio Sooma (orgs.). História da Educação na América Latina: ensinar e escrever. Rio de Janeiro: EDUERJ, 2011.

WILLIAMS, Raymond. *Cultura e sociedade.* São Paulo: Companhia Editora Nacional, 1978.

____. *Marxismo e literatura.* Rio de Janeiro: Zahar, 1979.

____. *O campo e a cidade.* São Paulo: Companhia das Letras, 1989.

____. *Cultura.* Rio de Janeiro: Zahar, 1991.

____. *La política del modernismo*: contra los nuevos conformistas. Buenos Aires: Editiones Manancial, 1997.

____. Você é marxista, não é? *Praga: Revista de Estudos Marxistas.* São Paulo, n. 2, 1996.

____. *La larga revolucion.* Buenos Aires: Nueva Vision, 2003.

____. *Tragédia moderna.* São Paulo: Cosac & Naify, 2005.

____. *Palavras-chave*: um vocabulário de cultura e sociedade. São Paulo: Boitempo, 2007.

____. *A política do modernismo.* São Paulo: Ed. UNESP, 2010.

____. *Cultura e materialismo.* São Paulo: Ed. UNESP, 2011.

Peter Burke – Circulação e apropriação do seu pensamento na História da Educação brasileira

ANTONIO CARLOS FERREIRA PINHEIRO
CLÁUDIA ENGLER CURY

SITUANDO O AUTOR NA HISTORIOGRAFIA

Nos últimos quarenta anos a historiografia brasileira passou por grandes mudanças teóricas e metodológicas. Esse movimento de renovação historiográfica passou a ser conhecido, genericamente, como *História Nova*, configurada a partir de uma emblemática tríade conhecida como: *novas abordagens, novos objetos e novos problemas.*

Há de se considerar que o movimento ampliou enormemente o horizonte dos historiadores quando estes aprofundaram o rompimento com os referenciais metodológicos assentados no positivismo, no empirismo clássico e na chamada Escola Metódica, iniciado no final dos anos vinte com os *Analles.* Só que desta feita estava também incorporada uma proposição de ruptura em relação às finalidades marxistas, às abstrações weberianas ou às intemporalidades estruturalistas (LE GOFF; NORA, 1988a).

Foi, portanto, no âmbito dessa efervescente conjuntura de grandes questionamentos a tudo aquilo que estava historiograficamente acomodado e academicamente instituído, ou seja, "os mais seguros sistemas de explicação histórica [encontravam-se] colocados em questão por essa dilatação do campo da história", segundo Le Goff e Nora (1988, p. 13), que foi publicada por esses mesmos autores, em 1974, em uma obra intitulada: *Faire de L'histoíre*. Essa obra, que já tinha obtido repercussão na França, quando foi traduzida para a língua portuguesa, provocou, também, aqui no Brasil grandes debates, principalmente entre os marxistas, tornando-se, rapidamente, uma das mais importantes referências no âmbito das discussões teóricas e metodológicas acerca de como se deveria produzir o conhecimento histórico.

O referido livro apresenta um *plano geral da obra*, que na edição brasileira serviu como referência para a sua organização e publicação em três volumes. Assim, ela foi intitulada *História*, sendo indicados em cada volume, separadamente, os subtítulos: *Novos Problemas, Novas Abordagens, e Novos Objetos*. Sobre essa questão, Pinheiro (2011) recentemente fez uma discussão acerca das características mais gerais da obra acima referenciada e apontou que os três volumes estão constituídos por vinte e nove textos, dos quais alguns alcançaram grande notoriedade no mundo acadêmico, sendo ainda hoje muito citados.[1] Assim sendo, cabe-nos observar que os referidos textos ao apresentarem objetos de pesquisas e perspectivas interpretativas originais abriram enormemente as possibilidades de se fazer história. Afinal, o movimento reforçou "a tendência da história a se intentar no nível do cotidiano, do ordinário, dos *pequenos*" (LE GOFF; NORA, 1988, p. 13).

Vale aqui salientar que alguns temas não foram diretamente apontados nessa obra, tais como os relacionados com a história das mulheres ou sobre a história da educação.[2] Contudo, a indicação da relevância de os historiadores se aproximarem

[1] Aqui destacamos alguns deles: no volume *Novos problemas*: A operação histórica (Michel de Certeau); História social e ideologia das sociedades (Georges Duby); História marxista, história em construção (Pierre Vilar); O retorno ao fato (Pierre Nora). No volume *Novas Abordagens*: A demografia (André Burguière); A literatura (Jean Starobinski); A Arte (Henri Zener); A política (Jacques Julliard). No volume *Novos Objetos*: As mentalidades: uma história ambígua (Jacques Le Goff); A língua: lingüística e história (Jean-Claude Chevalier); O livro: uma mudança de perspectiva (Roger Chartier e Daniel Roche); O filme: uma contra análise da sociedade? (Marc Ferro).

[2] A história da educação foi e ainda é frequentemente "esquecida" pelos historiadores que organizam esse tipo de obra. Vejamos alguns exemplos: Cardoso e Vainfas (1997) que apresentam os vários domínios da História. Boutier e Julia (1998) que enumeram os campos e canteiros da História. Barros (2004) que discute sobre as especialidades e abordagens da História. Entretanto, historiadores clássicos como Rodrigues (1978) apresenta a história da educação como parte dos diversos gêneros da História, especialmente nas páginas 196 a 198. Também vale registrar a grandiosa coleção *História Geral da Civilização Brasileira* que esteve sob a direção de Sérgio Buarque de Hollanda em relação ao Tomo I, vol.1 - A Época Colonial e ao Tomo II, vol.1. Já o período republicano ficou sob a direção de Boris Fausto, que organizou o Tomo III, vol. 2 e vol. 4. Os textos relativos à história da educação brasileira foram escritos por: Sérgio Buarque de Hollanda (colônia e império); Jorge Nagle e Celso de Rui Beisiegel (república).

do cotidiano, do ordinário e dos "pequenos", conforme apontamos acima, possibilitou desdobramentos acerca do pensamento e de iniciativas assentadas nas seguintes compreensões: agora é possível escrever história disso ou daquilo, ou seja, o desejo de se estudar uma enorme gama de temas não é menos relevante que a história dos grandes homens ou dos grandes acontecimentos, pois agora é possível sustentar-se teoricamente. Afinal, são os historiadores institucionalizados que afirmam o que deve ser relevante fazer, escrever e pesquisar. Empiricamente, também é possível sustentar qualquer tema/objeto de estudo, já que seja qual o vestígio humano identificado pode se transformar em fonte histórica. Assim, estavam dadas todas as condições materiais, sociais e culturais para que os historiadores implementassem, mais uma vez, a revitalização de seu ofício e mergulhassem em um novo momento historiográfico, especialmente no que diz respeito aos historiadores brasileiros,[3] que puderam dar continuidade ao processo de renovação que já vinha em curso e que aqui podemos, didaticamente, agrupar em três grandes segmentos: a Nova História Cultural, de influência predominantemente francesa, a História Social, produzida prioritariamente pelos ingleses e a corrente não menos importante, a Micro-História, originariamente italiana, mas que propiciou repercussões importantes nos Estados Unidos.

O primeiro segmento aprofundou radicalmente a ruptura com o marxismo e com todos os tipos de estruturalismos, mesmo que tenha mantido algum diálogo com as obras de Pierre Bourdieu e Norbert Elias. Em contrapartida, ocorreu uma aproximação com a obra de Michel Foucault e também tomou como grandes referenciais autores como Jacques Le Goff, Pierre Nora, Michel de Certeau e Roger Chartier. Quanto ao segundo segmento destacam-se Edward P. Thompson, Eric Hobsbawn, Christopher Hill, Raymond Williams e Terry Eagleton. Todos esses, também, tece-

---

[3] Demos aqui ênfase à forma como esses conhecimentos circularam e foram apropriados no Brasil, uma vez que se adentrarmos para as especificidades de outras nações, tais como da Grã-Bretanha, dos Estados Unidos, da Holanda, da Alemanha, da Espanha, e a extinta União Soviética, perceberemos que a ênfase na *cultura* para explicar aspectos da História foi influenciado por diversos outros autores, tais como: John Elliott, Jonathan Brown, Burckhardt, Johan Huizinga, Keith Thomas, Marcel Mauss, Aaron Gurevich, Edward Evans-Pritchard, Clifford Geertz, Natalie Davis, Lynn Hunt, entre outros. No caso brasileiro, como já dito anteriormente, a influência é marcadamente francesa, destacando-se, especialmente, Jacques Le Goff, Roger Chartier e Michel de Certeau. Sobre esse mapeamento, consultar Burke (2005), que faz uma interessante discussão sobre o tema. Outro texto que nos dá muitas indicações acerca da Nova História é a "Abertura: a nova história, seu passado e seu futuro", publicado no livro *A escrita da História: novas perspectivas*, (1992), por Burke, organizado.

ram duras críticas ao marxismo economicista e mecanicista, todavia mantiveram-se no âmbito do materialismo histórico, dialogando, primordialmente, com Antonio Gramsci. O terceiro segmento tem como principais representantes Giovanni Levi, Carlo Ginsburg e Robert Darnton, que também mantiveram diálogo com Mikhail Bakhtin e secundariamente com Gramsci, mas sem se posicionarem como marxistas ou preocuparem-se mais diretamente com o processo de "revisar" a teoria marxista, assim como o fizeram alguns dos ingleses, especialmente Edward Palmer Thompson.[4] Mas, nesse amplo movimento, onde podemos encontrar Peter Burke? A primeira especificidade do nosso autor é que apesar de ser inglês e de ter recebido toda a sua formação na academia inglesa, mais especificamente em Oxford,[5] ele apresenta uma trajetória como historiador mais voltado para as percepções historiográficas francesas, já que não raras vezes é identificado como um historiador que se movimenta no âmbito da História Cultural.[6] Todavia, é também perceptível em sua obra a influência que sofreu da História Social Inglesa. Nesse sentido, Barros (2010, p. 234) afirma que Peter Burke é um historiador

> Que nos quadros de uma nova História Social que se reafirma nos anos 1970, tenderá cada vez mais a construir a sua identidade historiográfica no âmbito de uma História Cultural que se refundará nas décadas seguintes sob o signo de uma História Social da Cultura, ou mesmo de uma História Cultural do Social.

Concordamos com as características indicadas acima e podemos dizer que elas permeiam praticamente toda a sua obra, especialmente as mais recentes. Assim,

[4] Duas de suas obras são emblemáticas acerca dessa discussão: *A miséria da teoria ou um planetário de erros* (1978) e *As peculiaridades dos ingleses e outros artigos* (1978). Não podemos nos esquecer que a teoria marxista já havia sofrido uma série de críticas e revisões por intelectuais que no seu conjunto ficaram conhecidos como pertencentes à Escola de Frankfurt (1929).

[5] Foi aluno de Keith Thomas e discípulo de Christopher Hill, que insistia para ele "observar tudo com 'olho' social", conforme afirmou em entrevista concedida a Mauricio Jalón, em 2007.

[6] Segundo entrevista concedida a Mauricio Jalón, em 2007, Burke nos informa que o historiador equatoriano "Juan Maiguashca (hoje professor de História Econômica da America Latina, em Toronto), discípulo de Chaunu, foi quem me introduziu no mundo dos *Annales*. Claro que já havia lido os livros de Braudel como estudante, mas muito diferente é se encontrar com uma pessoa que está viva, falar todos os dias com alguém que entendia tudo por dentro. Poderia lhe dizer que o meu ingresso no mundo dos *Annales* se deu pela mão de um discípulo latino americano de Chaunu" (JALÓN, 2007, p. 151).

nos parece muito significativa a análise que fez sobre a relação entre a História Social e a História Cultural em seu livro *O que é História Cultural*?

> Não importa como descrevamos o que está acontecendo, se a história social engolindo a história cultural ou ao contrário, estamos assistindo ao aparecimento de um gênero híbrido.
> [...] No momento, os termos "social" e "cultural" parecem estar sendo usados de maneira quase intercambiável, para descrever a história dos sonhos, por exemplo, da linguagem, do humor, da memória ou do tempo. As distinções podem ser úteis. Minha inclinação seria reservar o termo "cultural" para as histórias de fenômeno que parecem "naturais", como os sonhos, a memória e o tempo. Por outro lado, como a linguagem e o humor são obviamente artefatos culturais, parece ser mais apropriado empregar o termo "social" para se referir a uma abordagem particular de sua história. (BURKE, 2005, p. 147)

A análise acima tecida por Burke nos é convidativa, especialmente para aqueles que trabalham com a História da Educação, uma vez que esta trata de processos e relações que emergem da sociedade, das necessidades materiais, da vontade de forjar o ser social, "civilizado", "letrado", "culto", "preparado tecnicamente ou preparado profissionalmente", entre tantos outros objetivos educacionais e escolares que lhes foram atribuídos ao longo da sua história. Todavia, todas essas construções sofreram e sofrem influências da cultura (ou das culturas) na qual estão inseridos os sujeitos educativos/educadores. Em contrapartida, não podemos, hoje, desconsiderar que as instituições educacionais e os seus sujeitos, também, produzem culturas específicas, como é o caso das "culturas escolares" nas suas mais diversas dimensões, que estão de certo modo interligadas, tais como a material, a curricular, a disciplinar, ou, ainda, numa acepção mais ampla da *cultura educacional*, conforme analisou Pinheiro (2009).[7]

Todavia, não pretendemos aqui realizar uma análise pormenorizada da obra de Peter Burke, até porque essa tarefa em parte foi realizada por outros historiadores como Barros (2010, p. 234), que o identifica como

[7] Cultura educacional é uma dimensão específica e, ao mesmo tempo, abrangente do intercruzamento de saberes populares e de conhecimentos científicos que tomam como foco os aspectos relativos aos processos educacionais, sejam eles intra, extraescolares ou não escolares. Essa dimensão da cultura educacional não prescindirá do referencial político-educacional (p. 109).

> Um dos historiadores com maior capacidade de síntese entre os seus pares. Especializado nos estudos sobre a Europa Moderna, mas também em História Contemporânea, talvez a sua maior contribuição à historiografia seja a reflexão que tem desenvolvido sobre a Historiografia e a Teoria da História.

Nesse mesmo estudo, Barros (2010) salienta que a obra de Peter Burke é constituída por três grandes aspectos, ou seja, o autor apresenta um procedimento metodológico, no qual os seus objetos de pesquisa são desenvolvidos, assentados na *interdisciplinaridade* (relação com a Sociologia, com a Ciência Política, com a Antropologia Social e com a Linguagem); na busca das conexões entre *Sociedade e Cultura* e na adoção do *método comparativo*.[8]

Procuramos até aqui apresentar alguns aspectos ou características de nosso autor no que diz respeito à sua formação acadêmica, abordagens teóricas e metodológicas, aspectos esses mergulhados em sua historicidade, passemos agora a responder à seguinte questão: Quando e como as obras e o pensamento de Peter Burke passaram a circular e foi apropriada pelos historiadores da educação?

CIRCULAÇÃO E APROPRIAÇÃO DAS OBRAS DE PETER BURKE ENTRE OS HISTORIADORES BRASILEIROS DA EDUCAÇÃO – A DÉCADA DE 1980 E OS PRIMEIROS ANOS DE 1990

Nesta parte do texto apresentamos alguns indicativos acerca dos primeiros movimentos de circulação e apropriação do pensamento/obras do historiador Peter Burke, no âmbito da História da Educação Brasileira. Contudo, não podemos assegurar de forma muito precisa o grau de intensidade das primeiras circulações e apropriações do conjunto de sua obra circunscritas à década de 1980 e primeiros anos da década de 1990, no referido campo de conhecimento, isto é, da História da Educação. Tal estudo demandaria um maior aprofundamento a partir de diversas outras fontes, como, por exemplo, as publicações realizadas pela Associação Nacional de Pesquisadores em Educação (ANPEd), desde 1984, quando foi criado o

[8] Há um interessante estudo de caráter comparativo, realizado por Marta Maria Araújo (2012), no qual utiliza como referencial a proposição comparativa indicada por Peter Burke. Mais precisamente a obra utilizada pela autora é *Veneza e Amsterdã*: um estudo das elites do século XVII (BURKE, 1991).

Grupo de Trabalho de História da Educação, ou mesmo das primeiras publicações efetivadas pelos pesquisadores vinculados ao Grupo de Estudos e Pesquisas "História, Sociedade e Educação no Brasil" (HISTEDBR), criado em 1986 e que realizou o seu primeiro seminário nacional, em 1991. A consulta aos anais e textos produzidos, apresentados e publicados por esses dois grandes conjuntos de pesquisadores em História da Educação exigiria ainda, um estudo de mais fôlego e que muito provavelmente não caberia no espaço de uma coletânea que busca trazer para a análise as contribuições teóricas de outros historiadores ingleses para o campo da História da Educação Brasileira. Outra fonte, quase que inesgotável, seriam as dissertações de mestrado e as teses de doutoramento que foram produzidas nas décadas acima indicadas, no âmbito dos programas de pós-graduação em educação, especialmente, aquelas que versam sobre a História da Educação Brasileira.[9]

Em recente estudo publicado, Pinheiro (2011, p. 255) identificou que logo nos primeiros anos, isto é, conforme indicamos anteriormente (década de 1980 e primeiros anos de 1990), do processo de renovação histórico-educacional brasileiro ocorreu um novo dimensionamento

> quando o Instituto Nacional de Estudos e Pesquisas Educacionais (Coordenadoria de Pesquisa) promoveu uma série de eventos entre os quais destacamos o *Encontro de Pesquisadores de História da Educação*, em 1993 e o *Seminário História da Educação Brasileira: a ótica dos pesquisadores*, em 1994, ambos realizados na cidade de Belo Horizonte. Todos os trabalhos neles apresentados foram publicados em forma de "caderno" denominado INEP –*Série Documental: Eventos*. Neles encontramos temas relativos: as fontes e categorias de análises; categorias de pensamentos; articulação teórico-empírica na pesquisa histórica; problematizando a interdisciplinaridade. Vale ressalvar que essas temáticas foram discutidas (principalmente em um *workshop*) por pesquisadores com tradição marxista. Também, fizeram parte do evento pesquisadores que discutiram os seguintes temas: memória escolar; história oral da educação no Brasil; história oral e a pesquisa sobre gênero; relatos orais: nova leitura de velhas questões educacionais;

[9] Uma fonte também muito interessante são os artigos publicados na *Revista Brasileira de História da Educação*, periódico vinculado à SBHE, entretanto o seu primeiro volume foi publicado em 2001.

cipoal das letras: entre olhares, recortes e construções da antropologia e história no contexto de uma pesquisa sobre leitura.

Em levantamento acerca dos principais referenciais bibliográficos indicados e/ou citados no conjunto de todos os trabalhos que foram publicados, sobressaem-se: Pierre Bourdieu (7 vezes), Jacques Le Goff (6 vezes), Peter Burke (6 vezes), Mario Aligliero Manacorda (6 vezes), Karl Marx (4 vezes), Paul Thompson (4 vezes), Robert Darnton (4 vezes), Carlo Ginzburg (4 vezes), George Duby (3 vezes) e Georg Lukács (3 vezes).

Secundariamente, foram citados uma ou duas vezes os seguintes autores: Dominique Juliá, Marc Ferro, Pierre Nora e Paul Veyne. Conforme podemos verificar, Peter Burke encontrava-se no conjunto de autores dos mais referenciados, logo após Pierre Bourdieu e acompanhando Jacques Le Goff.

Os textos e as autoras que o referenciam na coletânea acima citada são as seguintes: *Memória escolar*, de Maria do Amparo Borges Ferro; *Por uma história oral da educação no Brasil: alguns apontamentos*, de Elza Nadai; "*O céu que nos protege*": *alguns embaraços e horizontes da investigação em História da Educação*, de Ana Chrystina Venancio Mignot e Maria Teresa Santos Cunha, e, finalmente, o texto de Magda Becker Soares intitulado *História e linguagem*. E as obras de Peter Burke utilizadas pelas autoras são as seguintes: *A Revolução Francesa da historiografia: a Escola dos Annales* (apenas uma vez); *A escrita da História: novas perspectivas* (duas vezes, sem identificação dos autores que compõem o livro); *Abertura: a nova história, seu passado e o seu futuro* (uma vez, texto de abertura do livro *A escrita da História: novas perspectivas*); *Linguagem indivíduo e sociedade*, livro organizado por Burke e Roy Porter (uma vez) e, por fim, um artigo intitulado "Burke crê na reação à uniformidade cultural", publicado na *Folha de* São *S.Paulo* (uma vez). Vale, entretanto, ressaltar que apesar de encontrarmos essas obras referenciadas, elas, com exceção do trabalho de Magda Soares, não estão citadas literalmente no corpo do trabalho. Portanto, Peter Burke foi, entretanto, pouquíssimo referenciado e nos trabalhos publicados pelo INEP.

Mesmo ultrapassando a periodização que indicamos acima, consideramos importante destacar o convite que Peter Burke recebeu, em 2006, dos organizadores do *VI Congresso Luso-Brasileiro de História da Educação*, que ocorreu na cidade de Uberlândia (MG), para proferir a Conferência de Abertura. O *VI Congresso* teve como título geral "Percursos e Desafios da Pesquisa e do Ensino de História da

Educação". Pensando na proposta central do Congresso, Peter Burke proferiu a sua conferência intitulada: *Cultura, Tradição, Educação.*[10]

Peter Burke iniciou a sua conferência, destacando não ser um historiador da educação, entretanto, "como outros historiadores culturais, [está] inevitavelmente preocupado com a *transmissão da cultura,*[11] então com a história da 'educação' num sentido amplo" (2007, p. 14). Seria bom lembrar que o autor não adota a perspectiva de Fernando de Azevedo, no seu sentido literal, mas sim como um dos elementos constitutivos do conceito de tradição, muito mais próximo da perspectiva desenvolvida por Eric Hobsbawm.[12]

Para Peter Burke (2007, p. 15), "existem tradições de esquerda como de direita, transmitidas em parte na família e também na escola, mas talvez mais no pátio de recreio do que em sala de aula". Ressaltou, ainda, que a "tradição oral acadêmica, a tradição da aula, está viva ainda hoje". Lembrou que há movimentos de manutenção da tradição ou de "contra-tradições" e que as "guerras de história, são às vezes encenadas nas aulas das escolas".

Finalizou a sua conferência aos historiadores da educação ressaltando que a discussão sobre tradição carrega em si muitos paradoxos, entretanto destacou que o maior deles é a relação entre tradição e a inovação. Entre os vários exemplos que discorreu naquele momento, destacamos aquele mais próximo da nossa temática:

> Paradoxos que são bem claros na prática cotidiana da educação como na história dela. Quem ensina, como todos nós, tem dois objetivos talvez incompatíveis: para falar Latim, *tradere e educere*. Dum lado, transmitir para os alunos o patrimônio, a tradição e, doutro lado, incentivar o espírito crítico, o pensamento independente. (BURKE, 2007, p. 20)

[10] Esse texto, posteriormente, foi publicado em uma coletânea, organizada por Décio Gatti Júnior e Joaquim Pintassilgo (2007).

[11] Essa expressão nos é muito familiar em virtude da obra de Fernando de Azevedo, *A cultura brasileira*, especialmente no que se refere à terceira parte (ou volume, dependendo da edição), a qual denominou de *A transmissão da cultura*, ou seja, dedicado a analisar o papel da educação e da escola numa perspectiva histórico-sociológica. Hoje, se constitui uma obra clássica e uma das mais importantes referências historiográficas no âmbito da História da Educação. As ideias ali desenvolvidas foram amplamente repetidas, discutidas e criticadas. Alguns historiadores da educação, inclusive, ao classificar ou periodizar a historiografia, a denomina de "perspectiva azevediana" da História da Educação brasileira.

[12] Peter Burke afirmou na Conferência proferida em Uberlândia (2007) que a ideia de invenção de tradição é "genial de Eric Hobsbawm, especialmente apropriada, como ele mesmo percebeu, para o fim do século XIX" (BURKE, 2007, p. 21). Ver mais sobre o tema em *A Invenção das tradições* (HOBSBAWM; RANGER, 1997).

Realizada essa breve síntese da Conferência proferida por Peter Burke e da contribuição que o conceito de *tradição, tradição de invenção* ou de *invenção da tradição* pode oferecer e ajudar nas discussões relacionadas à História da Educação, passemos aos seguintes questionamentos: o convite a ele feito, pelos organizadores do referido evento, visou tão somente reconhecer a importância do pensamento do historiador para a consolidação do campo da história da educação? Ou ainda, o autor foi convidado porque, na visão dos organizadores do evento, portugueses e brasileiros, ele poderia ser considerado como uma referência teórico-metodológica no âmbito da História Cultural que muito tem influenciado os historiadores da educação? Em outra direção podemos inferir que o convite poderia indicar que esse historiador precisaria ser melhor "apropriado", especialmente do ponto de vista conceitual, entre os historiadores da educação? Seja qual tenha sido o objetivo, o que nos parece significativo é o fato de que os dispositivos teóricos e metodológicos perpetrados por Peter Burke fortalecem e trazem à baila a importância da educação como um conjunto de práticas sociais e culturais que têm contribuído para a manutenção ou inovação de tradições, especialmente em um país como o Brasil, que apresenta um leque muito amplo de perspectivas culturais.

Podemos considerar ainda que a pluralidade cultural que vivenciamos no Brasil nos possibilita estabelecermos e/ou restabelecermos, se necessário for, escolhas, sejam elas antigas ou novas, hegemônicas ou não, populares ou clássicas, no âmbito educacional inspiradas nas concepções propugnadas por Peter Burke.

A PRIMEIRA DÉCADA DO SÉCULO XXI

Dando continuidade à discussão que empreendemos anteriormente, passaremos a tratar de agora em diante do mapeamento acerca da influência das obras de Peter Burke para os estudos e pesquisas mais recentes em História da Educação no Brasil. Para tanto, selecionamos duas coleções publicadas no campo da História Educacional, além das publicações resultantes das conferências e mesas redondas dos congressos brasileiros de História da Educação[13] organizados pela

[13] Não foram considerados os textos do último Congresso de História da Educação Brasileira, ocorrido em maio de 2011 na Universidade Federal de Vitória/ES, porque até o momento da conclusão de nosso texto, o volume encontra-se em fase de organização para futura publicação.

Sociedade Brasileira de História da Educação (SBHE), totalizando um conjunto de 20 livros consultados, conforme quadro abaixo:[14]

QUADRO 1. Obras de historiadores da educação brasileira que indicaram Peter Burke como referência para a elaboração de seus artigos e capítulos de livros

Títulos das coleções e dos livros dos congressos	Número de volumes e artigos com referências ao autor
Coleção Horizontes da Pesquisa em História da Educação no Brasil – SBHE (2010 – 2011)	Vol. 1 "História das Culturas Escolares no Brasil" – um capítulo; Vol. 3 "Educação e Instrução nas Províncias e na Corte Imperial" – dois capítulos; Vol. 5 "História da Educação no Brasil: matrizes interpretativas, abordagens e fontes predominantes na primeira década do século XXI" – três capítulos; Vol. 10 "Intelectuais e História da Educação no Brasil: poder, cultura e políticas" – um capítulo.
Coleção Tempos, Memórias & Histórias – Norte e Nordeste (2011)	Vol. 2 "Objetos, práticas e sujeitos escolares no Norte e Nordeste" – um capítulo.
Educação no Brasil (2001)	Livro do I Congresso Brasileiro de História da Educação ocorrido no Rio de Janeiro em novembro de 2000 – um artigo;
Escola, culturas e saberes (2005)	Livro 1 do II Congresso Brasileiro de História da Educação ocorrido em Natal/RN em novembro de 2002 – um artigo;
A Educação e seus sujeitos na História (2007)	Livro do IV Congresso Brasileiro de História da Educação ocorrido em Goiânia/GO em novembro de 2006 – um artigo;
O Ensino e a pesquisa em História da Educação (2011)	Livro do V Congresso Brasileiro de História da Educação ocorrido em Aracaju/SE em novembro de 2008 – um artigo.
	Total de referências ao autor: 12

Fonte: quadro produzido pelos autores.

Consideramos que por meio da pesquisa nas duas coleções e livros acima elencados teríamos um panorama significativo acerca da produção da História da Educação brasileira, na medida em que autores de praticamente todos os estados do Brasil e suas respectivas abordagens teóricas e metodológicas estariam contemplados ou representados.

Para uma primeira aproximação do leitor com o universo da pesquisa, por nós empreendida, destacamos as obras que foram referidas pelos autores. São elas: *A*

[14] Para a organização do QUADRO 1, tomamos como referência as vezes que o autor foi indicado nas referências e notas para em seguida detalharmos as obras indicadas pelos autores.

Escrita da História: novas perspectivas, coletânea de textos organizada por Peter Burke e publicada no Brasil pela Editora da UNESP em 1992,[15] na qual obtive o maior número de citações – seis; *A escola dos Annales - 1929-1989: a Revolução Francesa da historiografia* foi publicada também pela Editora da UNESP em 1990[16] e sobre essa obra identificamos duas referências. *Cultura popular na Idade Moderna: 1500-1800*, publicado pela Companhia das Letras em 1989,[17] referida duas vezes; *Hibridismo cultural*, publicado pela Editora UNISINOS em 2006,[18] apenas uma vez referida pelos autores e *Variedades de História Cultural*, coletânea de ensaios do próprio autor, publicada pela Editora da UNESP em 2006,[19] referida por duas vezes pelos autores em questão.

Observando mais detidamente cada um dos textos que fazem referência a Peter Burke, pudemos notar que as duas obras que tratam de aspectos mais gerais da constituição da Nova História Cultural são tomadas pelos autores sempre como uma referência importante, cuja abordagem oferecida por Burke é compartilhada por eles, trata-se de *A escrita da História: novas perspectivas* (1992),"*A escola dos Annales -1929-1989: a Revolução Francesa da historiografia* (1990) e *Variedades de História cultural* (2006). Salientamos que se trata das mesmas obras identificadas por nós entre os autores do item anterior do texto. Chamaremos esse tipo de aproximação com a obra de Peter Burke como elementos da circulação de suas obras e ideias e, nesse sentido, destacam-se os textos de Demartini (2010) e Bittar e Ferreira (2011). Identificamos, ainda, autores que não se referem especificamente a Peter Burke, mas que o mencionam em suas referências ao final dos textos e para esses casos temos: Peixoto (2011), Feitosa e Barros (2011), Tambara e Oliveira (2011), Gondra (2007) e Nascimento (2011).

Tomemos agora outro grupo de autores que, em nosso entendimento, se *apropriaram* das obras de Peter Burke de uma forma diferente daqueles aos quais nos referimos anteriormente. Antes disso, entretanto, gostaríamos de deixar claro para os leitores que o nosso entendimento de *apropriação* se apoia nas proposições elaboradas por Roger Chartier. Acompanhemos um breve fragmento de suas reflexões:

---

[15] A primeira edição inglesa é de 1991 e o título original é *New Perspectives in Historical Writing*.

[16] A primeira edição inglesa é de 1990 e o título original é *New French Historical Revolution*.

[17] A primeira edição inglesa é de 1978 e o título original é *Popular Culture in Early Modern Europe*.

[18] A primeira edição inglesa é de 2003 e o título original é *Cultural Hybridity, Cultural Exchange, Cultural Translation: reflections on History and Theory*.

[19] A primeira edição inglesa é de 1997 e o título original é *Varieties of Cultural History*.

> A apropriação, tal como a entendemos, tem por objetivo uma história social das interpretações, remetidas para as suas determinações fundamentais (que são sociais, institucionais, culturais) e inscritas nas práticas específicas que as produzem. (CHARTIER, 2002, p. 26)

Considerando os limites deste estudo, salientamos que não foi possível seguir rigorosamente os caminhos apontados por Chartier e traçar a história das práticas sociais de leitura de nossos autores frente à obra de Peter Burke, todavia deixaremos indicados alguns indícios de como fazê-lo ao chamar a atenção para as escolhas que os autores, aqui tomados como leitores de Peter Burke fizeram do conjunto de sua obra.

Comecemos por mencionar Castanho (2011, p. 120), que em seu texto destaca o papel desempenhado por Peter Burke, afirmando que a história cultural teria dado uma guinada na direção de um maior comprometimento social pelas mãos de dois historiadores: Robert Darton, nos Estados Unidos, e Peter Burke, na Grã-Bretanha. Da mesma forma, temos o texto de Nepomuceno (2011), no qual a autora traz a discussão promovida por Peter Burke sobre a reviravolta que a escrita da História teria vivenciado ao longo do século XX, em contraposição ao paradigma *rankiano*, afirmando que os historiadores contemporâneos não só incorporaram novos tipos de fontes para as suas pesquisas como também ampliaram seus horizontes para além das fronteiras dos acontecimentos políticos e militares, recuperando um movimento iniciado pelos historiadores do século XVIII, na direção de apreender o *espírito de uma época*,conforme havia afirmado Burke (1992, p. 19).[20] Vale ressaltar que a autora faz referência duas vezes em seu texto ao autor, uma delas a que acabamos de mencionar e a outra quando o autor é "chamado" para referendar a discussão que a autora faz em seu texto acerca da ampliação das fontes de pesquisa para além dos documentos escritos e oficiais. Nos dois casos, a obra utilizada foi: *A escrita da História*: novas perspectivas (1992). Quando se tratava da questão das fontes, foi utilizada a *abertura*da referida obra, e quando se tratava do "espírito de uma época", a autora apoiou-se no capítulo de Peter Burke da mesma coletânea.

Finalmente, identificamos duas autoras que se *apropriaram* de conceitos ou concepções de Peter Burke para os seus estudos e pesquisas. Trata-se de Galvão

[20] Respeitaremos as citações feitas pelos autores do universo que selecionamos para este artigo na tentativa de nos aproximarmos de suas apropriações da obra de Peter Burke.

(2005, p. 131) que, ao discutir em seu texto questões relativas à cultura popular, teceu críticas a uma visão que singulariza a cultura popular, como se ela fosse única e, nesse sentido, faz referência ao livro, *Cultura popular na Idade Moderna* (1989), aderindo à proposição do autor de que a cultura popular deveria ser apreendida em sua pluralidade ou ser substituída pela expressão "cultura das classes populares". Temos ainda o texto de Bastos (2011), no qual a autora ao discutir as relações entre o regional/local e o nacional, no que diz respeito à pesquisa e ensino da História da Educação no Brasil, lança mão da concepção de *hibridismo cultural* de Peter Burke, exatamente para estabelecer os nexos e concepções possíveis entre as esferas das particularidades locais e regionais e as generalizações da esfera global estabelecendo certo "equilíbrio" entre as interpretações que reforçam as cores do particular em detrimento do global e vice-versa. Assim, afirma a autora se referindo a Peter Burke (2006, p. 103):

> ao falar sobre hibridismo cultural, nos dá pistas para compreender as questões de estudos do regional/local. Ao analisar a "diglossia cultural, como uma combinação de cultura global com culturas locais", nos permite expandir a ideia para a compreensão da história regional como uma combinação de história global com histórias locais, isto é, como o processo de contextualização local da forma global. [...] (BASTOS, 2011, p. 80-81)

Dessa forma, chegamos ao final de nossas interpretações acerca da circulação e apropriações das ideias de Peter Burke entre os pesquisadores de História da Educação nos últimos onze anos, de acordo com o universo aqui considerado.

CONSIDERAÇÕES FINAIS

Podemos afirmar a partir do conjunto de fontes consultadas para este trabalho que as obras de Peter Burke começaram a circular de forma mais sistemática entre os historiadores da educação brasileira a partir dos anos de 1980 no bojo das mudanças de cunho teórico e metodológico empreendidas pelos historiadores brasileiros. Podemos dizer também que as obras de caráter mais geral escritas por Peter Burke acerca da chamada história cultural, seus limites e possibilidades foram as mais consultadas pelos historiadores da educação brasileira. Possivelmente esse movimento se deu em virtude da perspectiva epistemológica adotada pelo autor ao defender no interior das renovações de *Clio*, uma história social da cultura, aspecto esse que também pode ser observado entre aqueles que configuram o campo de estudos e pesquisas histórico-

-educacionais. Nesse sentido, no *ranking* das obras mais referidas ou citadas estão *A escrita da História: novas perspectivas* (1992), seguida de *A escola dos Annales - 1929-1989: a Revolução Francesa da historiografia* (1990).

Entretanto, no que diz respeito, especificamente, à apropriação de sua obra é possível afirmarmos, pelo menos para o universo de pesquisa aqui considerado, que as noções de cultura popular e de hibridismo cultural foram tomadas como importantes contribuições do autor para o campo da História da Educação brasileira. Vale ressaltar, entretanto, que apesar de o autor ter proferido a Conferência de Abertura do IV Luso-Brasileiro em História da Educação, em 2007, na cidade de Uberlândia, quando tratou de questões específicas de nosso campo de pesquisa, nenhum dos autores consultados referiu-se a ela em suas reflexões e pesquisas.

Outro aspecto que consideramos relevante destacar é que apesar de Peter Burke ser um autor que adota a perspectiva interdisciplinar em seus estudos, verificamos não haver nenhuma referência sobre esse aspecto, mesmo considerando ser a área da educação e, mais particularmente, a da História da Educação, eminentemente interdisciplinar, haja vista a sua própria configuração que lida com dois campos de conhecimentos, quais sejam: Educação e História.

No que tange à utilização do método comparativo, adotado em muitas das obras de Peter Burke, esse também é um aspecto ainda pouquíssimo explorado pelos historiadores da educação. Todavia, esse aspecto é facilmente compreensível dado ao atual nível de configuração da produção histórico-educacional que se encontra, nesse momento, muito atenta para o particular e para o específico, o que em certa medida coloca alguns limites aos estudos comparativos.

Dadas as indicações de como a obra de Peter Burke tem circulado entre os historiadores da educação, assim como tem sido apropriada por eles, pensamos que o autor aqui em foco apresenta uma potencialidade para as pesquisas que ainda merecem ser mais bem exploradas pelos historiadores da educação brasileira.

FONTES

ARAÚJO, Marta Maria de *et al.* (Org.). *Intelectuais, Estado e Educação.* Natal, RN: EDUFRN, 2006. v. II.

BASTOS, Maria Helena Câmara. A Caixa de Pandora: desafios do ensino e da pesquisa em História da Educação no Brasil. In: FREITAS, Anamaria Gonçalves Bueno de *et al.* (Org.). *O ensino e a pesquisa em História da Educação.* Maceió: EDUFAL, 2011.

BITTAR, Marisa; JUNIOR FERREIRA, Amarílio. Marxismo e culturalismo: reflexões epistemológicas sobre a pesquisa em História da Educação. In: PINHEIRO, Antonio Carlos Ferreira; TAMBARA, Elomar; XAVIER, Líbânia (Org.). *História da Educação no Brasil*: matrizes interpretativas, abordagens e fontes predominantes na primeira década do século XXI. Vitória: EDUFES, 2011. (Coleção Horizontes da Pesquisa em História da Educação no Brasil. v. 5, SBHE, 2010-2011).

CASTANHO, Sérgio. História Cultural e Educação: questões teórico-metodológicas. In: XAVIER, Libânia; TAMBARA, Elomar; PINHEIRO, Antonio Carlos Ferreira (Org.). *História da Educação no Brasil*: matrizes interpretativas, abordagens e fontes predominantes na primeira década do século XXI. Vitória: EDUFES, 2011. (Coleção Horizontes da Pesquisa em História da Educação no Brasil. v. 5).

DEMARTINI, Zélia de Brito Fabri. A cultura escolar entre culturas. In: VIDAL, Diana Gonçalves; SCHWARTZ, Cleomara Maria (Org.). *História das culturas escolares no Brasil.* Vitória: EDUFES, 2011. (Coleção Horizontes da Pesquisa em História da Educação no Brasil. v. 1).

FEITOSA, Adriana Madja dos Santos; BARROS, Eva Cristini Arruda Câmara. Educação e instrução nas províncias do Ceará e Rio Grande do Norte. In: GONDRA, José Gonçalves; SCHNEIDER, Omar (Org.). *Educação e instrução nas províncias e na Corte Imperial* (Brasil, 1822-1889). Vitória: EDUFES, 2011. (Coleção Horizontes da Pesquisa em História da Educação no Brasil. v. 3).

GALVÃO, Ana Maria de Oliveira. A cultura popular como objeto de estudo: "da beleza do morto" à compreensão de sujeitos e práticas culturais. In: XAVIER, Libânia Nacif *et al.* (Org.). *Escola, culturas e saberes.* Rio de Janeiro: Ed. FGV, 2005.

GONDRA, José Gonçalves. Historiografia da educação, seus balanços e saberes. A ultrapassagem como problema. In: NEPOMUCENO, Maria de Araújo; TIBALLI, Elianda Figueiredo Arantes (Org.). *A Educação e seus sujeitos na História.* Belo Horizonte: Argvmentvm, 2007.

MIGUEL, Maria Elisabeth Blanck; CORRÊA, Rosa Lydia Teixeira (Org.). *A Educação escolar em perspectiva histórica.* Campinas: Autores Associados, 2005. (Coleção Memória da Educação).

NASCIMENTO, Ester Fraga Vilas-Bôas Carvalho do. Livros, leitores e práticas culturais no Instituto Ponte Nova. In: CASTRO, César Augusto; CURY, Cláudia Engler (Org.). *Objetos, práticas e sujeitos escolares no Norte e Nordeste*. São Luís: EDUFMA, Café & Lápis; João Pessoa: Universitária - UFPB, 2011. (Coleção Tempos, Memórias & Histórias da Educação. v. 2).

NEPOMUCENO, Maria de Araújo. Imprensa Periódica, Intelectuais e Organização da Cultura em Goiás (1942-1944). In: LEITE, Juçara Luzia; ALVES, Cláudia (Org.). *Intelectual e História da Educação no Brasil*: poder, cultura e políticas. Vitória: EDUFES, 2011. (Coleção Horizontes da Pesquisa em História da Educação no Brasil. v. 10).

PEIXOTO, Ana Maria Casasanta. A memória em Minas Gerais: entre o descarte e a preservação. In: SOCIEDADE BRASILEIRA DE HISTÓRIA DA EDUCAÇÃO (Org.). *Educação no Brasil*: História e historiografia. Campinas: Autores Associados; São Paulo, 2001. (Coleção Memória da Educação).

SCHMIDT, Leonete Luzia. Educação e instrução na província de Santa Catarina. In: GONDRA, José Gonçalves; SCHNEIDER, Omar (Org.). *Educação e instrução nas províncias e na Corte Imperial* (Brasil, 1822-1889). Vitória: EDUFES, 2011. (Coleção Horizontes da Pesquisa em História da Educação no Brasil. v. 3).

TAMBARA, Elomar; OLIVEIRA, Avelino Rosa. Fontes e métodos na História da Educação. In: XAVIER, Libânia; TAMBARA, Elomar; PINHEIRO, Antonio Carlos Ferreira (Org.). *História da Educação no Brasil*: matrizes interpretativas, abordagens e fontes predominantes na primeira década do século XXI. Vitória: EDUFES, 2011. (Coleção Horizontes da Pesquisa em História da Educação no Brasil. V. 5).

REFERÊNCIAS

ARAÚJO, Marta Maria. "As alteridades societárias e a instituição dos grupos escolares no Rio Grande do Norte (1890-1911)". *Revista Educação Pública*. Cuiabá, v. 21, nº 47, p. 619-635, set./dez. 2012.

AZEVEDO, Fernando de. *A cultura brasileira*: introdução ao estudo da cultura no Brasil. 6. ed. Rio de Janeiro: Ed. UFRJ; Brasília: Ed. UnB, 1996.

BARROS, José D'Assunção. *O campo da história*: especialidades e abordagens. 3. ed. Petrópolis: Vozes, 2004.

_____. "Peter Burke". In: LOPES, Marcos Antônio; MUNHOZ, Sidnei J. (Org.). *Historiadores de nosso tempo*. São Paulo: Alameda, 2010.p. 233-250.

BEISEIGEL, Celso de Rui. Educação e sociedade no Brasil após 1930. In: FAUSTO, Boris (Org.). *O Brasil republicano*. Economia e cultura (1930-1964). 5. ed. São Paulo: Difel, 1985. Vol. 4. (Coleção História Geral da Civilização Brasileira).

BOUTIER, Jean; JULIA, Dominique (Org.). *Passados recompostos*: campos e canteiros da História. Tradução de Marcella Mortara e Anamaria Skinner. Rio de Janeiro: Ed. UFRJ; FGV, 1998.

BURKE, Peter. *Veneza e Amsterdã*: um estudo das elites do século XVII. Tradução de Mercedes de Paula Ferreira. São Paulo: Brasiliense, 1991.

____ (Org.). *A escrita da História*: novas perspectivas. Tradução de Magda Lopes. São Paulo: UNESP, 1992. (Biblioteca Básica).

____. "A História dos acontecimentos e o renascimento da narrativa". In: BURKE, Peter (Org.). *A escrita da História*: novas perspectivas. Tradução de Magda Lopes. São Paulo: UNESP, 1992. p. 327-348. (Biblioteca Básica).

____. *O que é História Cultural*? Tradução de Sérgio Goes de Paula. Rio de Janeiro: Jorge Zahar, 2005.

____. Cultura, tradição, educação. In: GATTI JÚNIOR, Décio; PINTASSILGO, Joaquim (Org.). *Percursos e desafios da pesquisa e do ensino de História da Educação*. Uberlândia: EDUFU, 2007.

____. *Hibridismo cultural*. Tradução de Leila Souza Mendes. São Leopoldo/RS: Ed. Unisinos, 2006. [3ª reimpressão em 2010]. (Coleção ALDUS, 18).

CARDOSO, Ciro Flamarion; VAINFAS, Ronaldo. *Domínios da História*: ensaios de teoria e metodologia. Rio de Janeiro: Campus, 1997.

CHARTIER, Roger. *A História Cultural*: entre práticas e representações. Tradução de Maria Manuela Galhardo. 2. ed. Lisboa: Difel, 2002. (Memória e Sociedade).

HOLANDA, Sérgio Buarque de. Educação. In: HOLANDA, Sérgio Buarque de (Org.). *O Brasil monárquico*: declínio e queda do Império. 5. ed. São Paulo: Difel, 1985. v. 1. (Coleção História Geral da Civilização Brasileira).

____. Ação missionária e educação. In: HOLANDA, Sérgio Buarque de (Org.). *A época colonial*. Do descobrimento à expansão territorial. 5. ed. São Paulo: Difel, 1985. v. 1. (Coleção História Geral da Civilização Brasileira).

INSTITUTO NACIONAL DE ESTUDOS E PESQUISAS EDUCACIONAIS. *Seminário História da Educação Brasileira*: a ótica dos pesquisadores. Brasília: MEC/INEP, 1994. (Série Documental – Eventos, n. 5).

INSTITUTO NACIONAL DE ESTUDOS E PESQUISAS EDUCACIONAIS. *Seminário História da Educação Brasileira*: a ótica dos pesquisadores. Brasília: MEC/INEP, 1995. (Série Documental - Eventos, n. 6).

JALÓN, Mauricio. Entrevista con Peter Burke. *Revista Asociación Española Neuropsiquiatrique*, v. XXVII, n. 99, p. 145-159, 2007. Disponível em: <http://scielo.isciii.es/pdf/neuropsiq/v27nia13.pdf>. Acesso em: 23 fev. 2012.

HOBSBAWM, Eric; RANGER, Terence (Org.). *A invenção das tradições*. Tradução de Celina Cavalcante. 3. ed. Rio de Janeiro: Paz e Terra, 1997. v. 55. (Coleção Pensamento Crítico).

LE GOFF, Jacque; NORA, Pierre. *História*: novos problemas. 3. ed. Tradução de Theo Santiago. Rio de Janeiro: Francisco Alves, 1988a.

_____. *História*: novos objetos. 3. ed. Tradução de Terezinha Marinho. Rio de Janeiro: Francisco Alves, 1988b.

_____. *História*: novas abordagens. 3. ed. Tradução de Henrique Mesquita. Rio de Janeiro: Francisco Alves, 1988c.

NAGLE, Jorge. A educação na primeira república. In: FAUSTO, Boris (Org.). *O Brasil republicano* - sociedade e instituições (1889-1930). 5. ed. São Paulo: Difel, 1985. v. 2. (Coleção História Geral da Civilização Brasileira).

PINHEIRO, Antonio Carlos Ferreira. Instrução e cultura escolar: considerações sobre cultura educacional no oitocentos. In: CURY, Cláudia Engler; MARIANO, Serioja (Org.). *Múltiplas visões*: cultura histórica no oitocentos. João Pessoa: Universitária - UFPB, 2009.

_____. As novas abordagens no campo da história da educação brasileira. In: XAVIER, Libânia; TAMBARA, Elomar; PINHEIRO, Antonio Carlos Ferreira (Org.). *História da Educação no Brasil*: matrizes interpretativas, abordagens e fontes predominantes na primeira década do século XXI. Vitória: EDUFES/SBHE, 2011. v. 5. (Coleção Horizontes da Pesquisa em História da Educação no Brasil).

RODRIGUES, José Honório. *Teoria da História do Brasil*: introdução metodológica. 5. ed. São Paulo: Companhia Editora Nacional, 1969.

THOMPSON, E. P. *A miséria da teoria ou um planetário de erros*: uma crítica ao pensamento de Althusser. Tradução de Waltensir Dutra. Rio de Janeiro: Zahar, 1981. (Biblioteca de Ciências Sociais - Sociologia).

_____. *As peculiaridades dos ingleses e outros artigos*. Org. Antonio Luigi Negro e Sérgio Silva. Campinas: Unicamp, 2001.

Benedict Anderson e a questão nacional

NATÁLIA DE LACERDA GIL

"O fator nacional é o mais universalmente legitimado entre os valores da vida política do nosso tempo" (2005, p. 22). Benedict Anderson faz esta afirmação logo no início da introdução ao livro *Comunidades imaginadas*, pretendendo justificar a importância do aprofundamento das análises sobre nação, nacionalidade e nacionalismo visto que, a despeito da evidência desses fatos, sua definição e explicação são claramente difíceis de empreender. Penso que um paralelo dessa justificativa nos serviria aqui: Afinal, não poderíamos dizer algo relacionado ao que se encontra na citação acima quando pensamos em vários dos objetos de pesquisa da História da Educação? Efetivamente, sabemos que a preocupação em compreender as vinculações entre o pensamento nacionalista, a formação da nação brasileira, a escola nacional etc. vem ocupando um amplo conjunto de pesquisadores nessa área. Ana Inez Klein, em artigo onde analisa a questão da identidade nacional na historiografia da educação recente no Brasil, aponta que tem sido frequente na área a discussão que articula a gênese da escola pública e a construção da identidade nacional. Nesse sentido, ressalta ser

> importante perceber que as análises sobre a escola e a identidade nacional têm investido muito na descrição dos mecanismos de interiorização dessa cultura imaginada, as formas de sua imposição como um trabalho sutil e continuado, que de tal forma penetra nos sujeitos que parecem tratar-se de pensamentos de sua própria natureza. (KLEIN, 2011, p. 67)

Não obstante, talvez ainda sejamos muitas vezes tentados a tomar o aspecto "nacional" como dado natural dos espaços e temas de pesquisa de que nos ocupamos. Assim, parece perfeitamente adequada uma tentativa de aprofundar o olhar para a obra de Benedict Anderson buscando especificamente localizar contribuições de seu pensamento para a pesquisa sobre a história da educação brasileira.

A própria profusão do termo nos séculos XIX e XX é o que, inicialmente, de modo paradoxal, dificulta tomá-lo em análise. É como se o "nacional" fosse indissociável dos temas que nos interessam uma vez que frequentemente está presente nos materiais com os quais nos deparamos. Também o fato de, nós pesquisadores, termos sido formados como indivíduos atrelados a uma nacionalidade engendra o risco de tomarmos esse aspecto como indiscutível, apenas como um dado de partida. Ora, assim como para os demais termos, objetos, sentimentos etc. os quais investigamos, é preciso necessariamente historicizar o fator nacional. Tomá-lo em análise, e não com mero dado. Anderson afirma que

> o fator nacional e o nacionalismo são artefatos culturais de um tipo especial. Para os compreendermos bem temos de analisar atentamente o seu aparecimento histórico, as alterações sofridas pelos seus significados ao longo do tempo e a razão por que, hoje em dia possuem uma legitimidade emocional tão profunda. (2005, p. 24)

Esta é a análise que o autor apresenta em seu livro mais conhecido, *Comunidades imaginadas*. Conhecer os modos como ele conduz sua análise pretendendo chegar ao que propõe inicialmente revela-se certamente muito instrutivo, mas não é o que este artigo pretende trazer. Muito mais modesto é aqui o intento, na medida em que se pretende apenas instigar à leitura do livro, ressaltando as potencialidades teóricas da discussão, enfatizando a necessidade de desnaturalizar o aspecto "nacional" e apontando alguns temas presentes no pensamento desse autor mais aproximados aos interesses da área de História da Educação (do modo como ela se configura hoje no Brasil).

O autor explica, no prefácio à segunda edição, que apesar de nação e nacionalidade se constituírem em fatos evidentes, a teorização sobre o assunto, pelo menos até a década de 1980, era muito escassa em razão de uma forte tradição historiográfica marxista. Esta tradição não teria ignorado o nacionalismo, mas sim teria tido dificuldade em lidar com a questão: "Seria mais rigoroso dizer que o nacionalismo se tem revelado uma *anomalia* desconfortável para a teoria marxista e que, precisamente por essa razão, tem sido evitado, mais do que confrontado" (ANDERSON, 2005, p. 23, itálico original). Assim, de algum modo, o livro *Comunidades imaginadas* teria sido, segundo ele próprio, um esforço para reconciliar as teorias marxistas e o nacionalismo. Em posfácio, na terceira edição do livro (publicada originalmente em 2006), onde o autor inicialmente empreende um esforço no sentido de recuperar e explicitar as motivações para a escrita do mesmo, ele complementa àquela explicação precedente: "Parecia-me que o 'fracasso' do marxismo em lidar com o nacionalismo de forma mais profunda não era exclusivamente seu. A mesmíssima crítica poderia, e deveria, ser levantada contra o liberalismo clássico e, marginalmente, contra o conservadorismo clássico" (ANDERSON, 2008, p. 284).

Nesta recente edição ele menciona que, já em 1983, "tentava combinar uma espécie de materialismo histórico com aquilo que, mais tarde, foi chamado de análise do discurso: um modernismo marxista unido a um pós-modernismo *avant la lettre*" (ANDERSON, 2008, p. 307). Embora formado no marco da tradição marxista[1] e admitindo a intenção de conciliar essa abordagem teórica com uma análise em que a dimensão cultural e linguística ganhassem maior destaque, Benedict Anderson acaba por mostrar "como o nacionalismo, ao contrário do modelo marxista, que privilegia a esfera da 'emissão' e entende a política como exercício exclusivo dos mandatários e poderosos, possui uma legitimidade emocional profunda" (SCHWARCZ *in* ANDERSON, 2008, p. 10).

Benedict Anderson é frequentemente considerado como integrante da escola modernista de estudiosos do nacionalismo, ao lado de Gellner, Hobsbawm e John Breuilly (WOLLMAN; SPENCER, 2007). Com eles compartilha a compreensão de que as nações são construções modernas e de que o nacionalismo constitui um fenômeno essencialmente moderno. Neste sentido, como acentuam Wollman e Spencer, estes autores se colocam em oposição evidente a Anthony Smith "que produziu muitos volumes eruditos todos insistindo que as nações claramente surgiram muito antes da era moderna, não importando como ela seja definida ou datada" (2007, p. 8). Em função das proximidades na compreensão do fenômeno, as posições de Anderson têm sido, muitas vezes, equivocadamente consideradas equivalentes às de Gellner

[1] A publicação do seu livro pela editora Verso (Londres), que publicava muitos trabalhos marxistas, por exemplo, é indicativa que não havia propriamente uma ruptura nesse sentido.

e Hobsbawm, por exemplo. No entanto, é preciso ressaltar que há entre eles importantes discordâncias. Como menciona Lilia Moritz Schwarcz, na apresentação à mais recente edição brasileira:

> O autor se opõe a argumentos consagrados, como os do sociólogo e filósofo liberal Ernest Gellner - que vinculou o nacionalismo ao industrialismo europeu ocidental - ou o do historiador conservador Elie Kedourie, o qual ligou o nacionalismo à Ilustração, à Revolução Francesa e ao nascimento do Estado francês. Anderson também discordou da análise marxista de Eric Hobsbawm, e apostou suas fichas em algumas ideias centrais: a importância do papel da imprensa e do fenômeno que ele denomina de "capitalismo editorial",[2] e a novidade da "vernaculização" por oposição à antiga hegemonia do latim. (2008, p. 10)

De forma original, o autor propõe a definição de nação do seguinte modo: "é uma comunidade política imaginada - e que é imaginada ao mesmo tempo como intrinsecamente limitada e soberana" (ANDERSON, 2005, p. 25). Nas palavras do autor, ela seria *imaginada* "porque até os membros da mais pequena nação nunca conhecerão, nunca encontrarão e nunca ouvirão falar da maioria dos outros membros dessa mesma nação, mas, ainda assim, na mente de cada um existe a imagem da sua comunhão" (ANDERSON, 2005, p. 25). Euan Hague, que assina o verbete sobre o autor no dicionário *The Thinkers on Space and Place* (HUBBARD; KITCHIN; VALENTINE, 2004), ressalta que, ao afirmar que a nação é "imaginada", Anderson não quer dizer que ela seja falsa, irreal ou algo distinto do que seriam comunidades "verdadeiras". Essa compreensão permite, ao contrário, ressaltar sua objetiva existência que conforma, ao mesmo tempo que é conformada por instituições políticas e culturais na medida em que as pessoas imaginam compartilhar crenças, atitudes, sentimentos etc. (HAGUE, 2004). Ainda quanto a este aspecto, Anderson pontua a diferença entre sua definição de nação e aquela de Gellner, para quem "o nacionalismo inventa nações onde elas não existem" (GELLNER, 1964 *apud* ANDERSON, 2005, p. 26). Enquanto Gellner estava interessando em, de certo modo, denunciar a "falsidade" da fabricação desse sentimento, Anderson pretende ressaltar a força de criação presente neste ato de imaginar. Para

[2] Nas edições em inglês está *print-capitalism*. Nas traduções para o português encontramos "capitalismo de imprensa", "capitalismo editorial" e, ainda, "capitalismo tipográfico".

Anderson, o que permite distinguir diferentes comunidades não é o fato de serem falsas ou genuínas e sim o modo *como* cada qual é imaginada.

A nação seria imaginada como uma comunidade *limitada* "porque até a maior das nações, englobando possivelmente mil milhões de seres humanos vivos, tem fronteiras finitas, ainda que elásticas, para além das quais se situam outras nações" (ANDERSON, 2005, p. 26). Seria imaginada como *soberana* "porque o conceito nasceu numa época em que o Iluminismo e a Revolução destruíam a legitimidade do reino dinástico hierárquico e de ordem divina" (ANDERSON, 2005, p. 26). Tal elemento põe em destaque o fato de que as nações não teriam existido desde tempos imemoriais, mas, bem ao contrário, se constituíram, foram modificadas e assumiram os contornos aparentemente peremptórios pelos quais as compreendemos – ou as vivenciamos – hoje durante aproximadamente os dois últimos séculos. Por fim, a nação é imaginada como uma *comunidade*

> porque, independentemente da desigualdade e da exploração reais que possam prevalecer em cada uma das nações, é sempre concebida como uma agremiação horizontal e profunda. Em última análise, é essa fraternidade que torna possível que, nos últimos dois séculos, tantos milhões de pessoas, não tanto matassem, mas quisessem morrer por imaginários tão limitados. (ANDERSON, 2005, p. 27)

No que se refere às razões que implicam o surgimento dessa "imaginação", a argumentação do autor evoca elementos variados e com importância desigual em distintos contextos e tempos. Recusa assim uma explicação simplista, peremptória e linear. Eliane Moura da Silva, professora do Departamento de História da Universidade Estadual de Campinas, menciona que

> para Anderson, as origens culturais das nações modernas podem ser encontradas em alguns momentos históricos modernos: na mudança da concepção de tempo, no declínio das comunidades religiosas e dos impérios dinásticos, no desenvolvimento da cultura impressa de massa (livros, jornais) em línguas vernáculas. (SILVA, 2011)[3]

[3] Voltaremos adiante a alguns desses argumentos, sem pretender dar conta de uma retomada completa do percurso argumentativo do autor, privilegiando, ao contrário, aqueles argumentos

Dentre esses pontos, provavelmente o mais destacado no livro se refira à questão linguística. O autor enfatiza que a língua cumpre um papel fundamental na configuração dos Estados nacionais e das nacionalidades, mas não por distinguir um grupo do outro, nem por unificar populações falantes de uma mesma língua (o que fica evidente nos muitos exemplos que ele aporta). A língua é potencialmente inclusiva na medida em que qualquer pessoa, em princípio, pode aprender uma outra língua – mas não necessariamente vai pertencer a uma nação que se identifica com aquela língua. Segundo o autor, "é a língua que inventa o nacionalismo, e não *uma* língua particular em si mesma" (ANDERSON, 2005, p. 176, itálico original). Assim, a importância da língua é a capacidade de criar comunidades imaginadas, uma vez que é por meio dela que é possível imaginar, e não como um mecanismo de exclusão.

Essa ênfase na questão linguística decorre, muito provavelmente, como nos sugerem Wollman e Spencer, ao percurso de formação do autor que lhe permitiu trilhar caminhos menos usuais na elaboração das ideias em Ciência Política:

> Anderson foi capaz de fazer tais referências à linguagem e à literatura, e mais amplamente a desenvolvimentos culturais, precisamente, pode-se sugerir, por causa da sua formação acadêmica. Migrando de uma graduação em estudos clássicos para uma posição em política no mundo interdisciplinar do Programa de Estudos Indonésios em Cornell, ele desenvolveu particular interesse em literatura e cultura (especialmente Javanesa) e abriu-se, ele próprio, a uma ampla gama de ricas e diversas influências. (2007, p. 5)

Parece pertinente, assim, nos determos um pouco em torno de sua biografia.

BIOGRAFIA DO AUTOR E O LIVRO *COMUNIDADES IMAGINADAS*

Benedict Richard O'Gorman Anderson nasceu em 1936, como cidadão irlandês, em Kunming (China), onde seu pai, de origem anglo-irlandesa, trabalhava como oficial na Chinese Imperial Maritime Customs. Sua mãe era de origem inglesa. Ainda na infância saiu da China. Cresceu na Califórnia e na Irlanda, até ingressar na

---

que nos parecem de maior interesse para a área de História da Educação.

Universidade de Cambridge (Inglaterra), tendo se graduado em 1957. Neste período chegou a ser aluno de Eric Hobsbawm. A respeito da sua circulação, na infância e juventude, por diferentes contextos "nacionais" o autor comenta, referindo-se à escrita do livro *Comunidades imaginadas*:

> Olhando para trás este parece um estranho livro para ser escrito por alguém nascido na China, que cresceu em três países, falando inglês com um sotaque obsoleto, carregando um passaporte irlandês, vivendo na América, e dedicado ao Sudeste Asiático. Mas, talvez, ele só pudesse ser escrito a partir de vários exílios e com lealdades divididas. (ANDERSON, 1990, p. 10)

Fez seu PhD na Universidade de Cornell (Estados Unidos), desenvolvendo seus estudos acerca da política na Indonésia.[4] Em 1967 defendeu sua tese intitulada *Java in a Time of Revolution: Occupation and Resistance, 1944-1946*. Atuou como docente na mesma Universidade onde é, atualmente, Professor Emérito em Estudos Internacionais.

Especialista em política do Sudeste Asiático, interessou-se em analisar a importância e atratividade das políticas nacionalistas. Desse interesse resultou seu livro mais importante, *Imagined Communities: Reflections on the Origin and Spread of Nationalism*, cuja primeira edição foi publicada pela Verso, ao mesmo tempo em Londres e em Nova York, em 1983. No Brasil, o livro foi traduzido pela primeira vez em 1989 e publicado sob o título *Nação e consciência nacional*, pela Ática.

A circulação mundial do livro fez de Anderson um dos mais importantes pensadores contemporâneos da área de Ciências Humanas, com ampla influência principalmente na antropologia, na história e na linguística. De acordo com Wollman e Spencer,

> *Comunidades imaginadas* têm tido extraordinário sucesso e é um dos mais (senão o mais) influente livro na literatura contemporânea sobre o nacionalismo [...] A definição de Anderson da nação como uma "comunidade imaginada" tornou-se uma das frases mais citadas, e provavelmente exces-

[4] Por expressar sua posição contrária ao regime ditatorial que vigeu no país entre 1965 e 1997, ficou sem poder entrar na Indonésia por mais de 20 anos.

> sivamente citada, tanto por estudantes como por pesquisadores. Mencionada por quase todo escritor que se aventura no terreno do nacionalismo, transformou-se em um dos mais comuns clichês da literatura. Não se pretende com isso sugerir que o conceito (e a definição completa da qual ele é extraído) não seja válido. Bem ao contrário. Mas sua evocação tem se tornado, em alguns casos, substituta da análise. (2007, p. 1-2)

Os autores argumentam que, entre outras razões, o livro teve ampla repercussão, inclusive em espaços acadêmicos não anglófonos e notadamente nos campos dos estudos culturais e literários, porque o autor "colocou linguagem e literatura no centro de sua explicação sobre a emergência do nacionalismo, um fenômeno moderno o qual deve ser compreendido em termos culturais, produto de uma forma particular de imaginar o mundo como sendo constituído de comunidades limitadas" (WOLLMAN; SPENCER, 2007, p. 4).

No final de 2006, o livro é apresentado em sua terceira versão ampliada e já tinha sido editado em mais de 30 países e em 37 línguas (Anderson, 2008). Para Schwarcz, é evidente que o livro

> correu mundo, e sua recepção revelou-se das mais promissoras. Afinal, longe da definição "essencial" de nação (como se a mesma contivesse elementos estáveis e naturais), afastado da versão exclusivamente maquiavélica (que supõe um controle absoluto dos governos na conformação dos Estados-nação), Anderson mostrou de que maneira a nação é – dentro de um espírito antropológico – uma comunidade política imaginada; quase uma questão de parentesco ou religião. (*in* Anderson, 2008, p. 11-12)

Em entrevista ao *Jornal da Unicamp*, em 2011, perguntado sobre as razões da ampla circulação do livro e de suas ideias, o autor diz:

> Eu creio que a razão para que seja um sucesso por tanto tempo [...] é que ele liga as duas coisas: em primeiro lugar, os que estudam o pensamento sem se preocupar com as bases materiais e os materialistas. O segundo ponto é que a maioria dos livros sobre nacionalismo daquela época versava sobre a Europa. Este foi o primeiro texto teórico que fez um esforço real para estudar o nacionalismo fora da Europa, nas Américas e também na Ásia. (ANDERSON, 2011)

O impacto mundial já da primeira edição de *Comunidades imaginadas* levou seu autor a elaborar uma segunda edição revista e ampliada que saiu em 1991. Nela Anderson reconheceu que após 1983 os estudos sobre a questão avançaram, agregando análises importantes, tais como as de Ernet Gellner (*Nação e nacionalismo*, 1983) e de Eric Hobsbawm (*Nação e nacionalismo desde 1780*, 1990).[5] Assim, sem pretender adaptar o livro às exigências dessas mudanças acadêmicas, o que se considerava sem condições de fazer, e sim pretendendo manter o livro como uma "obra de época", o autor achou adequado "corrigir alguns erros factuais, de concepção e de interpretação que deveriam haver sido evitados na preparação da versão original" (ANDERSON, 2005, p. 16). De modo geral, avaliava que a abordagem e a lógica presentes no livro não haviam sido ultrapassadas completamente, mas lhe pareceu necessário, para além das correções, acrescentar dois novos capítulos ao final, que identifica como sendo "apêndices discretos": "Censo, mapa, museu" e "Memória e esquecimento".

No prefácio a essa nova edição, afirma que havia prometido "explicar a razão por que o nacionalismo brasileiro se desenvolveu tão tarde e de modo tão idiossincrático, em comparação com os dos outros países latino-americanos" (ANDERSON, 2005, p. 17) e que agora procurava cumprir a promessa. Indica também uma alteração no título do capítulo 4 para "Pioneiros Crioulos", que lhe pareceu ser uma maneira de contornar um insistente eurocentrismo que fez com que a recepção do livro por acadêmicos europeus praticamente ignorasse a ênfase pretendida inicialmente ao fato de o nacionalismo ter tido origem na América. Assume que o capítulo 7 ("A última vaga") "não tratava seriamente a questão do papel do Estado colonial local, mais do que o da metrópole, na configuração desses nacionalismos" (ANDERSON, 2005, p. 17) e, além disso, deu-se conta de que ao que ele julgava "ser uma contribuição significativamente nova para a reflexão sobre o nacionalismo – as transformações na apreensão do tempo – faltava manifestamente o necessário correspondente: as transformações na apreensão do espaço" (ANDERSON, 2005, p. 18). Para minimizar essa lacuna é que ele propôs o capítulo "Censo, mapa, museu". Já o capítulo final surge para dar conta da percepção de que ele não teria dado "nenhuma explicação inteligível de como e por que, exatamente, as novas nações emergentes se imaginavam como antigas" (ANDERSON, 2005, p. 18).

[5] É preciso acrescentar também a influência do livro *A invenção da tradição*, publicado em Cambridge, também em 1983, em coautoria de Eric Hobsbawm e Terence Ranger.

Esta segunda versão circulou no Brasil inicialmente em sua tradução para o espanhol, *Comunidades imaginadas: reflexiones sobre el origen y la difusion del nacionalismo*, produzida no México pela Fondo de Cultura Economica em 1993. Apenas em 2005 tem-se a publicação de *Comunidades imaginadas: reflexões sobre a origem e a expansão do nacionalismo*, em tradução para o português pela Edições 70, de Lisboa. Quanto às traduções para o português, Anderson menciona que em 2005,

> em Lisboa, a Edições 70 publicou uma excelente tradução, dezesseis anos depois da primeira tradução para o português, não muito boa, feita em São Paulo. Mas a política insensata de taxação de livros "estrangeiros" no Brasil torna essa edição portuguesa caríssima para os brasileiros. (2008, p. 300)[6]

Recentemente, em 2008, surge uma nova edição brasileira pela Companhia das Letras, com o título *Comunidades imaginadas: reflexões sobre a origem e a difusão do nacionalismo*. Esta vem acompanhada de apresentação de Lilia Moritz Schwarcz, professora do Departamento de Antropologia da Universidade de São Paulo, e de posfácio do autor, conforme a terceira edição originalmente publicada pela Verso em 2006.

Um livro com tanta repercussão evidentemente recebeu muitas crítica,[7] algumas das quais o autor pretendeu responder ou acatar pelas alterações e acréscimos feitos na segunda edição. Dentre os diferentes aspectos contestados, provavelmente as críticas mais significativas referem-se, paradoxalmente, ao deslocamento intencional que o autor procede com vistas a deseuropeizar a análise dos nacionalismos e provêm de estudiosos de espaços não-europeus.

A ênfase de Anderson no pioneirismo da América, sobretudo da América espanhola, na formação de distintas nações e nacionalidades, se por um lado representou uma importante mudança de foco e teve ampla acolhida fora da Europa, por outro, vem recebendo acentuadas críticas de estudiosos pós-colonialistas e historiadores da América Latina. O autor concorda, ao examinar a recepção que o livro teve ao redor do mundo, "que essa deseuropeização [na análise do nacionalismo,

---

[6] Não obstante, em consulta *on-line* aos acervos das bibliotecas de algumas das principais universidades brasileiras, realizado em 8 de fevereiro de 2012, foi possível identificar que todas têm essa edição portuguesa e várias têm também a edição mexicana.

[7] Para uma visada mais sistemática das críticas ao autor, ver Wollman e Spencer (2007).

conforme presente no livro], na verdade, não marcou muito a Europa, mas talvez tenha feito [*Comunidades Imaginadas*] mais atraente para os leitores do hemisfério sul" (ANDERSON, 2008, p. 285-286). Assim, se, por um lado, é verdade que "colocando a [América Latina] no centro das origens do nacionalismo moderno, Anderson efetivamente ofereceu uma nova perspectiva, a qual surge como ruptura com o foco principalmente europeu de seus contemporâneos" (WOLLMAN; SPENCER, 2007, p. 11-12), por outro, essas teses têm sido criticadas por estudiosos da história dessa região em função de erros e imprecisões importantes. Nesse sentido, John Charles Chasteen, por exemplo, destaca que "a premissa de Anderson de que uma certa consciência nacional precedeu as guerras de independência e definiu as fronteiras das repúblicas independentes resultantes está em desacordo com a interpretação consensual entre os historiadores e críticos da América Latina" (WOLLMAN; SPENCER, 2007, p. 5). Também Nicola Miller tem criticado

> seus argumentos sobre a importância real do capitalismo de imprensa em períodos recuados. Argumentando acerca da fragilidade tanto do tratamento dos primeiros jornais coloniais quanto da função do romance em criar uma consciência do tempo vazio e homogêneo, ela sugere que "como uma explicação causal, o argumento de Anderson não resiste a um exame mais detido". (WOLLMAN; SPENCER, 2007, p. 5-6)

Também pesquisadores do Oriente têm formulado relevantes objeções aos argumentos de Anderson. Wollman e Spencer destacam que

> não obstante tendo trazido uma perspectiva mais ampla do Terceiro Mundo e, de fato, globalmente sustentando o nacionalismo mais do que qualquer outro estudioso anglófono, ele tem sido criticado, notadamente por escritores pós-colonialistas do grupo dos Estudos Subalternos, por ainda acreditar em algum nível que o nacionalismo foi originalmente um fenômeno ocidental e que outros grupos exteriores ao Ocidente teriam que seguir um modelo essencialmente ocidental. (2007, p. 12)

Edward Said argumenta que Anderson constrói uma explicação muito linear acerca das mudanças pelas quais passam as estruturas políticas no processo de construção das nações (Hague, 2004). Partha Chatterjee, que de modo geral tem sido considerado seu mais consistente crítico, ressalta que, embora o autor faça um esforço para "deseuropeizar" a origem do nacionalismo, o fenômeno permanece entendido como essencialmente ocidental e que, na estrutura explicativa construída pelo autor, as ex-colônias mantêm-se como inevitavelmente consumidoras de uma modernidade marcadamente europeia e americana. É por essa razão que Chatterjee afirma, referindo-se às ex-colônias orientais: "Inclusive nossa imaginação deve permanecer para sempre colonizada..." (*apud* WOLLMAN; SPENCER, 2007, p. 12).

Além de *Comunidades imaginadas*, o autor publicou outros livros, nenhum dos quais com tradução para o português. Entre as principais estão:

- *In the Mirror: Literature and Politics in Siam in the American Era* (Bangkok, pela Editions Duang Kamol, 1985);
- *Language and Power: Exploring Political Cultures in Indonesia* (pela Cornell University Press, 1990);
- *The Spectre of Comparisons: Nationalism, Southeast Asia, and the World* (Londres, pela Verso, 1998);
- *Under Three Flags: Anarchism and the Anti-colonial Imagination* (Londres, pela Verso, 2005).

A IMPRENSA, O TEMPO E O NACIONALISMO

Dentre os elementos mobilizados nas análises de Benedict Anderson em *Comunidades imaginadas* há alguns que nos parecem de destacado interesse para os estudos em História da Educação. Evidentemente, antes de qualquer outro aspecto, é a tese central do autor que aparece como fértil, sobretudo para as análises que assumem a escola como fundamental na construção do Estado-nação ou, mais especificamente, do Brasil como país nacional, durante todo o século XIX e início do XX. Nesse sentido, investigar a genealogia da escola pública brasileira permite pensar em seu papel efetivo, mas também largamente desejado pelas elites governante e intelectual, na construção da comunidade imaginada. Tais estudos fazem avançar a compreensão de como se deu, nos discursos do campo educacional e naqueles sobre educação que circularam em outros espaços, a afirmação de elementos que permitiram "imaginar" o Brasil como nação.

Para além desse aspecto central do pensamento de Benedict Anderson, e de qualquer modo já bastante presente nos estudos em História da Educação, há três outros pontos, que constituem sua argumentação, cuja ênfase parece aqui apropriada. O primeiro deles refere-se ao modo como o autor articula nação, a apreensão do tempo e o desenvolvimento da imprensa. Aí, influenciado pela noção de tempo em Walter

Benjamin, vai propor que o desenvolvimento da imprensa enquanto mercadoria teria sido crucial para a criação de ideias inteiramente novas acerca da simultaneidade que tornaram possível "pensar" a nação. O que ele aponta é que teria havido uma mudança importante nos modos de percepção do mundo que engendrou uma diferente apreensão do tempo, vivenciado a partir disso como "tempo vazio e homogêneo". Assim, a simultaneidade passava a ser marcada pela coincidência temporal, verificável no calendário e no relógio. Segundo ele, isso ficaria evidente, ao se analisar a estrutura básica que constitui a escrita do romance e do jornal: duas formas de imaginação que surgiram na Europa no século XVIII e que "proporcionam os meios técnicos para 're(a)presentar' o *tipo* de comunidade que é a nação" (ANDERSON, 2005, p. 46, itálico original). No romance esse efeito de simultaneidade decorre da posição onisciente que ocupa o leitor, capaz de saber o que acontece *ao mesmo tempo* com diferentes personagens em diferentes lugares e, portanto, capaz de perceber uma conexão entre eles mesmo que estes não se encontrem na narrativa e talvez nunca saibam um da existência do outro. Anderson argumenta que

> a ideia de um organismo sociológico que se move ao ritmo do calendário através de um tempo vazio e homogêneo é precisamente análoga à ideia de nação, também concebida como uma comunidade sólida que percorre a História de modo continuado. Um americano nunca conhecerá ou saberá sequer o nome de mais de uma mão cheia dentre seus 240 milhões de concidadãos americanos como ele. Não faz ideia do que os ocupa num dado momento. Mas confia plenamente na sua atividade continuada, anônima, simultânea. (ANDERSON, 2005, p. 47)

O jornal também acarreta um efeito semelhante na medida em que, sob um cabeçalho informativo de uma determinada data, estão arrolados, inclusive em uma mesma página, eventos que pouca relação têm entre si para além do fato de serem *notícia* daquele dia. Assim, o autor pergunta:

> Por que estão esses acontecimentos assim justapostos? O que os liga uns aos outros? Não se trata de um simples capricho do acaso. Contudo, evidentemente, muitos deles ocorreram de forma independente, sem que os atores se conhecessem uns aos outros ou soubessem o que se passava com os restantes. A arbitrariedade de sua inclusão e justaposição [...] demonstra que a ligação entre eles é imaginada. (ANDERSON, 2005, p. 53-54)

Também o consumo do jornal como produto da indústria cultural é marcado pela simultaneidade. Seu caráter efêmero ocasiona que se tenha o mesmo jornal sendo lido quase ao mesmo tempo por um grande número de leitores, que embora não se conheçam, têm a percepção, maior ou menor, de participar dessa *cerimônia de massas*: "Será possível conceber uma imagem mais nítida da comunidade imaginada secular e historicamente cronometrada?" (ANDERSON, 2005, p. 55-56).

Para o que nos interessa, especificamente neste artigo, valeria ressaltar que, não obstante a área de História da Educação venha se dedicando amplamente ao estudo da imprensa em diversas vertentes (da circulação do livro, suas apropriações, dos periódicos, a materialidade dos textos, suas relações com a alfabetização, com a escola, as articulações mais amplas com a cultura etc.) talvez se tenha poucas vezes explorado as relações entre tempo, imprensa e nação conforme propostas por Anderson. Tal esforço poderia, é possível supor, abrir outras possibilidades analíticas potencialmente férteis.

Um segundo ponto especialmente interessante para a área de História da Educação está no argumento do autor que articula o capitalismo, o capitalismo de imprensa e a afirmação do vernáculo. Embora, estritamente atrelado ao aspecto anteriormente mencionado, aqui o que interessa é ressaltar o papel das línguas "nacionais" no surgimento do sentimento de pertencimento à nação.

Segundo Anderson, o primeiro mercado editorial explorado foi um pequeno grupo populacional geograficamente disperso pela Europa, bilíngue e alfabetizado em latim entre os séculos XVI e XVIII. Tal mercado levou cerca de 150 anos para ficar saturado a partir do que a lógica do capitalismo impulsionou a focalização de imensos mercados potenciais constituídos de falantes dos diversos vernáculos. No entanto, um problema crucial estava exatamente na variedade muito grande de línguas faladas, nem todas com representação gráfica assentada, que significava afinal uma impossibilidade de exploração mercadológica. Nas palavras de Anderson, "nada era tão apropriado para 'reunir' vernáculos de uma mesma família como o capitalismo, que criou, dentro dos limites impostos pelas gramáticas e sintaxes, línguas de imprensa reproduzidas mecanicamente e passíveis de se disseminarem por todo o mercado" (ANDERSON, 2005, p. 71-72). Segundo ele, o capitalismo de imprensa teria lançado as bases das consciências nacionais de três maneiras distintas: a) criou campos de trocas e comunicação que ficavam "abaixo" do latim e "acima" dos vernáculos orais; b) permitiu à língua assumir uma nova fixidez, o que a longo prazo tornou possível a construção da imagem de antiguidade das nações; c) criou línguas de poder, na medida em que alguns dialetos eram mais próximos das línguas de imprensa e acabaram dominando suas formas finais.

De qualquer modo, o autor ressalta, para o caso europeu, que "em todos os casos, a 'escolha' da língua parece haver sido um processo gradual, não consciente, pragmático, para já não dizer fortuito" (ANDERSON, 2005, p. 70). Assim, não teria existido intenção de impor sistematicamente estas línguas administrativas às várias populações que se encontravam sob domínio de determinado governante. Tal processo difere essencialmente, portanto, das políticas linguísticas promovidas no século XIX pelos nacionalismos oficiais que se empenharam em unificar voluntariamente a nação e os impérios dinásticos. Neste caso, os nacionalismos oficiais se viram frequentemente confrontados com o surgimento de nacionalismos linguísticos hostis e populares. O autor ressalta a forte inter-relação, na Europa dos séculos XVI a XVIII, entre fatalidade, tecnologia e capitalismo:

> Aquilo que, pela positiva, tornou as novas comunidades imagináveis foi a interação semicasual, embora explosiva, entre um sistema de produção e relações de produção (o capitalismo), uma tecnologia de comunicação (a imprensa) e a fatalidade da diversidade linguística humana. (ANDERSON, 2005, p. 70-71)

Tal análise enfrentou críticas,[8] mas ainda assim é no mínimo inspiradora para retomar, no caso brasileiro, a reflexão sobre a imposição do português. O processo pelo qual o português tornou-se a língua "nacional" no Brasil tem sido muito pouco discutido na História da Educação, deixando uma impressão de que esta língua seria "naturalmente" brasileira. Não que se tenha alguma vez argumentado isso na área, porém o fato de assumir praticamente sempre esse aspecto como "dado" nas pesquisas desenvolvidas acaba levando à naturalização. Embora Anderson afirme que a questão linguística não foi crucial na configuração dos nacionalismos nas Américas

[8] Wollman e Spencer apontam que esta análise é contrária às abordagens marxistas que, em nenhum caso, veem o capitalismo como fortuito, mas ao contrário como um modo de produção que se desenvolve por profundas razões. Além disso, os autores acrescentam que é difícil concordar com o peso explicativo que Anderson pretende dar ao capitalismo de imprensa: "[...] capitalismo de imprensa e especialmente a emergência do jornal como um produto particularmente decisivo desse ramo da produção capitalista parece uma improvável base para um desenvolvimento tão importante. Existem poucos marxistas, poderíamos arriscar, que identificariam a produção do jornal como central neste modo de produção" (2007, p. 10).

(e esta é a questão que lhe interessa) não deixa de ser importante compreender por que mecanismos – educativos, sem dúvida, mesmo que num sentido *lato* do termo – o português se impôs no Brasil. Apenas para advogar da pertinência da consideração, sem pretender nenhuma amplitude, valeria lembrar que no século XIX era possível encontrar escravos e libertos que soubessem eventualmente ler e escrever em árabe e que, ainda hoje, temos grupos étnicos inteiros que se comunicam em línguas outras que não o português.[9]

Por fim, é interessante ainda considerar a análise que o autor faz sobre as diferenças e oposições entre os nacionalismos populares, os nacionalismos oficiais[10] e o uso da escola como instrumento ativo nestes últimos. Cabe mencionar, antes, que embora se possa supor que a escola tenha sido uma instituição presente e decisiva nos momentos e contextos mencionados até aqui, o fato é que apenas no que se refere às estratégias dos nacionalismos oficiais é que o autor enfatiza a importância da escola. Estes nacionalismos, conforme aludido anteriormente, foram "políticas conservadoras, para não dizer reacionárias, que seguiam o modelo dos nacionalismos populares bastante espontâneos que os haviam precedido" (ANDERSON, 2005, p. 149). Surgiram, no mais das vezes, como reação aos movimentos nacionais populares que proliferaram na Europa do século XIX e pretendiam naturalizar o poder dinástico, principalmente em amplos territórios poliglotas. Quase sempre ocultavam um acentuado distanciamento entre a nação e o reino dinástico. Num momento posterior, tais nacionalismos oficiais passam a se estender aos domínios europeus ultramarinos, na Ásia e na África, e, daí, para outras situações políticas. Quanto a isto, o autor afirma que este modelo

> podia ser deliberadamente seguido por Estados sem pretensões sérias de se tornarem grandes potências, desde que fossem Estados nos quais as classes dirigentes, ou os elementos dirigentes no seu seio, se sentissem ameaçados pelo alastramento mundial da comunidade imaginada em termos nacionais. (ANDERSON, 2005, p. 139)

Benedict Anderson afirma, referindo-se já ao século XX, que nos novos Estados nacionais que surgem no período pós-guerra

[9] Apenas a título de exemplo ver: Wissembach (2002), Bergamaschi (2005) e Kreutz (2000).

[10] A expressão é empregada originalmente por Hugh Seton-Watson em *Nations and States* (1977).

> é possível encontrar com frequência, nas políticas de "construção da nação" dos novos Estados, tanto um genuíno entusiasmo nacionalista popular como a instilação sistemática, e até mesmo maquiavélica, da ideologia nacionalista através dos meios de comunicação social, do sistema educativo, das regulamentações administrativas e por aí fora. Esta mistura de nacionalismo oficial e nacionalismo popular resulta, por seu lado, de anomalias criadas pelo imperialismo europeu: a conhecida arbitrariedade das fronteiras e a existência de *intelligentsias* bilíngues em equilíbrio precário sobre populações monoglotas heterogêneas. (ANDERSON, 2005, p. 158)

O autor ressalta o papel fundamental que os sistemas escolares modernos desempenharam na conformação dos nacionalismos coloniais, não apenas pela necessidade de formar quadros para as funções públicas e privadas, mas também porque cada vez mais se assentava a crença na importância moral do conhecimento moderno, inclusive para as populações colonizadas. Além disso, a escola nesses contextos formou uma juventude escolarizada nas línguas da administração colonial, constituindo, quase sempre, a primeira geração a adquirir uma educação europeia em número significativo. Na medida em que o aprofundamento dos estudos já não estava mais direcionado a instituições europeias, mas sim a escolas de excelência criadas em metrópoles das próprias colônias, elites intelectuais de jovem que afluíam a esses centros de estudos foram se formando e estabelecendo vínculos políticos e acadêmicos entre si. Essas gerações desempenharam papel decisivo no surgimento do nacionalismo nos territórios coloniais, representando uma vanguarda intelectual bilíngue:

> O bilinguismo permitia o acesso, através da língua oficial europeia, à cultura ocidental moderna no seu sentido mais vasto e, em particular, aos modelos de nacionalismo, do que é propriamente nacional e de Estado-nação que foram produzidos noutros lugares ao longo do século XIX. (ANDERSON, 2005, p. 160)

Aqui, o difícil é dialogar com uma análise tão marcadamente distante do espaço político e geográfico das Américas, dado que as considerações do autor se restringem à Europa e, sobretudo, ao Oriente. Ainda assim, parece haver um potencial de investigação no que se refere à história da educação brasileira. Principalmente se considerarmos que os países cada vez mais estreitaram os meios de comunicação e que, de qualquer modo, intencionalmente ou não, os modelos e ideias passaram, no século XX, a circular mais rapidamente entre diversas partes do mundo, valeria investigar, no caso brasileiro da segunda metade do século XX, os modos pelos quais a escola fez frente a possíveis elementos identificáveis ao que Anderson denomina de nacionalismo oficial.

À GUISA DE CONCLUSÃO: IMAGINAÇÃO CAMBIANTE

Como um mesmo fenômeno, aparentemente igual por toda a parte, o nacionalismo guarda especificidades e se constitui por diversos processos em função do período e do espaço. Anderson deixa isto claro ao afirmar que "o nacionalismo sofreu um processo de modulação e adaptação desde o fim do século XVIII, adaptando-se a diferentes épocas, regimes políticos, economias e estruturas sociais" (2005, p. 213). Wollman e Spencer enfatizam que, como o próprio Anderson argumentou,

> o importante sobre o nacionalismo é a variedade de modos pelos quais a comunidade (nacional) é imaginada e existe, portanto, um considerável repertório para os pesquisadores investigarem a maneira pela qual os discursos nacionais em questão são construídos, os diferentes elementos que eles combinam e recombinam. (2007, p. 9)

Na mesma direção, Schwarcz afirma:

> [...] tudo surge sob nova luz a partir de uma lente que desfoca identidades que parecem homogêneas e estabilizadas e demonstra como estas podem ser híbridas. Com efeito, o que este livro comprova à exaustão, é o processo como se constroem solidariedades e como, a partir do momento em que a nação é imaginada, ela é, então, modelada, adaptada e transformada. (*in* ANDERSON, 2008, p. 14)

E ainda: "[...] mostra como a condição de nação (*nation-ness*) é o valor de maior legitimidade universal na vida política moderna e se tornou 'modular', no sentido de que pode ser transplantado e traduzido, com diversos graus de autoconsciência e oficialidade" (*in* ANDERSON, 2008, p. 11).

Fica evidente que Benedict Anderson escapa das causalidades simplistas ao examinar o surgimento e a consolidação das nacionalidades. Produz, assim, uma análise histórica extremamente rica porque leva em conta a complexidade das circunstâncias que permitem ser possível em dado espaço e tempo certa configuração de determinada condição social e política. Não há, portanto, *uma* razão que teria resultado na "criação" de Estados nacionais e na "invenção" de nacionalidades. Ao contrário, o autor ressalta a multiplicidade de elementos e de combinações entre eles que vão conformando e reconfigurando em tempos e espaços distintos, mas em relação, modos específicos pelos quais grupos de pessoas se imaginam como comunidades nacionais. Ao ressaltar essas variadas configurações, a multiplicidade do *como* (o "estilo" como são imaginadas, nas palavras de Schwarcz), o autor nos deixa – embora sem necessariamente pretendê-lo – o desafio e a possibilidade de encaminhar, mais uma vez e com renovado aprofundamento, a reflexão a respeito das articulações entre a questão nacional e a educação no Brasil.

REFERÊNCIAS

ANDERSON, Benedict. *Imagined Communities*: Reflections on the Origin and Spread of Nationalism. Londres/Nova York: Verso, 1983.

_____. *Nação e consciência nacional*. São Paulo: Ática, 1989.

_____. *Language and Power*: exploring political cultures in Indonesia. Nova York: Cornell University Press, 1990.

_____. *Imagined Communities*: Reflections on the Origin and Spread of Nationalism. Edição revisada. Londres: Verso, 1991.

_____. *Comunidades imaginadas*: reflexiones sobre el origen y la difusion del nacionalismo. México: Fondo de Cultura Economica, 1993.

_____. *Comunidades imaginadas*: reflexões sobre a origem e a expansão do nacionalismo. Lisboa: Edições 70, 2005.

_____. *Imagined Communities*. Nova Edição. Londres: Verso, 2006.

_____. *Comunidades imaginadas*: reflexões sobre a origem e a difusão do nacionalismo. São Paulo: Companhia das Letras, 2008.

_____. Benedict Anderson e as fronteiras (e anomalias) do nacionalismo. *Jornal da Unicamp*, Campinas, ano XXV, n. 504, 29 ago.-4 set. 2011. Entrevista concedida a Sílvio Anunciação. Disponível em: <http://www.unicamp. br/unicamp/unicamp_hoje/ju/agosto2011/ju504_pag67.php>. Acesso em: 02 fev. 2012.

BERGAMASCHI, Maria Aparecida. Educação escolar indígena no século XX: da escola para os índios à escola específica e diferenciada. In: STEPHANOU, Maria; BASTOS, Maria Helena C.. (Org.). *Histórias e memórias da educação no Brasil.*. Petrópolis: Vozes, 2005. v. III, p. 401-415.

GELLNER, Ernest. *Thought and change*. Londres: Weidenfeld an Nicholson, 1964.

_____. *Nações e nacionalismo*. Lisboa: Gradiva, 1993.

HAGUE, Euan. Benedict Anderson. In: HUBBARD, Phil; KITCHIN, Rob; VALENTINE, Gill. *Key thinkers on space and place*. Londres: Sage, 2004. p. 16-21.

HOBSBAWM, Eric. *Nação e nacionalismo desde 1780*: programa, mito e realidade. 4. ed. Rio de Janeiro: Paz e Terra, 1990.

HOBSBAWM, Eric; RANGER, Terence. *A invenção das tradições*. Rio de Janeiro: Paz e Terra, 1984.

KLEIN, Ana Inez. A identidade nacional revisitada: reflexões sobre a Historiografia da Educação recente. *Ciências e Letras*, Porto Alegre, n. 49, p. 63-71, jan./jun. 2011.

KREUTZ, Lúcio. A educação de imigrantes no Brasil. In: LOPES, Eliane Marta Teixeira; FARIA FILHO, Luciano Mendes de; VEIGA, Cynthia Greive (Org.). *500 anos de educação no Brasil*. Belo Horizonte: Autêntica, 2000. p. 347-369.

SETON-WATSON, Hugh. *Nation and State*: an inquiry into the origins of nations and the politics of nationalism. Londres: Methuen, 1977.

SILVA, Eliane Moura da. Um clássico do pensamento. *Jornal da Unicamp*, Campinas, ano XXV, n. 504, 29 ago.-4 set. 2011. Disponível em: <http://www.unicamp.br/unicamp/unicamp_hoje/ju/agosto2011/ju504_pag67.php>. Acesso em: 02 fev. 2012.

WISSENBACH, Maria Cristina Cortez. Cartas, procurações, escapulários e patuás: os múltiplos significados da escrita entre escravos e forros na sociedade oitocentista brasileira. *Revista Brasileira de História da Educação*, São Paulo, n. 14, p. 103-122, jul./dez. 2002.

WOLLMAN, Howard; SPENCER, Philip. Can such Goodness be profitably discarded? Benedict Anderson and the Politics of Nationalism. In: MCCLEERY, Alistair; BRABON, Benjamin A. *The Influence of Benedict Anderson*. Edinburgh: Merchiston Publishing, 2007. p. 1-20.

Nas margens, com Natalie Zemon Davis

LIANE MARIA BERTUCCI

"Uma das mais destacadas historiadoras sociais", assim é apresentada para os leitores brasileiros a autora de *O retorno de Martin Guerre* (DAVIS, 1987, p. 187). "Para Natalie Zemon Davis, inspiração para todos nós", é a dedicatória no livro *A nova História Cultural* (HUNT, 1992). História Social, História Cultural.

A partir dos anos 1970, multiplicaram-se os estudos historiográficos que procuravam recuperar aspectos dos costumes e experiências daqueles que se convencionou denominar "os de baixo", as "pessoas comuns" da sociedade. Dois trabalhos podem ser considerados fundamentais para a difusão dessas abordagens: *The making of the English working class*, de 1963,[1] obra de Edward P. Thompson, historiador de tradição marxista; e o livro *Montaillou, village occitan de 1294 à 1324*, do *annaliste* Emmanuel Le Roy Ladurie, publicado em 1975 (considerado o primeiro exemplo do que seria denominado micro-história).[2]

Entre a publicação das duas obras, e nos anos seguintes, o aprofundamento das críticas às abordagens marxistas da História (p. ex. THOMPSON, 1981) e os questionamentos e propostas dos *annalistes* da "terceira geração" mobilizaram

[1] No Brasil: *A formação da classe operária inglesa*. Rio de Janeiro: Paz e Terra, 1987. 3 volumes.

[2] No Brasil: *Montaillou, povoado occitânico, 1294-1324*. São Paulo: Companhia das Letras, 1997. O termo micro-história foi inicialmente aplicado ao livro *O queijo e os vermes*, de Carlo Ginzburg, publicado pela primeira vez em 1976.

muitos historiadores (LE GOFF, 1983; 1990; LE GOFF; NORA, 1988). Em 1989, em meio aos debates da "virada crítica", permeados pelas discussões sobre uma História Antropológica, a narrativa em História e a micro-história, Roger Chartier resumiu com a frase "da história social da cultura a uma história cultural do social" os rumos que muitos historiadores estavam seguindo (CHARTIER, 1991, p. 180).[3]

Quinze anos depois da famosa frase de Chartier, Peter Burke publicou um livro com uma discussão sintética e arguta sobre a História Cultural e seu percurso desde as décadas finais do século XX. Provocador, Burke nomeou um dos subtítulos do livro de "A vingança da história social". Sinalizando como os desdobramentos da nova História Cultural acabaram por evidenciar, entre outros, os problemas da própria definição de cultura e de métodos de análise, Peter Burke lembrou como a "grande pergunta social: quem?" era repetidamente feita por historiadores da cultura (BURKE, 2005, p. 148). Para Burke, o início do século XXI assistia ao "[...] aparecimento de um gênero híbrido [História Social e História Cultural]". Segundo ele, "[...] alguns historiadores colocam a ênfase mais na parcela cultural, enquanto outros, no aspecto social" (BURKE, 2005, p. 147). Os historiadores estariam nas margens?

De diferentes maneiras Natalie Zemon Davis, destacada historiadora social e inspiração para historiadores da cultura, sempre esteve nas margens. Nascida em Detroit, Estados Unidos, em 1928, quando pesquisava para sua tese de doutorado, sobre os impressores e protestantes de Lyon no século XVI (defendida em 1959 na Universidade de Michigan),[4] "Davis começou a questionar a validade do modelo de classe marxista como elemento mais significativo para a determinação do comportamento e da atitude [das pessoas]" (DESAN, 2006, p. 67). A aproximação com a *histoire des mentalité* da Escola dos *Annales* (ARIÈS, 1990; DUBY, 1993; REVEL, 2010, p. 95-116) e com a antropologia cultural ou simbólica (notadamente os estudos de Clifford Geertz, a "descrição densa" (GEERTZ, 2008, p. 3-21) ajudaram a historiadora a refletir sobre práticas religiosas e outros rituais sociais, bem como sobre a dinâmica de diferentes grupos da sociedade (DESAN, p. 65, 84-85). Uma forma de fazer História que Edward P. Thompson afirmava seguir "de muito perto", pela possibilidade de

[3] Entre outros: CHARTIER, 1990; Dossiê História-Narrativa, 1992; GINZBURG, 1991; LEVI, 1992; WHITE, 1994.

[4] Depois de receber seu Ph.D., Natalie Zemon Davis lecionou nas Universidades de Brown, de Toronto, da Califórnia, Berkeley, e em Princeton, entre outras atividades acadêmicas.

identificação de novos problemas ou na visualização de velhos problemas em novas formas (THOMPSON, 2001, p. 229).

Esse amplo movimento historiográfico das últimas décadas significou abordagens renovadas também para a História da Educação.[5] Mas, poderiam os historiadores da educação, assim como fez o historiador inglês, seguir "de muito perto" Natalie Zemon Davis?

* * *

Entre 1975 e 1995, tempo de intenso debate entre os historiadores, Davis publicou quatro livros: *Culturas do povo, O retorno de Martin Guerre, Histórias de perdão* e *Nas margens*. Obras editadas no Brasil em ordem diversa das publicações originais.[6] Em cada um dos livros de Natalie Zemon Davis é evidente o amplo e rigoroso trabalho com as fontes, as discussões com os colegas de ofício e o diálogo com pesquisadores de outras áreas. A partir da apresentação das obras (introdução, prefácio ou prólogo) os caminhos metodológicos trilhados pela historiadora ficam evidentes para o leitor.

No livro *Culturas do povo*, publicado pela primeira vez em 1975, a historiadora inicia a introdução com a delimitação do tema geral da coletânea de textos, sobre a França do século XVI, que compõem a obra: "esses ensaios tratam dos camponeses e, mais ainda, dos artesãos e do *menu peuple* das cidades. Os muito ricos, os poderosos, os educados e o clero são descritos apenas em relação às vidas dos 'modestos' [...]" (DAVIS, 1990, p. 7). Descrevendo em poucas palavras cada um dos oito escritos do livro (cinco dos quais publicados anteriormente em versões pouco diferentes), a autora aponta como sua pesquisa foi norteada pela "interação entre a sociedade e a cultura e o equilíbrio entre a tradição e a inovação" (DAVIS, 1990, p. 7), em um tempo marcado pela reforma protestante. Percebendo a vida associativa e os comportamentos coletivos como artefatos culturais; prestando especial atenção ao contexto, mas sem

[5] Confira o panorama da produção brasileira em História da Educação em Gondra (2005).

[6] Neste texto usei as edições nacionais: *Culturas do povo*, 1990; *O retorno de Martin Guerre*, 1987; *Histórias de perdão*, 2001; *Nas margens*, 1997. Primeiras edições dos livros: 1975; 1983; 1987; 1995, respectivamente. Um texto sobre o caso Martin Guerre, que resultou em filme, foi publicada por Natalie Zemon Davis, Jean-Claude Carrière e Daniel Vigne, com o título *Le retour de Martin Guerre*. Paris: Laffont, 1982.

supor que o social por si só determinava comportamentos (apesar de moldar as condições e objetivos de vida das pessoas e de limitar ou ampliar suas opções). Nos ensaios, que formam uma teia de preocupações que se ramificam e combinam, as experiências humanas emergem. Gráficos, greves e questões religiosas; as mulheres e a religião; o auxílio aos pobres e a fé; o carnaval, as organizações de jovens, os ritos coletivos de violência urbana; a cultura letrada e a popular. A historiadora afirma: "não penso apenas em pessoas ou famílias localizadas num mapa de uma ou duas dimensões conforme sua propriedade, seu poder, seu prestígio, ou seja lá o que for. Penso num mapa de muitas dimensões no qual as coordenadas representam espécies qualitativamente diferentes de poder, propriedade e controle, bem como de outras variáveis – como sexo e idade –, que podem determinar a organização social" (DAVIS, 1990, p. 9).

Em *Culturas do povo*, os textos escritos resultam de um diálogo intenso entre hipóteses e fontes, diálogo que explicita a metodologia de trabalho da historiadora: a partir da história-problema, a busca da mentalidade, cultura ou costume (com variadas formas de expressão) dos indivíduos.[7] A ampla discussão efetuada por Davis da bibliografia sobre os temas estudados (de Emmanuel Le Roy Ladurie a Mikhail Bakhtin, de Keith Thomas a Max Weber; de Philippe Ariès a Victor Turner, entre muitos outros) e sua aproximação com a Antropologia, procurando "[...] entender 'grandes questões' em contextos históricos localizados e precisos" (ARANTES, 1990, p. VII), resultam em estudos historiográficos que possibilitam uma compreensão plural das "pessoas comuns" e assim da própria sociedade. E os textos de *Culturas do povo*, de certa forma, anunciam os outros três livros publicados por Davis.

Já nos primeiros parágrafos do ensaio "Greves e salvação em Lyon" (DAVIS, 1990, p. 11-22), que inicia o livro *Culturas do povo*, Davis proporciona aos seus

[7] Na introdução do livro *Costumes em comum*, Edward Thompson escreveu: "[...] o costume não como posterior a algo, mas como *sui generis*: ambiência, *mentalité*, um vocabulário completo de discurso, de legitimação e de expectativa. [...] Critiquei antes o termo 'cultura' por tender a nos empurrar no sentido de uma noção holística ou ultraconsensual. Contudo, fui levado a retomar uma descrição da 'cultura plebéia' que pode estar sujeita às mesmas críticas. O que não terá grande importância, se usarmos a palavra 'cultura' como um termo descritivo vago". (THOMPSON, 1998, p. 14, 22). Georges Duby assim descreve mentalidade: "o conjunto vago de imagens e certezas não conscientizadas ao qual se referem todos os membros de um mesmo grupo". Diferente de inconsciente coletivo, pois "só existe inconsciente em relação a uma consciência, ou seja, a uma pessoa". A mentalidade seria "este magma confuso de presunções herdadas ao qual [cada pessoa] se refere a cada momento, sem prestar atenção nele mas sem tampouco expulsá-lo de seu espírito" (DUBY, 1993, p. 91).

leitores uma aula sobre o fazer do historiador. Relata como uma hipótese sobre os trabalhadores da indústria gráfica de Lyon, um "palpite natural" (a maioria dos protestantes dessa indústria – mestres, oficiais gráficos e aprendizes – se alinharia do mesmo lado na luta econômica) construído a partir da leitura de obras sobre o tema, revelou-se "um equívoco" depois da realização da pesquisa nos arquivos (DAVIS, 1990, p. 11-12). Estudando os oficiais gráficos (impressores, tipógrafos, revisores), Davis pergunta: "Como podemos explicar seu interesse pelo protestantismo e sua capacidade de distinguir entre considerações religiosas e econômicas?" (DAVIS, 1990, p. 12). Nas páginas do ensaio um universo múltiplo aparece: fragilidade individual e orgulho profissional; descontentamento financeiro e organização de irmandade própria (Companhia dos *Griffarins*); adesão ao protestantismo (que permitia participação na congregação e tinha liturgia em língua vernácula) e conflito econômico com mestres gráficos (mesmo compartilhando a mesma fé) e com aprendizes. Davis pergunta: "Mas eles [os oficiais gráficos] de fato estudavam as Escrituras com cuidado, naqueles anos [...]?" E responde: "É difícil saber" (DAVIS, 1990, p. 15). Entretanto foi possível perceber que os oficiais gráficos justificavam suas exigências e ações profissionais em termos do trabalho que realizavam e que "santificavam" com ritos próprios (o que proporcionava identidade ao grupo). Comentando os sermões de pastores protestantes que condenavam oficiais gráficos por suas greves e atitudes contra aprendizes, Davis adverte: "A diferença não está em como os clérigos católicos e os protestantes pensavam [sobre o servo tradicional, cumpridor de seus deveres], mas no que eles *fizeram*". O clero católico de Lyon não solicitou providências do governo contra grevistas e, principalmente, não ameaçou com punições espirituais (DAVIS, 1990, p. 19-20, grifo no original). Os oficiais gráficos acabariam voltando para a Igreja Católica.

A forma como Davis realizou o ensaio "Greves e salvação em Lyon" deixa evidente tanto seu rigoroso trabalho de crítica das fontes (ou seja, análise da origem, construção e contexto da produção dos documentos selecionados para a pesquisa) quanto as múltiplas interrogações feitas para as evidências na busca por atitudes, motivações e emoções de pessoas de outros tempos – por exemplo, quando afirma: a diferença de clérigos católicos e protestantes estava "no que eles *fizeram*". Atenta à época pesquisada e consciente das limitações de todo historiador, Natalie Zemon Davis nos ensina como dúvidas não resolvidas sobre o tema estudado podem compor o próprio fazer historiográfico: Davis pergunta se as Escrituras eram estudadas "com cuidado" por oficiais gráficos e reponde: "E difícil saber".

No ensaio "Ajuda aos pobres, humanismo e heresia" (DAVIS, 1990, p. 23-61), a metodologia se repete. Davis escreve: "Talvez o problema resida no fato de não estarmos suficientemente convencidos de como e por que a sensibilidade religiosa europeia mudou em relação aos pedintes e à caridade, mesmo sem o impacto dos ensinamentos da Reforma sobre esses temas" (DAVIS, 1990, p. 25). Dúvida que aponta uma possibilidade de resposta, questão construída depois de minuciosa análise bibliográfica e das primeiras leituras de obras religiosas do século XVI. Delimitação do problema: a instituição da *Aumône-Générale* em Lyon, em 1530, por uma coalização de moradores da cidade, notadamente de católicos. Crescimento urbano, aumento da mendicância e da fome, e a reforma da "previdência social" que extrapolou diferenças teológicas entre católicos e protestantes sobre o tema da pobreza. Sem meias palavras Davis afirma: "a crença muito difundida de que os administradores da caridade urbana não conseguiam distinguir entre pedintes profissionais e o trabalhador temporariamente desempregado não encontra apoio na evidência (DAVIS, 1990, p. 45). E conclui: "O que é significativo a respeito da *Aumône-Générale* [...] é o quanto ela permaneceu 'geral' durante os anos em que católicos e protestantes, pouco caridosamente, queimavam-se e matavam-se uns aos outros, ou confiscavam mutuamente suas propriedades" (DAVIS, 1990, p. 55). A delimitação do objeto de estudo pela historiadora não significou limitação, mas sim aprofundamento e detalhamento de estudo (inclusive com comparações entre Lyon e outras localidades), o que resultou também em convite para novas pesquisas sobre o tema "o que explica o vigor das instituições filantrópicas voluntárias na Inglaterra protestante e na Espanha católica?" (DAVIS, 1990, p. 57).

Contradições aparentes que ganham outras perspectivas depois da pesquisa realizada (aliados religiosos não eram necessariamente aliados econômicos; inimigos religiosos não eram adversários quando o tema era a pobreza); ideias semelhantes que resultam em ações diferentes (clero católico e protestante e os grevistas de Lyon); as pistas sobre a conversão ao protestantismo e as dúvidas que não puderam ser respondidas sobre a leitura das Escrituras; o orgulho pela profissão motivando a associação das pessoas; a importância dos rituais para os oficiais gráficos mesmo depois de convertidos ao protestantismo. A atenção permanente com as evidências e o contexto. São muitas facetas que emergem dos textos a partir de uma gama múltipla de indícios devidamente problematizados. Uma lição de como exercer o ofício de historiador.

Essa tentativa de adentrar as motivações íntimas das pessoas, motivações que são também resultado da época e do local nos quais os indivíduos viveram, evidente nesses e nos outros ensaios do livro *Culturas do povo*, ganhará destaque no livro *O retorno de Martin Guerre*. A obra, publicada originalmente em 1983, é apresentada, no prefácio, com as seguintes palavras: "este livro surgiu da aventura entre um historiador e uma forma diferente de falar sobre o passado. A história de Martin Guerre foi muitas vezes recontada. Nos anos 1540, [na aldeia de Artigat], no Languedoc, um camponês rico abandona sua mulher, filho e propriedades, e durante anos não há notícias suas; ele volta – ou é o que todos pensam – mas, depois de três ou quatro anos de agradável casamento, a esposa diz que foi enganada por um impostor e leva-o a julgamento. O homem quase convence a corte de que é Martin Guerre, mas no último momento surge o verdadeiro Martin Guerre" (DAVIS, 1987, p. 9). Nas poucas palavras, que parecem interrompidas, Natalie Zemon Davis indica a forma do livro que escreveu, uma forma literária – e na apresentação ela não conta o final da história. O que aconteceu com o falso Martin Guerre? Esta é apenas uma das várias perguntas que assaltam o leitor do breve relato.

Mas, ao utilizar uma "forma diferente de falar do passado", que se evidencia nos capítulos que ganham, sucessivamente, complexidade e dramaticidade, o que Davis pretende com o livro *O retorno de Martin Guerre* é responder uma questão. No prefácio ela pergunta qual seria o significado da identidade no século XVI (DAVIS, 1987, p. 10). Na introdução escreve: "[...] sabemos muito pouco sobre as esperanças e sentimentos dos camponeses; as formas como vivenciaram a relação marido e mulher, entre pai e filho; as formas como vivenciaram as restrições e possibilidades de suas vidas. Muitas vezes pensamos neles como pessoas com poucas escolhas; mas, de fato, será verdade? Será que alguns aldeões individualmente nunca tentaram modelar suas vidas de formas insólitas ou inesperadas?" (DAVIS, 1987, p. 17). No livro, Natalie Zemon Davis articula o seu tema de pesquisa e o contexto, o específico e o global, e enfatiza a análise da narrativa sobre o caso Martin Guerre. Para muitos leitores (historiadores ou não) o livro é um trabalho de micro-história, pois a autora realiza "um estudo intensivo do material documental" (LEVI, 1992, p. 136).[8]

Dois relatos sobre o caso, ambos de 1561, foram utilizados por Natalie Zemon Davis para adentrar o universo de Martin Guerre e seus contemporâneos: um é o

[8] Confira as considerações de Davis sobre micro-história na entrevista publicada no livro *As muitas faces da história*. A historiadora afirma: "é errônea a idéia de que é mais fácil escrever uma micro-história do que um livro-texto geral, pois, como este deve abordar muita coisa, a exigência de pesquisa detalhada é menor. Já a micro-história exige, ao mesmo tempo, detalhes, evidência e a ambição de uma '*histoire total*'" (PALLARES-BURKE, 2000, p. 105-106).

Arrest memorable, de Jean de Coras, um dos juízes no caso Martin Guerre, com provas, argumentos formais e julgamentos do caso, além de anotações de seu autor – com "características do texto jurídico e do texto literário" (DAVIS, 1987, p. 20). O outro é *História*, obra em latim de Guillaume Le Sueur, um "texto independente" sobre o caso que pouco diverge do trabalho de Coras (DAVIS, 1987, p. 20-21).[9] A ausência dos interrogatórios do processo do caso Martin Guerre no Tribunal de Toulosse, fez com que Davis investigasse outros "registros das sentenças do Supremo Tribunal para encontrar informações suplementares sobre o caso, a prática e atitude dos juízes" (DAVIS, 1987, p. 21). E a pesquisa se estendeu por vários arquivos, para que a historiadora tentasse saber um pouco mais sobre "esperanças e sentimentos" de homens e mulheres do século XVI.[10] Davis então afirma: "o que aqui ofereço ao leitor é, em parte, uma invenção minha, mas uma invenção construída pela atenta escuta das vozes do passado" (DAVIS, 1987, p. 21).

Um livro no qual a autora utiliza uma "forma diferente" de escrever história, uma historiadora que admite a possibilidade de um tipo de "invenção" (DAVIS, 1987, p. 9, 21). A polêmica na academia foi instantânea (e o livro um sucesso editorial) e coincidiu com o crescente debate entre os historiadores sobre a questão da narrativa em História que, muito mais que o estilo de escrita, discutia o método historiográfico. Poucos anos antes da publicação de *O retorno de Martin Guerre*, artigo de Lawrence Stone, publicado no final de 1979 na revista *Past and Present*, questionava o fato de historiadores, entre eles Carlo Ginzburg (em *O queijo e os vermes*) e Edward P. Thompson (em *Senhores e caçadores*), mas especialmente os *annalistes*, estarem fazendo um tipo de História narrativa, um contar histórias (lineares, cronologicamente centradas em "personagens principais" e não nas circunstâncias) que estaria substituindo o fazer efetivo do historiador: a metodologia estava em xeque (STONE, 1991). O artigo de Stone mereceu resposta imediata de Eric Hobsbawm, publicada em fevereiro de 1980 na mesma revista. Para Hobsbawm, "o acontecimento, o indivíduo, e até a retomada de algum estilo ou modo de pensar o passado, não são [para aqueles historiadores] fins em si mesmo, mas meios para esclarecer alguma *questão* mais ampla, que ultrapassa em muito o relato particular e seus personagens. [...] Não

[9] Davis também analisou a versão francesa do texto de Guillaume Le Sueur.

[10] Archives communales d'Artigat e Archives départementales de l'Ariège, du Gers, de la Gironde, de la Haute-Garonne, du Pas-de-Calis, des Pyrénées-Atlantiques, du Rhône e Archives Nacionales (DAVIS, 1987, p. 159).

há nada de novo em preferir olhar o mundo por meio de um microscópio em lugar de um telescópio. Na medida em que aceitamos que estamos estudando o mesmo cosmo [...]" (HOBSBAWM, 1998, p. 202, grifo meu).[11]

Mas, Natalie Zemon Davis não teria ido além em *O retorno de Martin Guerre*? Alguns acreditaram que sim, afinal como poderia uma historiadora realizar um tipo invenção? (cf.: FINLEY, 1988). No livro sobre Martin Guerre multiplicam-se os "talvez", "podemos imaginar", "provavelmente", "seria interessante saber"... Mas é um equívoco deduzir que este não é um livro de História, pois Davis alicerça, com maestria, cada uma de suas indagações e considerações em sólida pesquisa documental, que não é apenas diretamente sobre Martin, sua mulher Bertrande de Rols, seus familiares e o impostor Arnaud du Tilh (por alcunha Pansette), mas é também sobre outros indivíduos da mesma época e região em que eles viveram, e é isto que permite à historiadora construir não apenas uma história do caso Martin Guerre, mas um estudo sobre os costumes, a forma de ser e pensar, a questão da identidade, de homens e mulheres daquele tempo e lugar. Uma "invenção construída", isto é, um relato histórico feito a partir de indícios dispersos sobre os camponeses que viviam na região do Languedoc no século XVI. Como escreveu Carlo Ginzburg, um tipo de invenção que para o historiador "[...] deflagra um aprofundamento da investigação, que liga o caso específico ao contexto, entendido aqui como um lugar de possibilidades historicamente determinadas" (GINZBURG, 2007, p. 316).[12]

Para Ginzburg, "é justamente a excepcionalidade do caso de Martin Guerre que lança alguma luz sobre uma normalidade documentalmente elusiva. Inversamente, situações análogas contribuem para preencher de certo modo as lacunas do caso que Davis se propôs a reconstruir [...]" (GINZBURG, 2007, p. 315). Uma "normalidade" questionada por Davis em diferentes partes do livro, por exemplo: "boa parte do tempo, historiadores do movimento populacional julgam que a migração camponesa se deve apenas a considerações econômicas; o caso dos Guerre mostra que a história não se encerra aí" (DAVIS, 1987, p. 39). Uma prática de "preencher de certo modo as lacunas", que Davis realiza com o rigor próprio do historiador: ela

[11] Artigo também publicado como: O ressurgimento da narrativa. Alguns comentários. *RH – Revista de História*. Campinas, IFCH/Unicamp, v. 2, n. 3, p. 39-46, 1991.

[12] Este texto foi publicado com o título Provas e possibilidades à margem de "Il ritorno de Martin Guerre" de Natalie Zemon Davis, em GINZBURG, 1991, p.179-202.

pesquisa e escreve sobre a vida das mulheres da região de Artigat, o cotidiano do trabalho no campo e na casa, as relações de cumplicidade entre mãe e filha, o respeito dos aldeões pelas viúvas e a relativa autonomia da mulher depois da morte do marido e afirma: "tais eram os valores em que Bertrande de Rols cresceu [...] [e ela] *pode ter sido* influenciada pelo exemplo de sua sogra, uma dessas mulheres bascas donas de si" (DAVIS, 1987, p. 46-50, grifo meu).[13]

Mas, se o livro *O retorno de Martin Guerre* ampliou uma discussão que acontecia há alguns anos entre os historiadores, no livro *Histórias de perdão*, publicado pela primeira vez em 1987, Natalie Zemon Davis está no limite (ou nas margens) entre História e Literatura e, mais uma vez, nos ensina com rara competência como realizar um estudo historiográfico.

Natalie Zemon Davis assim define as cartas de remissão: "[...] uma das melhores fontes de narrativa relativamente ininterrupta proveniente das classes inferiores (na verdade, de outras também) na França do século XVI" (DAVIS, 2001, p. 20). Cartas de remissão foram lidas e anotadas pela historiadora durante anos, fontes para mais de um texto que escreveu. No ensaio "Razões do desgoverno", do livro *Culturas do povo* (DAVIS, 1990, p. 87-106), por exemplo, ao estudar as Abadias do Desgoverno, Davis questiona o sentido das características específicas dessas associações e seus carnavais e charivaris[14] e, para tentar responder sua questão, pesquisou "centenas de perdões reais" desde o final da Idade Média, descobrindo que na França existiam nas comunidades camponesas as chamadas Abadias da Juventude, organizações de rapazes que tinham chegado à puberdade (DAVIS,1990, p. 92). As Abadias do Desgoverno

[13] Em entrevista para o livro de Maria Lúcia G. Pallares-Burke, ao discorrer sobre História e Literatura, Natalie Zemon Davis afirma que na escrita da História os gêneros literários (tragédia, comédia, tragicomédia, etc.) podem ser adotados, desde que combinados com as evidências históricas e afirma que: "[...] ao focalizar especialmente a questão do gênero literário para apontar o caráter fictício dos escritos históricos, Hayden White não leva em conta as convenções da escrita em prosa que se desenvolveram ao longo de dois mil anos, e que permitem ao leitor saber quando se fala com incerteza, quando se fala assertivamente, quando se tem dúvida sobre um argumento ou quando há vários pontos de vista sobre o tópico tratado" (PALLARES-BURKE, 2000, p. 107).

[14] Segundo Davis, no século XVI as manifestações carnavalescas, isto é, rituais festivos, eram mais que "válvula de escape" ou desvio da atenção com a realidade social, pois "a vida festiva pode, por um lado, perpetuar certos valores da comunidade (até garantindo sua sobrevivência) e, por outro, fazer a crítica da ordem social" (DAVIS, 1990, p. 87). O *charivari*, que de forma um pouco variada existia em diferente parte da Europa (como o *rough music* inglês), era um ritual popular com grande barulho, riso, mímicas obscenas e ações que ridicularizavam o alvo da manifestação; denunciavam um segundo casamento, esposas dominadoras, etc.

seriam uma derivação de "papéis festivos primeiramente atribuídos a organizações de jovens não casados das aldeias", organizações transformadas nas cidades do século XVI que misturavam jovens do sexo masculino e adultos em agrupamentos de profissionais (de mestres e aprendizes) ou, mais provavelmente, de moradores de uma mesma área que se reuniam "[...] para manter a paz e a ordem justa entre os vizinhos de uma cidade em crescimento" (DAVIS, 1990, p. 98-100, 105).

Assim, como escreveu Natalie Zemon Davis no livro *Histórias de perdão*, as cartas de remissão são "fontes preciosas para o estudo das festas, da violência e da vingança em diferentes meios sociais e grupos etários, das atitudes relativas ao rei e das imagens que dele se faziam, e de outras normas sociais e culturais" (DAVIS, 2001, p. 17). Entretanto, neste livro a historiadora anuncia que seguirá outro rumo: a análise dos aspectos "ficcionais" desses documentos. E explica: "por 'ficcionais' entendo não apenas os elementos fictícios, mas sim – usando um sentido mais amplo, da raiz *fingire* – os elementos formadores, modeladores e construtivos: a elaboração de uma narrativa" (DAVIS, 2001, p. 17).

A admissão da culpa, no século XVI, geralmente por um homicídio não premeditado ou não intencional;[15] a possibilidade da misericórdia real; a Chancelaria e os funcionários reais; a carta; os juízes; os interrogatórios; os depoimentos e, finalmente, a carta de remissão ratificada e o perdão do rei concedido, ou a ratificação negada, com todas as consequências terríveis para o solicitante.[16] Mas, como eram construídas as narrativas registradas nas cartas de remissão? O que esses relatos

[15] Segundo Natalie Zemon Davis: "Cartas de remissão geralmente entram na vida de um requerente por causa de uma morte. As histórias dos pedidos de perdão versam principalmente sobre homicídios, afirmando terem sido não premeditados, não intencionais, em legítima defesa, ou de alguma outra forma justificáveis ou desculpáveis pela lei francesa. Encontram-se também remissões de falso testemunho, roubos, receptação de bens roubados, defloração de virgens, participação em tumultos contra impostos, resistência a funcionários reais e heresia, mas no século XVI estas são exceções" (DAVIS, 2001, p. 23).

[16] Outro aspecto da violência no século XVI, que até poderia resultar em mortes, é abordado em "Ritos de violência", do livro *Culturas do povo* (DAVIS, 1990, p. 129-156), quando Davis questiona a tese da "irracionalidade" dos levantes religiosos do século XVI, e a redução destes acontecimentos "apenas em termos de conflitos de pobres contra ricos, de artesãos contra burgueses e mestres bem situados e de assalariados contra donos de manufaturas e comerciantes" (DAVIS, 1990, p. 131). A historiadora conclui que, mesmo no caso extremo da violência religiosa, multidões não agiam de maneira impensada, acreditavam na legitimidade do ato, pois agiam em nome do que consideravam a verdadeira fé e em lugar de autoridades que não puniam "idólatras". O comportamento das multidões possui certa estrutura, ritual e dramática (DAVIS, 1990, p. 132-136, 156).

podem revelar sobre pessoas de outros tempos através da forma como foram escritos? Davis adverte que seu "olhar histórico", diferente daquele dos especialistas em Literatura, procurou nas cartas "[...] a variação de suas histórias, dependendo do narrador e do ouvinte, o modo como as regras da trama desses relatos judiciais de violência e perdão interagiam com hábitos contemporâneos mais abrangentes de explicação, descrição e avaliação" (DAVIS, 2001, p. 18-19). Um tipo semelhante de "olhar histórico" seria útil para aqueles que pesquisam ofícios governamentais, relatórios das escolas, petições de professores, etc.?

No livro *Histórias de perdão* Davis escreve sobre a autoria da carta de remissão:[17]

> ela surge do intercâmbio entre diversas pessoas sobre os acontecimentos, os pontos da lei e o estilio da Chancelaria. Todos os autores conservam certas ligações com as tradições narrativas, literárias e/ou orais, mas o registro da remissão, do qual participam o secretário fidedigno e o advogado, privilegia o relato da pessoa que pede o perdão. Até o monarca tem interesse em que a nota dominante seja a do requerente. O notário faz a moldura do documento e introduz na narrativa o rei e o solicitante. Contudo, mesmo sendo produto de uma colaboração, a carta de remissão ainda pode ser analisada nos termos da vida e dos valores da pessoa que quer salvar a própria vida por meio de uma história. (DAVIS, 2001, p. 46)

[17] A carta de remissão no século XVI era solicitada depois de obtida uma "ordem" de um funcionário da Chancelaria real que autorizava que a história fosse contada a um notário real e a seus funcionários pelo requerente (em alguns casos o processo tinha início com relato transmitido pelo solicitante por meio de parentes ou de um advogado). Uma vez escrita, a carta era lida na presença de um chancelar ou de um de seus representantes e os funcionários da Chancelaria verificavam uma última vez se o crime narrado era passível de perdão e, principalmante, se a desculpa formulada era aceitável. A carta era assinada, selada e entregue ao requente depois do devido pagamento (a carta podia ser concedida gratuitamente aos muito pobres e miseráveis). Era preciso obter a retificação da carta em uma corte real. O solicitante apresentava-se aos juizes da corte real e os parentes da vítima, se morassem perto, também deviam estar presentes. A carta era lida em voz alta e o solicitante jurava que seu conteúdo era verdadeiro, implorando o perdão real; os juizes faziam diversas peguntas e estimulavam longas respostas do solicitante que depois esperava, geralmente na condição de prisioneiro, pelo desfecho de seu pedido. Os parentes do morto poderiam ser ouvidos, assim como testemunhas locais. O advogado do rei formulava então sua opinião. "Se a história de homicídio não premeditado ou justificável (independente da alegação) ainda parecesse aceitável depois da investigação, a carta era então ratificada [...] o solicitante podia retomar sua antiga vida, perdoado e com sua 'boa fama e reputação restauradas'" (DAVIS, 2001, p. 28). Se a carta de remissão fosse rejeitada o solicitante teria de "[...] enfrentar os rigores de um processo criminal, a menos que isso já tivesse ocorrido, ou ser executado, ou expulso por longo período, ou condenado à prisão perpétua e a trabalhos forçados, além de pesadas multas" (DAVIS, 2001, p. 28-29).

O palavreado de "manual de estilo" do notário real na introdução e na conclusão das cartas de remissão pesquisadas; o advogado que, quando consultado, podia "aconselhar" o solicitante e cuja influência na redação das cartas é difícil de detectar, mesmo considerando suas "importantes conexões com as tradições literárias francesas" (DAVIS, 2001, p. 34-37, 45). Segundo Davis, os solicitantes, muitos deles do *menu peuple* ou camponeses,[18] eram os principais autores das cartas e nesses documentos é possível captar formas comuns de essas pessoas se expressarem, de construírem suas narrativas. Mas como? A historiadora afirma: mesmo os requerentes que, pelos dados arrolados, jamais tinham lido um livro, "mostravam-se, na audiência do pedido de perdão, dotados de algum talento para contar histórias". Nas *veillées* das aldeias,[19] nas reuniões noturnas com amigos e familiares nas cidades e no campo, nas tavernas e até mesmo durante o trabalho, muitas histórias eram contadas e recontadas, livros eram lidos em voz alta e canções sobre acontecimentos locais eram entoadas – até o ritual da confissão, mesmo sendo de outra natureza, era uma preparação importante para quem precisava pedir o perdão real (DAVIS, 2001, p. 38-39).

Anos antes de Natalie Zemon Davis escrever *Histórias de perdão*, no ensaio "O povo e a palavra impressa" do livro *Culturas do povo* (DAVIS, 1990, p. 157-185), a historiadora já havia analisado o contexto da difusão dos livros impressos em ambientes populares na França do século XVI, afirmando que as obras com linguajar simples,[20] que encontraram o caminho das aldeias e eram lidas nas *veillées*, podem ter exercitado a memória do camponês e enriquecido "seu estoque visual", combinadas com as tradições locais, com as cantigas e com as atuações dos saltimbancos que os aldeões viam e ouviam nas feiras. Até nas cidades, com o índice de alfabetização maior e com mais livros circulando, era significativo como leituras em voz alta em reuniões de familiares e amigos (muitos deles analfabetos) dividiam espaço com as histórias

[18] Natalie Zemon Davis afirma que é possível supor que informações sobre a possibilidade do perdão real eram difundidas pelas *nouvelles* populares, pelos notários ou sargentos rurais e, nas cidades, pelo conhecido "perdão especial do rei por ocasião de certas visitas" (DAVIS, 2001, p. 40-41).

[19] As *veillées* eram reuniões das comunidades das aldeias realizadas ao cair da tarde, especialmente durante os meses de inverno, do dia de Todos os Santos até a Quarta-Feira de Cinzas. Nessas reuniões, as pessoas arrumavam ferramentas, fiavam, namoravam, cantavam, contavam histórias e, se alguém sabia ler ou tinha livro, podia haver leitura em voz alta (DAVIS, 2001, p. 166).

[20] O tema é novamente abordado e sua discussão ampliada no ensaio "A sabedoria proverbial e os erros populares", do livro *Culturas do povo* (DAVIS, 1990, p. 187-217).

contadas pelos convivas e com as canções que entoavam. Para a historiadora, no século XVI a leitura do livro não silenciou a cultura oral, mas trouxe contribuições para o realismo e a riqueza dos sonhos das pessoas, seu autorrespeito e a capacidade de criticar si mesmos e os outros (DAVIS, 1990, p. 176).[21]

E eram várias dessas pessoas, camponeses ou indivíduos do *menu peuple*, que frequentavam *veillées* ou outras reuniões, que se apresentavam no escritório do notário para solicitar o perdão real com uma história em mente ou, no caso de alfabetizados, até com um rascunho na mão. Davis concluiu que as palavras dos solicitantes não eram totalmente refeitas pelos notários a partir de pesquisa e interpretação histórica: uma lição metodológica. A historiadora afirma que a reescrita era muito improvável, porque o próprio conceito de perdão, que evocava uma conversa pessoal entre um indivíduo e o rei misericordioso, limitava a utilização de fórmulas pelos notários, além disso, as cartas de remissão expressavam um tipo de relação direta, entre monarca e súdito, que interessava muito ao fortalecimento do poder real (DAVIS, 2001, p. 41, 79-98). Natalie Zemon Davis também salienta que o requerente deveria se apresentar "humildemente aos juízes, a cabeça descoberta e mãos suplicantes" para ser inquirido sobre o conteúdo da carta de remissão e suas respostas tinham de se adequar ao pergaminho escrito, assim como às outras informações sobre o caso (DAVIS, 2001, p. 27, 41). É preciso ainda lembrar que "o requerente tinha a oportunidade de revisar o relato quando o escrevente o passava a limpo, quer alguém o lesse para ele, quer ele mesmo o fizesse. Só então se elaborava uma versão final [da carta]" (DAVIS, 2001, p. 44).

Uma narrativa construída com a intenção de pedir o perdão real (não a absolvição cristã) para um ato não premeditado, inesperado, cometido em momento de raiva; a elaboração de uma história convincente, compartilhada socialmente. Um relato frequentemente balizado pelo tempo das datas e festas rituais (dias de boa ou de má sorte), épocas propícias ao descontrole; narrativas muitas vezes permeadas por singularidades que revelavam valores de pessoas de uma mesma profissão ou grupo social – "trocados, exigidos, roubados, e

---

[21] Natalie Zemon Davis adverte: "Eles eram, antes, usuários e intérpretes ativos dos livros impressos que liam e ouviam [...] A cultura oral e a organização social popular eram suficientemente fortes para resistir à mera correção e uniformização vindas de cima" (DAVIS, 1990, p. 184-185). Um importante alerta para os que fazem História da Educação.

principalmente derrubados, os chapéus são causa de confusão nas histórias de remissão [de camponeses]" (DAVIS, 2001, p. 52-61, 65).

Concluindo seu percurso pelas histórias de perdão, Natalie Zemon Davis volta sua atenção para as mulheres. Ensinando que é parte do ofício do historiador fazer o recorte nas fontes pesquisadas, a partir de critérios metodológicos e das questões que pretende tentar responder, Davis afirma que, das centenas de pedidos de remissão do século XVI que leu, selecionou para estudo, pela abrangência social e geográfica, motivações e estilos literários, 164 solicitações de homens. A historiadora relata que encontrou "apenas" 42 cartas de remissão de requerentes mulheres e analisou todas detalhadamente (DAVIS, 2001, p. 38). Depois de lembrar que dois dos crimes mais associados às mulheres, bruxaria e infanticídio, não eram perdoáveis via cartas de remissão, Natalie Zemon Davis analisa a forma como as mulheres eram vistas no século XVI (DAVIS, 2001, p. 127-130). Começa pela diferença entre a raiva das mulheres e a raiva dos homens e escreve que, segundo a teoria dos humores vigente na época, "a mulher era fria e úmida, sua ira era intensificada pela fleuma, acomodada pela melancolia. A *chole* feminina [ao contrário da raiva masculina] podia não se consumir no calor do momento, podia prolongar-se [...]" (DAVIS, 2001, p. 122). Frágil e instável, desregrada por natureza, a mulher seria relativamente responsável por suas ações e naturalmente submissa ao homem.

No livro *Culturas do povo*, no ensaio "As mulheres por cima" (DAVIS, 1990, p. 107-127), Davis havia destacado como a participação de mulheres em motins e rebeliões podia ser incentivada por seus maridos, pois a relativa tolerância para ações femininas, porque as mulheres não eram plenamente responsáveis por seus atos, amenizava as punições. A historiadora afirma, também, que a "persona feminina" servia para autorizar o comportamento desordeiro e revoltoso dos homens, por um lado liberando os travestidos, de faces enegrecidas e vestuário feminino, da inteira responsabilidade por seus atos – eram apenas "mulheres" – e, por outro lado, possibilitando o uso da energia de mulher desordeira para defender e promover os interesses e o padrão de vida de uma comunidade (DAVIS, 1990, p. 120-127). Mas Davis destaca que essa inversão sexual, que difundia a imagem "desregrada" da mulher, podia dar uma permissão mais positiva à mulher desordeira: "[...] dava-lhe o direito, como sujeito e como mãe de levantar-se e dizer a verdade" (DAVIS, 1990, p. 124).

Dessa forma, ao contrário da raiva masculina, amplamente aceita como justificativa nas cartas de remissão, a raiva feminina era aceitável em poucas circunstâncias, principalmente na defesa dos filhos, da honra e da propriedade, e também em motins por alimentos, levantes religiosos ou em defesa do país (DAVIS, 2001, p. 122, 140). Mas, nos pedidos de perdão, autoras assumidas de homicídios não intencionais, as mulheres, "aconselhadas por notários reais, ou seguindo seus próprios instintos", utilizavam diversas estratégias para descrever seu estado de espírito. Nunca se apresentavam como fúrias vingadoras implacáveis" (DAVIS, 2001, p. 123). Suas histórias, na grande maioria sobre questões de feminilidade e/ou a honra sexual feminina, utilizavam o cenário cotidiano para construir a narrativa, "ordenar e desculpar" (DAVIS, 2001, p. 133). Dessa forma, as mulheres utilizavam nos seus relatos as experiências que transcorriam no dia a dia, ao contrário dos homens que organizavam a narrativa a partir de uma explosão de raiva em datas especiais - dias de boa ou má sorte - (DAVIS, 2001, p. 133-152). Elaboradas com diálogos ou detalhes corriqueiros, as cartas de remissão femininas podem ter exigido das mulheres menos transformações em seus modos de autoapresentação do que os pedidos de perdão feitos por homens (DAVIS, 2001, p. 133-153).[22]

Para Maria Clementina Pereira Cunha, quando escreve sobre as cartas de remissão de mulheres:

> Natalie Davis assume uma posição no debate para estabelecer de modo inequívoco a relação dos documentos com a experiência social dos sujeitos. Já não se trata mais de analisar a textualidade — o discurso em seus critérios literários ou em suas intenções ou funções —, mas de aplicar-lhes os filtros com os quais os historiadores buscam clarear a audição para escutar vozes do passado, de sujeitos "reais" que nos contam sobre si e sobre o mundo em que viveram. (2001, p. 192)

Segundo Cunha, as mulheres do livro *Histórias de perdão*, "ao mesmo tempo em que ocultam suas razões e sentimentos, revelam tanto mais de sua experiência

[22] Alguns relatos de briga entre mulheres são de uma "aparente insipidez", algo que pode ser relacionado "a tradição geral de histórias contadas, de histórias bíblicas e folclóricas", que é pobre em relatos de mulheres brigando seriamente, de forma franca e aberta, e não por meio de magia, envenenamento ou malícia (DAVIS, 2001, p. 150). Poderiam ser também as mãos dos notários reais e escreventes que não prestavam atenção nas altercações entre mulheres, mesmo quando terminavam em morte, que tornavam a história transcrita "insípida". Davis também indica que a "aparente insipidez" pode estar relacionada à sociabilidade feminina no século XVI, seus padrões de amizade e inimizade fora da família ou ao desejo de ocultar "segredos de mulher" –a força real das disputas – (DAVIS, 2001, p. 148-150).

histórica [e], de certo modo, antecipam vozes de outras mulheres, seres das margens" (CUNHA, 2001, p. 192).

E esses "seres marginais", que também estão presentes de maneira destacada em *Culturas do povo* e em *O retorno de Martin Guerre*, ganham evidência ímpar no livro *Nas margens*, publicado pela primeira vez em 1995; uma obra sobre três mulheres do século XVII, três figuras femininas singulares. Mas, nos estudos sobre a judia Glikl bas Judah Leib, de Hamburgo; a católica Marie de l'Incarnation, de Tours; e a protestante Maria Sibylla Merian, de Frankfurt, os casos excepcionais são portas abertas para a observação dos valores e costumes de uma época e das possibilidades para as mulheres nos Seiscentos. Natalie Zemon Davis escreve biografias históricas, abordando essas mulheres como seres multifacetados, pessoas inseridas e atuantes em um contexto social determinado.[23] Existiriam pontos em comum e disparidades entre as três? Como a religião foi importante em suas vidas e quais portas abriram e quais fecharam? Como falavam sobre si e sobre os outros? Quais suas distinções e suas semelhanças das mulheres e dos homens com quem conviveram? No prólogo, um diálogo imaginário entre as três mulheres e a historiadora, um belo texto literário, Davis afirma: "[...] não as retratei simplesmente como sofredoras resignadas. Também mostrei como souberam tirar o máximo proveito de sua situação. Procurei ver as vantagens que tiveram por se situarem nas margens. [...] Vocês *encontraram* coisas nas margens. Todas foram ousadas." (DAVIS, 1997, p. 13, grifo no original). As três histórias são instigantes.

Na última década do século XVII, Glikl bas Judah Leib, nascida em Hamburgo em 1646 ou 1647, uma comerciante, começa a escrever em iídiche uma autobiografia para seus filhos, a obra deveria somar sete volumes;[24] neles ela ordena acontecimentos da vida (muitos deles relativos ao sentido da riqueza e da honra); esperanças, alegrias e tristezas; histórias de conteúdo moral, que elaborava ou reescrevia (por vezes misturando diferentes tradições culturais, como a história de Carlos Magno), e intensos diálogos internos com Deus. Segundo Davis, a autobiografia é "uma fonte preciosa para a história sociocultural" e um relato literário "extraordinário" (DAVIS, 1997, p. 16). Mulher de cultura semelhante à de outras mulheres judias de sua época,

[23] Sobre biografia histórica: LEVI, 2006; LE GOFF, 1999; ORIEUX, 1994; REVEL, 2010, p. 235-248.

[24] Segundo Davis: "Glikl organizou sua narrativa em sete livros, como as sete décadas que limitavam toda a existência humana". Ela repetia uma ideia comum na Europa da época (DAVIS, 1997, p. 36, 220-221).

várias delas comerciantes, Glikl dedicava especial importância aos *tkhines*.[25] Aprendeu hebraico, como outras judias, para seus contratos comerciais e acordos matrimoniais, mas ampliou seus conhecimentos sobre essa língua; também sabia o alemão e um pouco do francês, que começava a ser incorporado pelo discurso polido em Hamburgo e era conhecido dos judeus; por ser comerciante conversava com muitas pessoas e tinha que se manter informada (DAVIS, 1997, p. 22-26, 30-36). Glikl não afirma que leu jornais, mas há indícios que tenha lido: menciona na autobiografia "homens sábios das nações do mundo" (expressão comum para não judeus) que escreviam "maravilhosamente" sobre temas morais (DAVIS, 1997, p. 34). Casou-se aos 14 anos e ficou viúva com pouco mais de 40, um acontecimento desolador. Foi quando começou a escrever sua biografia, para proteger-se "dos pensamentos melancólicos" (DAVIS, 1997, p. 20-21, 27).

O sofrimento pela morte do marido; o cuidado com os filhos e os prósperos negócios; o afastamento de familiares e conhecidos nos primeiros tempos de viuvez; o segundo casamento e a mudança para Metz (na França); a falência; a morte do segundo marido e os anos de pobreza, durante os quais foi acolhida por uma filha (DAVIS, 1997, p. 22-27, 52-53). Em sua autobiografia Glikl nunca esqueceu as relações assimétricas entre os judeus e os outros e as condições de fronteiras de um mundo antissemita (DAVIS, 1997, p. 41-42). Atenta à narrativa de Glikl, Davis afirma: "a cada livro ela conferiu um tom específico e para cada um procurou uma resposta divina" (DAVIS, 1997, p. 37). E conclui:

> sua autobiografia não é só uma história de vida, um conjunto de ensinamentos morais para os filhos, uma fuga da melancolia. É também uma lamentação dirigida a Deus, que em certo sentido vem a ser seu leitor; expõe mais uma vez seus agravos, ao mesmo tempo em que investiga o significado do sofrimento e procura encontrar um modo de aceitar os desígnios divinos (DAVIS, 1997, p. 56).

Em 1719, o sétimo livro da autobiografia recebeu a última anotação. Glikl morreu em 1724.

---

[25] *Tkhines*: "orações em iídiche publicadas em livretos de devoção individual feminina e recitadas segundo o ritmo das festas judaicas e o ritmo da própria vida da mulher, de seu corpo e dos eventos familiares – nascimento, gravidez, viagens, morte" (DAVIS, 1997, p. 36).

Em 1677, alguns anos antes de Glikl bas Judah Leib começar a escrever sua autobiografia, Claude Martin publicou, em Paris, o texto que havia pedido para sua mãe escrever relatando "[...] sua vida interior e da graça e favores que o Senhor lhe concedera" (DAVIS, 1997, p. 66). Intitulou o texto *La vie de la vénérable mère Marie de l'Incarnation*. Nascida Marie Guyart, em 1599, na cidade francesa de Tours, a menina Marie teria recebido "[...] em sonho a visita e o beijo de Jesus". Obediente ao pai, casou-se aos 17 anos com um fabricante de seda, "se dedicando a leitura dos livros de devoção e aos Salmos"; aos 18 anos teve um filho, Claude; aos 19 ficou viúva (DAVIS, 1997, p. 67). Problemas financeiros e jurídicos fizeram Marie e o filho ficarem na miséria. Viveu reclusa, recusou novos casamentos e morou na casa da irmã, onde trabalhou intensamente, inclusive ajudando nos negócios do cunhado. Para Marie, intimamente esses foram anos de experiências místicas, do desenvolvimento da oração mental, de várias obras de caridade e de mortificações corporais. Sob a orientação de um diretor espiritual, foi incentivada a fazer do ato de escrever parte central de sua experiência religiosa (DAVIS, 1997, p. 67-69). Aos 30 anos Marie "ansiava apenas pela união total com Deus"; deixou o filho com a irmã e entrou para o convento da Congregação de Santa Úrsula, uma ordem do tempo da Contrarreforma que recebia mulheres de diferentes grupos sociais e que mantinha "relações com o mundo" por meio do ensino. O magistério foi uma novidade na vida de Marie Guyart, agora Marie de l'Incarnation (DAVIS, 1997, p. 71-75,77). Em 1639, Marie partiu com outras quatro mulheres para o Canadá (depois de um longo processo, que começou com uma visão) e, em Quebec, nas terras doadas pela Companhia da Nova França, fundaram um convento e construíram uma igreja (DAVIS, 1997, p. 78-83). Na América, Marie realizou seu ideal de difundir a doutrina católica. Segundo Davis, a escola para meninas ameríndias criada no convento, para ensinar a fé cristã e o francês, era o "núcleo de sua obra apostólica" (DAVIS, 1997, p. 96). Para a historiadora, o que interessava a Marie, que falava e escrevia em várias das línguas dos nativos, "não era a *diferença* entre ameríndios e franceses, mas a *semelhança*, que a seu ver residia na coisa mais importante: na capacidade de abraçar o cristianismo" (DAVIS, 1997, p. 105, grifos no original).

Desde sua ida para o convento e durante os primeiros tempos no Canadá, a relação de Marie com o filho Claude foi difícil, mas sofreu "transformação radical" a partir de 1641: com 21 anos, o rapaz resolveu seguir a vocação religiosa (DAVIS, 1997, p. 100-101). Quando Claude "pediu que a mãe 'revelasse seus segredos' – ou seja, os sucessivos estágios de sua vida interior – Marie por fim decidiu incluir em sua história os sentimentos em relação ao filho e ao casamento" (DAVIS, 1997, p. 101).

Ela, assim como Glikl bas Judah Leib, organizou suas memórias, construiu uma narrativa. Marie enviou o manuscrito para o filho em 1654 e morreu quase vinte anos depois, em 1672, no Canadá. Em 1677 Claude publicou o texto da mãe, mas apenas depois de realizar uma revisão, acrescentar comentários e incorporar outras anotações de Marie. O manuscrito original foi preservado. Segundo Natalie Zemon Davis, em alguns trechos do texto publicado Claude parecia querer dilatar o espaço entre a mãe e as ameríndias, por exemplo, quando substituiu a palavra "acostumadas" por "domesticadas" no trecho que Marie escreveu sobre a limpeza dos corpos (DAVIS, 1997, p. 125).[26] Entretanto, mesmo editado, no texto publicado de Marie de l'Incarnation é possível perceber, segundo Davis, uma mulher que, dedicada à conversão dos nativos e encantada pelas línguas ameríndias, mesclou sensibilidades: estava entre a França e as florestas canadenses (DAVIS, 1997, p. 126-131).

Ao contrário das outras duas mulheres, Maria Sibylla Merian, nascida em Frankfurt, em 1647, em família luterana, não deixou uma autobiografia. Seu pai e seu padrasto eram pintores e gravadores; possuíam prestígio e riqueza e, como artistas, estavam bem acima dos artesãos da cidade. Na época, não era excepcional uma jovem de família de artista(s) dedicar-se à arte, e foi o que aconteceu com Maria Sibylla; mas ela, aos 13 anos, também começou a estudar insetos e colecionar lagartas. Davis comenta: "parece que ninguém se opôs a tal paixão, embora sua família a considerasse estranha" (DAVIS, 1997, p. 133-135). Casou-se, aos 18 anos, com um dos alunos favoritos do padrasto, mudou-se para Nuremberg. O casal teve duas filhas, conviveu com artistas e estudiosos "de monumentos antigos e religiões exóticas", de grego e latim. Em 1679, Maria Sibylla publicou o primeiro volume do livro *Raupen*, sobre a metamorfose das lagartas e sua alimentação, "pintadas ao natural e gravadas em cobre" (DAVIS, 1997, p. 136-138). No livro Maria Sibylla identificou plantas em alemão e latim e escreveu sobre o aspecto e o comportamento dos insetos (DAVIS, 1997, p. 138-145). Uma obra pioneira, mas Natalie Zemon Davis afirma que o mais importante para a autora (cuja atividade estava situada, numa margem criativa, "entre o laboratório doméstico e a douta academia") era "a legitimação, ou melhor, a santificação de seu trabalho de entomologista por meio da religião". Maria Sibylla

[26] Ao editar o texto da mãe, Claude certificou-se de que, em termos de doutrina e obediência à igreja, Marie se encontrava em terreno seguro; preocupou-se em apresentá-la como mística fidedigna, e eliminou da linguagem da mãe elementos que ofendiam a "*politesse* francesa do final do século XVII" (DAVIS, 1997, p. 123-125).

enaltece Deus: "Assim, sou levada a apresentar ao mundo, num livrinho, milagres divinos como esses" (DAVIS, 1997, p. 146).

No início dos anos 1680, Maria Sibylla, o marido e as filhas voltaram para Frankfurt, uma cidade em que o pietismo ganhara espaço na década anterior. Converteu-se, passou por mudanças cruciais: "[...] era preciso deixar para trás aquela existência cotidiana cheia de pecados" (DAVIS, 1997, p. 149). Uma experiência que se aproxima daquela vivida por Marie Guyart, depois Marie de l'Incarnation. Maria Sibylla separou-se do marido e ingressou, com a mãe e as duas filhas, na comunidade labadista da Frísia. Retomou o sobrenome de solteira e não mais se casou, estava com 39 anos. Segundo Davis, "para alguns conversos regenerar-se significava renunciar à erudição ou à arte do passado. [...] No caso de estudos da natureza Maria Sibylla podia facilmente defender-lhes a importância religiosa. As plantas e os insetos eram não só criaturas de Deus, mas também, como dissera o próprio Labadie [criador da seita], exemplos do 'eu inocente'" (DAVIS, 1997, p. 152-153). Maria Sibylla ficou cinco ou seis anos entre os labadistas e, depois da morte da mãe em 1690, "talvez" irritada com a hierarquia espiritual e excessos disciplinares e de controle, partiu para Amsterdã com as filhas.[27]

Em Amsterdã realizou novos estudos e pinturas, deu aulas, fez visitas ao Jardim Botânico e às coleções particulares de "raridades", que incluíam "maravilhas da natureza", inclusive da América. Concluiu que faltava algo muito importante em tudo que observava: "as origens e subsequentes transformações dos insetos" (DAVIS, 1997, p. 154-157). Conseguiu um empréstimo e partiu para o Suriname em abril de 1699 com a filha solteira – ela já havia realizado uma "jornada espiritual e física" da Alemanha à Frísia e entre os labadistas ouvira falar de uma colônia organizada

[27] E mais uma vez o "talvez" de Davis é alicerçado em pesquisa, comparando a atitude de Maria Sibylla com a de alguns outros membros da seita labadista e com depoimentos da época sobre o grupo (DAVIS, 1997, p. 154). No ensaio "Mulheres urbanas e mudança religiosa", do livro *Culturas do povo* (DAVIS, 1990, p. 63-86), Davis analisou outro "desencanto" de mulheres com a religião. A historiadora escreveu sobre a adesão de mulheres trabalhadoras urbanas ao protestantismo no século XVI e percebeu quanto a nova imagem de mulher companheira de seu marido (homem de vida regrada), uma ouvinte (e algumas vezes leitora) que podia discutuir as Escrituras, "[...] parece ter complementado numa nova esfera o âmbito e a independência que as vidas das mulheres já possuiam. Mulheres já independentes na rua e no mercado agora se aventuravam na reserva masculina da teologia" (DAVIS, 1990, p. 76). Mas Davis informa: em poucos anos a sedimentação da Igreja Refomada da França, a partir de 1560, significou a clara delimitação do papel dessas mulheres: ser instrutora dos filhos jovens na fé e/ou professora de meninas. Eram "novas relações religiosas que as levavam para junto dos homens ou as aproximavam deles, mas que as mantiveram na desigualdade" (DAVIS, 1990, p. 78-79).

naquela região. Quando Maria Sibylla aportou no Suriname não havia mais colônia nos moldes originais e outros grupos de europeus e africanos escravizados também viviam na região (DAVIS, 1997, p. 158-159). Segundo Davis, Maria Sibylla "[...] nunca produziria [seu livro] *Metamorphosis* se permanecesse entre os eleitos, mas também nunca iria ao Suriname se não tivesse um dia ousado ser labadista". A experiência de renunciar aos seus bens e partir, que havia ocorrido quando se tornou labadista se repetia, mas agora em outros termos (DAVIS, 1997, p. 161). No Suriname "mergulhou na tarefa de descobrir, criar e recriar, vendo mais utilidade nos africanos e ameríndios que nos agricultores europeus [...]. Eventualmente entrava no mundo dos africanos e ameríndios, expondo sua opinião de européia sobre o gosto de determinadas plantas e frutas – nunca sobre insetos, sapos ou ovos de cobra" (DAVIS, 1997, p. 164). Ao contrário de Marie de l'Incarnation, Maria Sibylla tinha olhar etnográfico (DAVIS, 1997, p. 174). Voltou para a Europa depois de quase dois anos no Suriname. Publicou *Metamorphosis* em 1705, no qual é explicito o seu esforço de relacionar suas descobertas com os estudos de outros naturalistas europeus. Davis pergunta: "Seria possível ouvir o Senhor em meio às novas vozes eruditas e ao novo tom da *Metamorphosis*?" E responde: "Deus já não era uma força sustentando constantemente as mudanças da natureza; era um criador transcendente. Em vez de entusiasmar-se com a presença de Deus, ela admirava sua obra" (DAVIS, 1997, p. 170). Maria Sibylla morreu em 1717, depois de ampliar seus estudos sobre insetos europeus. Seus trabalhos eram conhecidos em toda a Europa.

Glikl bas Judah Leib, Marie de l'Incarnation e Maria Sibylla Merian, mulheres singulares cujas histórias ajudam na percepção da sociedade em que viveram: pesquisando sobre elas Davis nos informa, por exemplo, que outras mulheres eram comerciantes como Glikl e que várias filhas de artistas se tornavam artistas, como fez Maria Sibylla. Natalie Zemon Davis também nos ensina como o contexto concorreu para as ações singulares dessas mulheres: como ter sido labadista contribuiu para Maria Sibylla decidir partir para o Suriname; como a missão evangelizadora da Contrarreforma e a existência de uma colônia francesa no Canadá foram fundamentais para as ações da mística Marie de l'Incarnation. Mas essas três mulheres, que foram contemporâneas, souberam ousar: Glikl, por conta própria, foi além nas leituras e estudos de hebraico; Marie de l'Incarnation desenvolveu seu talento para a escrita e ousou aprender outras línguas para evangelizar; Maria Sibylla explorou um novo mundo de insetos, borboletas e plantas. Nas três biografias são vários os pontos em comum, como mortes prematuras de entes queridos e problemas financeiros, mas é a intensa vivência religiosa que perpassa as vidas de Glikl, Marie e Maria Sibylla. A religião foi o meio para Glikl expressar sentimentos e experiências e construir sua narrativa, que muito revela sobre ela, sua família e seu tempo. A religião proporcionou uma razão de viver para Marie de l'Incarnation. A conversão religiosa ajudou Maria Sibylla ousar ampliar suas possibilidades de observação da natureza. As três ousaram, explorando as possibilidades que as margens, os limites da época e de suas próprias escolhas, apresentavam.

Mas o livro *Nas margens* revela mais, nele Natalie Zemon Davis retoma, combina e utiliza possibilidades metodológicas que havia explorado em seus trabalhos anteriores, como a própria historiadora afirmou (cf. PALLARES-BURKE, 2000, p. 83). A "descrição densa" sob a ótica do historiador; a atenção ao social, mas sem supor que o contexto por si só determina comportamentos; a Literatura, que pode fornecer indícios de experiências das pessoas, inclusive por meio da construção da narrativa, pois as "regras da trama" são combinadas com "hábitos contemporâneos mais abrangentes de explicação, descrição e avaliação" (DAVIS, 2001, p. 18-19).

***

Mais uma vez, Natalie Zemon Davis está nas margens, buscando novas possibilidades de realizar o ofício do historiador. Peter Burke estaria com razão ao escrever sobre um "gênero híbrido", social e cultural, de história? (BURKE, 2005, p. 147). Seria um indício desta forma híbrida o comentário de Davis sobre a autobiografia de Glikl bas Judah Leib: "uma fonte preciosa para a história sociocultural?" (DAVIS, 1997, p. 16). E os historiadores da educação, poderiam seguir "de muito perto" a historiadora americana como, há anos, afirmou fazer Edward P. Thompson? Talvez a questão seja outra: seria possível para os historiadores da educação não considerar o fazer historiográfico de uma protagonista dos debates sobre o ofício do historiador do final do século XX e início do século XXI?

REFERÊNCIAS

ARIÈS, P. A história das mentalidades. In: LE GOFF, J. (Org.). *A história nova*. São Paulo: Martins Fontes, 1990. p. 153-176.

ARANTES, A. A. Apresentação à edição brasileira. In: DAVIS, N. Z. *Culturas do povo*. Rio de Janeiro: Paz e Terra, 1990. p. VII-XII.

BURKE, P. *O que é história cultural?*. Rio de Janeiro: Zahar, 2005.

CHARTIER, R. *A História Cultural, entre práticas e representações*. Lisboa: Difel, 1990.

CHARTIER, R. O mundo como representação. *Estudos Avançados,* São Paulo, v. 5, n. 11, p. 173-191, jan./abr. 1991.

CUNHA, M. C. P. A história nas histórias. *Topoi*, Rio de Janeiro, v. 3, n. 3, p. 187-192, 2001.

DAVIS, N. Z. *Culturas do povo*. Rio de Janeiro: Paz e Terra, 1990.

____. *Histórias de perdão*. São Paulo: Companhia das Letras, 2001.

____. *Nas margens*. São Paulo: Companhia das Letras, 1997.

____. *O retorno de Martin Guerre*. Rio de Janeiro: Paz e Terra, 1987.

DESAN, S. Massas, comunidade e ritual na obra de E. P. Thompson e Natalie Davis. In: HUNT, L. (Org.). *A nova História Cultural*. 2. ed. São Paulo: Martins Fontes, 2006. p. 63-96.

DOSSIÊ. História - Narrativa: H. White, D. Lacapra, C. Ginzburg, E. Hobsbawm, L. Stone. *RH - Revista de História*. Campinas, IFCH/Unicamp, 2/3, p. 13-124, 1991.

DUBY, G. Mentalidade. In: *A história continua*. Rio de Janeiro: Jorge Zahar, 1993. p. 85-92.

FINLEY, R. The refashioning of Martin Guerre. *American Historical Review*, Chicago, v. 93, n. 3, p. 553-571, jun. 1988.

GEERTZ, C. *A interpretação das culturas*. 1. ed. 13. reimp. Rio de Janeiro: LTC, 2008.

GINZBURG, C. *A micro-história e outros estudos*. Lisboa: Difel, 1991.

____. *O fio e os rastros*. São Paulo: Companhia das Letras, 2007.

GONDRA, J. G. (Org.). *Pesquisa em história da educação no Brasil*. Rio de Janeiro: DP&A, 2005.

HOBSBAWM, E. A volta da narrativa. In: *Sobre História*. São Paulo: Companhia das Letras, 1998. p. 201-206.

HUNT, L. (Org.). *A nova História Cultural*. 2. ed. São Paulo: Martins Fontes, 2006.

LE GOFF, J. (Dir.). *A História nova*. São Paulo: Martins Fontes, 1990.

LE GOFF, J. *et al. A nova História*. Lisboa: Edições 70, 1983.

LE GOFF, J. Introdução. In: *São Luis*. Rio de Janeiro: Record, 1999. p. 19-32.

LE GOFF, J.; NORA, P. (Org.). *História*: novos problemas. Rio de Janeiro: Ed. Francisco Alves, 1976a.

____. *História*: novas abordagens. Rio de Janeiro: Ed. Francisco Alves, 1976b.

____. *História*: objetos. Rio de Janeiro: Ed. Francisco Alves, 1976c.

LEVI, G. Sobre a micro-história. In: BURKE, P. *A escrita da história*. São Paulo: Ed. UNESP, 1992. p. 133-161.

____. Usos da biografia. In: FERREIRA, M. de M.; AMADO, J. (Org.). *Usos e abusos da história oral*. 8. ed. Rio de Janeiro: Ed. FGV, 2006. p. 167-182.

ORIEUX, J. A arte do biógrafo. In: DUBY, G. *et al. História e nova história*. 3. ed. Lisboa: Teorema, 1994. p. 37-47.

PALLARES-BURKE, M. L. G. *As muitas faces da História*. São Paulo: Ed. UNESP, 2000. p. 81-118.

REVEL, J. *História e historiografia, exercícios críticos*. Curitiba: Ed. UFPR, 2010.

STONE, L. O ressurgimento da narrativa. Reflexões sobre uma velha história. *RH – Revista de História*, Campinas, 2/3, p. 13-37, 1991.

THOMPSON, E. P. *A miséria da teoria*. Rio de Janeiro: Zahar, 1981.

____. *Costumes em comum*. São Paulo: Companhia das Letras, 1998.

____. Folclore, antropologia e História Social. In: NEGRO, A. L.; SILVA, S. (Org.). *As peculiaridades dos ingleses e outros textos*. Campinas: Ed. Unicamp, 2001. p. 227-267.

WHITE, H. *Trópicos do discurso*. São Paulo: Edusp, 1994.

Fronteiras de um mesmo diálogo: Edward Thompson, Charles Tilly e as possibilidades da pesquisa em História da Educação

JOÃO ALFREDO COSTA DE CAMPOS MELO JUNIOR

Este texto inicia-se com uma constatação: Edward Thompson e Charles Tilly estão entre os intelectuais mais prestigiados, comentados e estudados da atualidade. Cada um deles desenvolveu metodologias de trabalho e análises empíricas que ainda são referência para historiadores, cientistas sociais, educadores que se aventuram intelectualmente pelos estudos sobre movimentos sociais e ações coletivas.

Tanto Thompson quanto Tilly conseguiram promover, e com expressivo sucesso a comunicação das ciências históricas e as ciências sociais. O primeiro autor buscou em seus estudos sobre ações coletivas e culturas populares traçar uma aproximação fecunda entre a História Social da Cultura e Antropologia. Já o segundo pensador promoveu a relação da sociologia com a história ao pesquisar as ações coletivas e as mobilizações sociais contemporâneas a partir da lógica da Longa Duração.

Embora mananciais férteis para pesquisadores e interessados em estudos sobre movimentos sociais e suas derivações, Edward Thompson e Charles Tilly reverteram diretamente poucos esforços teóricos em relação aos processos educacionais, como também aos instrumentos teóricos para pesquisas da área. Todavia, os dois autores fornecem a seus leitores e estudiosos pistas indiciárias[1] que revelam, por meio de pequenos detalhes, possibilidades concretas que servem de amparo teórico para as pesquisas da área.

Em alguns textos de Thompson e de Tilly constatam-se impressões sobre processos educacionais e instrumentos de pesquisa voltados para os processos de formação educacional. Do primeiro autor dois trabalhos se destacarão: "Educação e Experiência" e "Desencanto e Apostasia". Em Tilly um artigo publicado na revista *Tempo Social* de novembro de 2006, intitulado "O acesso desigual ao conhecimento científico".

A opção pelos dois textos escritos por Edward Thompson e pelo trabalho de publicação de Charles Tilly serviram como fulcro para a construção deste trabalho. Usando como referências os já citados artigos, serão feitas associações entre as ações coletivas e os processos educacionais.

Não obstante, apreende-se que tanto o historiador inglês quanto o sociólogo norte-americano estabeleceram que os movimentos sociais e suas ações coletivas formam um elo com os processos formacionais de políticas e educacionais. Os dois autores compreendiam que a gestação e a concepção de movimentos sociais perpassavam prioritariamente por ações educativas. Estas seriam as molas propulsoras.

O presente trabalho é divido em dois momentos que se complementam. Em um primeiro, serão trabalhados em separado as ações coletivas e movimentos sociais em Edward Thompson e Charles Tilly. Depois, no ponto seguinte, serão discutidas as possibilidades da formação educacional para ambos os pensadores e como elas se refletem nas ações coletivas e movimentos sociais.

Desse modo, começa-se discutindo os processos de ações coletivas para Thompson e logo em seguida verticaliza-se para Tilly. Após serão pensados os processos e ferramentas educacionais para os dois pensadores respeitando a mesma ordem.

Na tentativa de sistematização dos pensamentos e propostas de cada um deles, optou-se por trabalhar neste primeiro momento as duas posições teóricas em consonância. Adiante pensá-los a partir da ótica, no caso de Thompson do historiador e militante, e no exemplo de Tilly, por meio de sua metodologia sócio-histórica.

---

[1] Carlo Ginzburg ao desenvolver o paradigma indiciário buscou, por meio de métodos de pesquisas voltadas para pequenos detalhes, muitas vezes marginais e renegados pelo olhar macro-histórico. Desta forma, podem-se seguir alguns indícios, vestígios e sintomas que apontam para instrumentos heurísticos voltados para os processos educacionais.

Para Thompson, o processo de construção das ações coletivas dos trabalhadores ingleses situava-se na cultura popular. A clássica trilogia de Edward Thompson, traduzida sob o título de *A formação da classe operária inglesa*[2] é o exemplo notório. Thompson pretendeu com essa abrangente pesquisa publicada em 1963 articular a organização das primeiras instituições de trabalhadores britânicos com a cultura popular inglesa, rompendo com antigas teses que identificavam a formação das associações operárias apenas às lutas classistas, como propunham os teóricos do Partido Comunista da Grã-Bretanha. A grande inovação foi perceber a estruturação da classe operária nas múltiplas experiências culturais associadas a elementos de resistência popular. O autor foi inovador em suas pesquisas ao colocar em evidência os diversos aspectos formadores do operariado inglês do século XVIII, associando tradição e valores culturais nascidos da experiência histórica e social.

O surgimento das ações coletivas precede à formação da classe operária. Apresentam-se como o alicerce de composição, unificando diferenças e pontos aparentemente desconectados, tanto na matéria-prima da experiência como na consciência dos atores sociais (THOMPSON, 1987a). O estudo sobre as ações coletivas na perspectiva teórica e analítica em Edward Thompson possibilita a promoção de um diálogo entre seus diferentes elementos constituidores: cultura popular, classe social, literatura e ação política. A articulação destes elementos, presentes, segundo o autor, nas ações coletivas constituem o objetivo central do trabalho.

Com a publicação, em 1978, do seu consagrado *From Mobilization to Revolution*, Charles Tilly incorpora novas abordagens sobre os comportamentos e as ações coletivas, que se tornaram referências para os estudiosos da área. Nessa obra, Tilly procura trabalhar com as teorias sobre ação coletiva a partir das obras de Marx, Weber e Durkheim, não se restringindo somente aos três clássicos das ciências sociais. Ele congregou novos elementos teóricos ao seu estudo. Por exemplo, para compreender como as mudanças nas estruturas sociais afetavam as formas de ação coletiva, recorreu aos historiadores marxistas da escola inglesa – Hobsbawm e Thompson –,

---

[2] Composta por três volumes intitulados: *A árvore de liberdade*, *A maldição de Adão* e a *Força dos trabalhadores*, a tradução do título original, *The Making of the English Working Class*, para *A formação da classe operária inglesa* não conseguiu, como adverte a tradutora do livro, captar a real intenção de Thompson ao propor esse título. Ao utilizar o termo substantivado *The Making*, o autor conscientemente pretendia evidenciar o movimento de autoconstituição das classes operárias inglesas ao longo da história, por meio, principalmente, da luta de classes.

assim como a Escola dos Annales, principalmente às concepções de longa duração de Fernand Braudel.

A inquietação foi entender se as transformações nas estruturas sociais afetariam as ações coletivas diminuindo seu impacto junto à sociedade.[3] Caso o poder de barganha dos movimentos sociais diminuísse em consonância com as transformações coletivas e estruturais, os resultados políticos visíveis seriam, certamente, o retrocesso ou a completa estagnação de suas ações. Pois bem, com esse raciocínio, Tilly classificou as mobilizações em ofensivas e defensivas, dependendo do grau de comprometimento dos movimentos sociais executores.

THOMPSON: UM HISTORIADOR MILITANTE

Edward Palmer Thompson nasceu em Oxford, Inglaterra, em 1924. Seu pai, o pastor Edward John Thompson, sua mãe a missionária Theodosia Thompson, e seu irmão mais velho Frank Thompson, assassinado por fascistas búlgaros durante a Segunda Grande Guerra,[4] foram talvez, as principais influências políticas e sociais do jovem Thompson.

Foi pelas mãos de seu irmão Frank, que com 17 anos, E. P Thompson se filia ao Partido Comunista Britânico, alistando-se em seguida, como voluntário, nas tropas inglesas que lutaram na guerra.[5] Com o fim do conflito, um duplo sentimento apossa-se de Thompson: de um lado a felicidade pela derrocada do nazi-fascismo e a certeza quase incontida, na escalada da esquerda nos países europeus. De outro, a tristeza e a amargura pela morte seu irmão mais velho Frank, capturado e fuzilado em 1944 na Bulgária.[6]

---

[3] Vale lembrar que Charles Tilly concebia as mobilizações como movimentos amplos que não se restringiam somente a rebeliões ou atos terroristas. Para ele, as ações coletivas vão desde manifestações pacíficas, marchas, a demandas públicas. Ele conclui que as ações coletivas não são apenas movimentos políticos contrários à ordem política, econômica e social estabelecida. São também as movimentações de pessoas sem histórico partidário que se manifestam por objetivos comuns.

[4] Em tom de homenagem ao irmão e ao filho mais velho, Edward e Theodosia Thompson escreveram e publicaram em 1947 uma obra intitulada *There is a Spirit in Europe. A Memory of Frank Thompson.*

[5] Não há informações precisas sobre a participação de Thompson na II Guerra. Alguns biógrafos argumentam que o historiador lutou na Itália e na França. Já outros, afirmam que ele combateu na Itália e no norte da África. Para maiores detalhes ver, entre outros: KAYE, 1984; e PALMER, 1981.

6 Esse duplo e contraditório sentimento é assim relatado: "[...] No fim do conflito, carregava consigo as esperanças abertas com a vitória sobre o nazi-fascismo e com a ascensão de forças de esquerda em vários países europeus, tanto no 'Leste' como no 'Ocidente'. Porém, igualmente, trazia uma grande dor, a morte de Frank capturado e executado na Bulgária [...]" (FORTES, NEGRO; FONTES, 2001, p. 22).

Encerrada a guerra, Thompson retoma seus estudos universitários, interrompidos em 1942, graduando-se em História no ano de 1946. A História não foi a opção original do autor, que queria ser poeta como seus pais. Na tentativa de realizar esse sonho resolve cursar Letras, transferindo posteriormente de opção, influenciado por Frank Thompson, que já cursava História.[7]

Uma vez cursando História, é eleito presidente do Clube dos Estudantes Socialista da Universidade. Nesse período foi bastante influenciado por Christopher Hill e Maurice Dobb, com os quais construiu um núcleo de pensamento e estudos, denominado Marxistas Humanistas. Além de Thompson e Hill também integravam o grupo: Raymond Williams, Raphael Samuel, John Saville, Eric Hobsbwam, Dorothy Thompson entre outros. A união desse grupo de intelectuais ingleses foi o embrião da Escola Marxista Revisionista ou Escola Neo-Marxista Inglesa.[8]

Os encontros cotidianos com esse grupo de intelectuais britânicos foram decisivos para a opção profissional de Thompson. O convívio desperta a vontade de se tornar um historiador da classe operária e de suas ações coletivas, impregnadas de cultura romântica e resistência popular. Thompson definia-se politicamente nesse momento como um marxista humanista ou um morrissiano-marxista, uma clara alusão/homenagem ao poeta William Morris.

A formação da classe operária inglesa de 1963 é o exemplo mais notório da influência de Morris na obra de Thompson. A trilogia tenta, e com sucesso, trazer à tona um marxismo revigorado pelo humanismo romântico e literário de William Morris. LÖWY (1999), afirma que o "estilo literário" assumido por Thompson evidenciava a história escrita pela perspectiva dos vencidos, graças à representação romântico-socialista inspirada em Williams Morris. De acordo com a citação:

> [...] É graças à sua perspectiva romântico-socialista que seu autor pôde tornar visível o avesso do cenário e reescrever a história da virada do século XVIII a partir da experiência das vítimas do progresso. *A formação da classe operária inglesa* é também, como Miguel Abensour notou muito bem no seu prefácio à tradução francesa do livro "morrisiano"; isto é,

[7] Hobsbwam diria que Frank ainda era mais genial, brilhante e favorecido em relação ao irmão mais novo.

[8] A constituição desse grupo aglutinou-se em torno das críticas ao marxismo estruturalista, particularmente a um de seus principais representantes Louis Althusser (1918-1990). As oposições articulavam-se contrárias a noções de falsa consciência e a percepção de classe social como uma entidade estática e presa no tempo.

> profundamente impregnado pelos modos de percepção formados na leitura de Williams Morris, talvez o mais romântico dos revolucionários socialistas. (LÖWY, 1999, p. 48)

Desde sua concepção original, o escopo da obra era refletir a formação de ações coletivas, associadas a elementos da cultura popular e literária, como forma de resistência aos efeitos danosos da revolução industrial nas baixas camadas populares inglesas do século XVIII.

O debate sobre ações coletivas n'*A formação da classe operária inglesa* articula-se, segundo Thompson, em torno da noção de classe operária. Tema recorrente nas obras do autor, que observa classe social com algo fluido e de dinâmicas relações, somente entendidas através de seus contextos históricos e sociais.[9] Não existe um padrão teórico estabelecido que consiga dimensionar classe social no seu tipo/modelo mais puro e intocado, tamanha sua volatilidade.

É dentro desse perfil que Thompson procura resgatar a formação de ações coletivas originárias de movimentos sociais e populares da Inglaterra do século XVIIII. A adoção da cultura popular seria, segundo o historiador britânico, o elemento formador das ações coletivas e das estratégias de resistência do operariado inglês. A utilização de conjuntos da cultura popular preencheria um vazio sentido na produção acadêmica marxista estruturalista inglesa, que propositalmente despreza as manifestações culturais das classes baixas.

Sem sombra de dúvidas, esse é o principal registro dos trabalhos historiográficos produzido por E. P. Thompson: tentar dar "voz aos vencidos", como havia proposto Walter Benjamin.[10]

Thompson vê nesse processo o momento de transformação do discurso produzido pelas elites e pela historiografia oficial e ortodoxa, que segundo ele acintosamente não evidenciavam a constituição do proletariado enquanto classe social.

A análise da formação proletária organizada é um dos pontos nevrálgicos da enorme e diversificada produção de Edward Palmer Thompson, e essa era uma das

[9] De acordo com Thompson: "By class I understand an historical phenomenon, unifying a number of disparate and seemingly unconnected events, both in the raw material of experience and consciousness. I emphasise that it is a historical phenomenon. I do not see class as 'structure', nor even as a 'category', but as something which fact happens (and can be shown to have happened) in human relationships" (THOMPSON, 1963, p. 3).

[10] Para maiores detalhes ver: LÖWY, 2005.

muitas batalhas que propunha o historiador britânico. Isto é, mostrar que experiências radicais levariam à formação de consciências de classes distintas.

Essa foi a orientação central de toda sua produção; revelar para a História as camadas pobres e os operários como sujeitos autônomos e dotados de consciência social: "Eu procuro salvar da imensa condescendência da posteridade o pobre rendeiro que trabalhava com a máquina, o tecelão 'ludista'; o tecelão 'obsoleto' que ainda trabalha com tear manual, o artesão 'utopista', e até o discípulo enganado de Joanna Southcott" (THOMPSON, 1987a).

É importante mencionar que Thompson procura, ao destacar através das aspas, os termos ludista, obsoleto e utopista, demonstrar de maneira crítica que as tradicionais categorizações da historiografia inglesa eram construídas de maneira linear e idealizadas. O passado e sua representação histórica se articulavam, segundo o autor, de forma acrítica, renegando o sentido humano dos acontecimentos históricos.

Thompson, ao trabalhar as proposições em contrário, demonstrou que a proposta marxista tradicional, por ele alcunhada de conformista, refletia apenas uma pequena parte de um todo. Em trabalhos realizados por historiadores a economia o progresso humano associava-se ao crescimento econômico estruturalista. Essa seria, segundo sua concepção, uma forma obtusa de enxergar e historiar a realidade social da Inglaterra do século XVIII.

O século XVIII inglês, particularmente a Revolução Industrial, foi objeto privilegiado de estudo do historiador britânico. *A formação da classe operária inglesa* de 1963 cumpre a tarefa, ao constatar que Revolução Industrial na Inglaterra teve uma natureza catastrófica para segmentos populares da sociedade. Para o autor, essa foi a condição necessária para o surgimento de reações das classes baixas.[11]

A PERSPECTIVA SÓCIO-HISTÓRICA DE CHARLES TILLY

Charles Tilly é atualmente um dos pesquisadores mais revisitados das ciências sociais. Sua produção acadêmica passa por temas como ação coletiva, formação dos Estados Nacionais europeus, metodologia e teoria da história, cidadania e urbanização.

Monsma (1996) argumenta que um dos pontos altos da produção teórica de Tilly foi o estabelecimento de conexões entre a sociologia e a história. Em dois estudos

[11] Segundo Löwy (1999) a revolta popular inglesa se fortalece pela nostalgia de um estilo de trabalho e de lazer anteriores à rígida disciplina do industrialismo.

- *As Sociology Meets History* (1981) e *Big Structures, Larges Processes, Huge Comparisons* (1985) - discute a importância de aproximação entre as duas ciências. Entre os argumentos levantados por Tilly, o mais conspícuo foi mostrar que os historiadores, especialmente os marxistas revisionistas ingleses, como Eric Hobsbawm, Edward Thompson, Albert Soboul e outros, já utilizavam teorias e métodos originalmente voltados às ciências sociais. A recíproca entre a sociologia e a história era verdadeira, dizia o autor, pois as principais teorias sobre os processos de modernização, utilizadas pelos sociólogos, tinham como base a história (MONSMA, 1996).

Utilizando recursos investigativos próprios, o autor desenvolve critérios de estudo sobre as ações coletivas, priorizando dados quantitativos, arquivos e jornais. Porém, sua inovação acontece quando utiliza dados quantitativos em seus estudos sobre as greves, as rebeliões, os motins e outras formas de ação coletiva. O uso da metodologia quantitativa visava aprimorar hipóteses de trabalho que não conseguiam ser respondidas pelos métodos tradicionais. As transformações nas estruturas sociais e seus reflexos nos resultados das ações coletivas, as alterações sociais com o capitalismo industrial e o significativo aumento das organizações sociais foram melhor compreendidas, para Tilly, com o uso de dados quantitativos (MONSMA, 1996).

O sucesso das mobilizações era o resultado das formas como os movimentos sociais se organizavam. A conformação dos grupos era sistematicamente lembrada pelo autor como um importante fator responsável pelo sucesso das ações coletivas. Tilly argumenta que as organizações podem apresentar diferentes nuances: confederações de trabalhadores, organizações estudantis, grupos de amigos, movimento de bairro, partidos políticos e outros. Portanto, são as conexões entre os integrantes de um mesmo grupo que permitem a ação coletiva (MONSMA, 1996).

Outra abordagem usual nos projetos acadêmicos do autor é o trabalho histórico comparativo sobre as ações coletivas. Tendo como referência os séculos XVIII e XIX, Tilly evidencia as alterações nas formas de mobilização política dos atores sociais. Em cada período, o "repertório de ação coletiva"[12] é completamente diferente, ou seja, as manifestações do século XIX eram mais eficientes e organizadas do que as do século anterior.

[12] Esclarecendo o significado de "repertório de ação coletiva", comenta Monsma (1996, p. 19): "Um repertório é uma espécie de caixa de ferramentas cultural de que as pessoas servem para fazer reivindicações coletivas [...]".

Atualmente, os movimentos sociais e suas mobilizações pregam, segundo Tilly, o desenvolvimento da autonomia social, a ampliação dos espaços sociais e políticos abertos e democráticos e por instituições, de fato, representativas (GOHN, 2004). Assim, as novas formas de mobilização popular se revestem em: protestos, greves, pressões, manifestações populares – estilos de manifestações completamente diferentes e inovadoras se comparadas às dos séculos XVIII e XIX.

A explicação para as mudanças de atitude dos movimentos sociais e do repertório das ações coletivas estaria ligada ao desenvolvimento capitalista e industrial, como é basilar na citação:

> Tilly vincula as mudanças nos repertórios de ação coletiva aos processos a longo prazo e em grande escala de mudança social, em especial o desenvolvimento do capitalismo nos Estados nacionais. Esses processos alteram de modo fundamental o contexto da contestação popular e, portanto, o conteúdo dos repertórios de ação coletiva. (MONSMA, 1996, p. 20)

Em resumo, Charles Tilly delineia claramente em seus trabalhos as transformações ocorridas nas ações coletivas ao longo do tempo, mostrando a contínua mudança de postura dos atores sociais. Em outras palavras, houve o deslocamento do foco das mobilizações de trabalhos locais para as greves e os protestos nacionais e de conflitos ilegais para ações sociais toleradas (MONSMA, 1996).

Colocados em perspectiva os dois autores fornecem materiais teóricos para pesquisas na área de História da Educação. É bom ressaltar que Thompson e Tilly buscaram trazer para o cotidiano de seus trabalhos impressões argutas sobre a relação existente entre as ações coletivas e a educação em suas múltiplas identidades. Por eles, havia um estreito elo entre uma e outra.

Enxergar os processos educacionais e a História da Educação através das lentes é se permitir vislumbrar com melhor acuidade que antes de quaisquer possibilidades a História da Educação é parte integrante formadora da História Social. Thompson e Tilly argumentam, e este trabalho buscou esta trilha, que ao pensar a construção dos movimentos sociais e de suas ações coletivas o alicerce seria a educação.

As proposições de Edward Thompson e de Charles Tilly não são corpos estranhos para a História da Educação, são modelos que reverberam possibilidades em aberto de trabalhos e pesquisas para a área.

Finalizada a primeira parte, busca-se então pensar como Edward Palmer Thompson e Charles Tilly podem ser usados como instrumentos propícios para análises no campo da História da Educação.[13]

EDWARD THOMPSON: EDUCAÇÃO E EXPERIÊNCIA

Em uma conferência proferida na Universidade de Leeds no ano de 1968, Thompson explorou a relação entre educação popular de jovens e adultos operários e as experiências históricas e sociais de cada um deles. O ponto inicial levantado pelo historiador em sua palestra referia-se à relação entre o professor e seus estudantes. Thompson revelou que a educação liberal de adultos deve ser encarada pelos docentes como uma relação de mão de dupla. O ensino e seus pontos constituidores necessitariam ser trabalhados em uma relação dialética entre as duas partes envolvidas. Aqueles professores, argumenta, que insistirem que os alunos são apenas meros receptáculos passivos não terão resultados positivos em seu magistério.

> Toda educação que faz jus a esse nome envolve a relação de mutualidade, uma dialética, e nenhum educador que se preze pensa no material a seu dispor como uma turma de passivos recipientes de educação. Mas, na educação liberal de adultos, nenhum mestre provavelmente sobreviverá a uma aula - e nenhuma turma provavelmente continuará no curso com ele - se ele pensar, erradamente, que a turma desempenha um papel passivo [...]. (THOMPSON, 2002, p. 13)

A educação popular de jovens e adultos seria elaborada pelo professor com base nas experiências sociais e históricas vivenciadas por cada um dos discentes envolvidos no processo educacional. A experiência trazida pelos estudantes possui a inerente capacidade de promover transformações, algumas vezes mais radicais, outras mais sutis, no componente educacional. Os métodos de ensino e a didática empregadas pelo professor em sala de aula deveriam valer-se das experiências dos alunos. Este seria o princípio ativo da educação com feição liberal de adultos.

[13] É importante colocar que, tanto para Thompson quanto para Tilly, os processos educacionais deveriam ser relacionados substancialmente à implantação de movimentos sociais e suas ações coletivas. Os processos de aprendizagem são imprescindíveis para sua realização.

> [...] A experiência modifica, às vezes de maneira sutil e às vezes mais radicalmente, todo o processo educacional; influencia os métodos de ensino, a seleção e o aperfeiçoamento dos mestres e o currículo, podendo até mesmo revelar pontos fracos ou omissões nas disciplinas acadêmicas tradicionais e levar à elaboração de novas áreas de estudo. (THOMPSON, 2002, p. 13)

De imediato, o historiador britânico argumenta que durante anos as pesquisas em História Social ocorriam apenas nas escolas de ensino de jovens e adultos operários. Os cursos superiores de História, diz Thompson, propositadamente negligenciavam a produção acadêmica com inserção na História Social. As parcas iniciativas nesse sentido aconteciam nas escolas de alfabetização de adultos. É nesse contexto que nasce o clássico da historiografia mundial, *A formação da classe operária inglesa* em 1963.

O livro é o exemplo de história social nascida de trabalhos escolares realizados em uma sala de alfabetização de operários. Thompson tentou, com bom êxito, relacionar o cotidiano pedagógico à realidade de cada um de seus discentes. A obra é o reflexo dessa preocupação educacional, promover a investigação sobre o contexto histórico e as experiências socioculturais de homens e mulheres reais. Esta foi a proposição para a pesquisa escolar que resultou mais tarde no livro.

Colocando em foco a cultura popular inglesa do século XVIII, *A formação da classe operária inglesa* revelou a disparidade entre dois "mundos" quase incomunicáveis: de um lado, tomando emprestado um termo de Thompson, as classes letradas ou refinadas, e no seu oposto, a cultura da gente do povo[14] (THOMPSON, 2002).

A educação popular e o ensino de História Social, obrigatoriamente na acepção do historiador britânico, deveriam verter atenções e interesses para o arcabouçou cultural inglês do século XVIII. A cultura inglesa tinha como centro o paternalismo, que se constituía como o marco divisor entre a experiência letrada e a popular, denotando a hierarquia entre classes sociais. Argumenta ele:

[14] Interessante é a referência usada por Thompson para retratar o intransponível espaço entre a aristocracia letrada e o povo. O autor recorre a Goethe, quando seu personagem Werther revela o costume através destas palavras: "Pessoas de posição tendem a manter-se a uma distância fria do homem do povo, como temessem perder algo com essa intimidade" (THOMPSON, 2002, p. 15). O próprio jovem Werther, ao relatar em carta seu sofrimento amoroso a um amigo confidente, afirma que em seu isolamento voluntário aproximou-se com facilidade das pessoas simples, em especial das crianças daquela localidade. Todavia, quando tentava se aproximar dos mais velhos perguntando-lhes sobre suas vidas, notava o distanciamento que sua condição social impunha, afirmando que "não podemos ser iguais".

> [...] Mas, em termos gerais, o paternalismo presumia uma diferença qualitativa essencial entre a validade da experiência educada – cultura refinada – e a cultura dos pobres. A cultura de um homem, exatamente como seu prestígio social, era calculada de acordo com a hierarquia de sua classe [...]. (THOMPSON, 2002, p. 17)

O paternalismo como aglutinador de experiências culturais é exposto pelo experimento dialético humanista de Thompson, quando mostra que, apesar da separação entre as classes, a aristocracia matinha uma relação dialética[15] com a cultura popular iletrada inglesa do século XVIII. Existia um misto de curiosidade e interesse pelo estilo de vida popular chegando ao ponto de financiar o seu lazer cultural.

A cultura popular surge como elemento de grande importância para a formação educacional daqueles alunos e alunas que buscavam nas primeiras letras a possibilidade de redenção social frente a uma realidade cruel e amiúde desumana.

O professor Edward Thompson trazia a cultura popular e o estudo do folclore como projetos pedagógicos capazes de revelar em cores fortes e vivas a realidade cotidiana de seus alunos. Dizia ele que o século XVIII inglês, seu objeto preferencial de estudo, abriu as portas para as pesquisas culturais e trabalhos voltados ao folclore inglês.

Um universo quase inesgotável de temas apresentou-se: rinhas de cães, luta de cães contra touros, pugilismo criminoso com punhos nus, festivais de colheitas (THOMPSON, 2002), eram partes integrantes do dia a dia escolar daqueles alunos. A proposição de elementos as diversões das classes populares era utilizada como importantes aquisições educacionais.

A educação era entendida como efetiva possibilidade de mudança intelectual e a consequente ampliação da percepção do mundo: "[...] a de que a educação se apresentava não apenas uma baliza na direção de um universo mental novo e mais amplo, mas também como uma baliza para longe, para fora do universo da experiência no qual se funda a sensibilidade [...]" (THOMPSON, 2002, p. 32).

O ambiente escolar saudável é aquele no qual as etapas dos processos concernentes às práticas educativas vislumbraria a quebra dos grilhões da servidão mental. Para tal, coloca o professor Edward Thompson, a vontade intelectual dos educandos,

[15] A relação dialética acontecia entre o espanto e a ajuda na realização das atividades de manifestação cultural popular.

sejam eles adultos ou crianças, deve ser respeitada, promovida e estimulada. Quando, ao contrário, o professor se propõe à castração das liberdades cognitivas de seus alunos, resguardando-se com "formas pedagogicamente construídas", reduziria o processo de autoformação levando-os à servidão mental (THOMPSON, 2002).

Esta é talvez, a maior e mais candente preocupação educacional de Thompson: buscar através da sintonia entre educação e experiências herdadas de cada um dos envolvidos a entrada em um novo mundo, de aproximação e identificação com a cultura letrada.

A preponderante função da escola foi revelar que a cultura letrada não deveria ser encarada como uma ilha isolada e longínqua da realidade cultural popular. Ambas são partes integrantes de um mesmo contexto social, cultural e político. Refleti-las em separado era como isolar elementos intelectuais de um mesmo espaço. Em suas palavras: "[...] A cultura letrada não está isolada em relação à cultura do povo à maneira antiga de diferença de classes, mas, não obstante, está isolada dentro de suas próprias paredes de auto-estima intelectual e de orgulho espiritual" (THOMPSON, 2002, p. 43).

O alerta havia sido dado; caso o sistema educacional e os professores no exercício do magistério não compreendessem que ensinar é levar em consideração as realidades e as experiências vivenciadas por alunos, sejam eles de ensinos superiores ou não, correr-se-ia o risco da função professoral ser travestida de autoridade intelectual antidemocrática e alienante. A postura intelectual do professor Edward Palmer Thompson percebia a sala de aula como espaço múltiplo por excelência de igualdade cultural: "As conquistas das últimas décadas (pois não duvidamos que foram conquistas) tenderão apenas a ir em direção a uma cultura igualitária comum se o intercâmbio dialético entre a educação e a experiência for mantido e ampliado" (THOMPSON, 2002, p. 44).

Cabe, por fim, às instituições de ensino optarem pelo caminho do ensino democrático. Em suas palavras tem-se: "[...] A democracia acontecerá por si mesma – se acontecer – em toda nossa sociedade e em toda nossa cultura e, para que isso aconteça, as universidades precisam do contato de deferentes mundos de experiência, no qual ideias são trazidas para a prova da vida" (THOMPSON, 2002, p. 45).

CHARLES TILLY E A BUSCA PELO ACESSO IGUALITÁRIO AO CONHECIMENTO CIENTÍFICO

Charles Tilly é referência para a teoria social contemporânea. Intelectual instigante e instigador, conduziu-se com elegância e competência pela sociologia, pela história, ciência política e ciências sociais. A grande desenvoltura revela-se nos 51 livros publicados e nos quase 700 artigos escritos ao longo de sua profícua trajetória acadêmica.

Professor da Universidade de Columbia até 2008, ano de seu falecimento, Tilly estabeleceu intelectuais, seja com seus alunos e orientandos ou com colegas do *métier* acadêmico. Talvez estas tenham sido as mais expressivas marcas deixadas pelo professor Tilly: a generosidade intelectual associada à cooperação e o incentivo à democracia, ao acesso ao conhecimento científico.

A democracia pensada por Tilly em seu último trabalho resulta, de acordo com ele, de lutas sociais e políticas de alcance maior. Este fenômeno foi constatado por meio de pesquisas documentais e historiográficas ao longo dos séculos XVIII, XIX e XX. Portanto, a democracia contemporânea diferia-se substancialmente da clássica grega.[16]

Tendo os fenômenos da democracia como escopos privilegiados de seus trabalhos, trouxe para o cotidiano concreto que as lutas por direitos e a organização de movimentos sociais compõem as avenidas que desembocam no acesso à democracia plena. O ensino e a pesquisa são autopistas em direção ao mesmo objetivo.

Há, contudo, sérios problemas quando ocorre o mau uso dos limites da democracia. Charles Tilly denuncia com vivacidade que quando usada de modo incorreto fica sujeito aos limites da desigualdade categórica. Por desigualdade categórica, entende-se a distribuição desigual de benefícios entre os diversos grupos sociais. Pela sua definição: "Consideramos a desigualdade categórica, isto é, aquelas formas de benefício desigual em que conjuntos inteiros de pessoas, de um lado e de outro da fronteira, não recebem o mesmo tratamento [...]" (TILLY, 2006, p. 48).

Supõe-se que a desigualdade categórica traz como principal elemento a criação de zonas de fronteiras segregadoras, que estabelecem divisões entre grupos sociais, étnicos, culturais, políticos, educacionais, de gênero entre outras. Continua o autor: "[...] Desigualdades categóricas são, por exemplo, as que dividem homens e mulheres, pessoas que falam hebraico das que falam árabe, membros de diferentes religiões ou cidadãos de nações distintas [...]" (TILLY, 2006, p. 48).

---

[16] Em uma interessante resenha sobre o livro *Democracy* publicado por Charles Tilly em 2007, Antonio Lassance esclarece os conceitos elaborados por Tilly no que se refere à temática democracia. De acordo com Lassance (2007): "Contrariando a genealogia que remete a democracia aos "gregos", o autor considera como um fenômeno eminentemente moderno. As democratizações são o resultado das lutas sociais, de alcance político, que ganham corpo no século XVIII e se espalham por todo mundo nos séculos XIX e XX [...]".

Uma luz de alerta é acesa por Tilly; às desigualdades categóricas, embora categorias analíticas, não conseguem com precisão captar as diferenças individuais de cada localidade:

> [...] Embora os mesmos princípios se apliquem a diferenças individuais, em nosso mundo as diferenças categóricas de bem-estar e sofrimento suplantam a variação individual no interior das categorias. Assim, a maioria dos cidadãos de Israel vive de modo muito mais confortável do que os cidadãos de Serra Leoa, Myanmar ou Guatemala, exceto os mais privilegiados. (TILLY, 2006, p. 48)

A desigualdade categórica, termo elaborado pelo professor Tilly, fornece o substrato para a percepção do estabelecimento de divisões sociais, tanto internas quanto externas. As separações acorrem cotidianamente, e todos são corresponsáveis pela sua efetivação. Por esta concepção, a participação ocorre tanto como expectadores passivos, quanto como envolvidos diretamente no processo decisório.

As fronteiras segregadoras remontam às divisões classistas, colocando em claro relações e diferenças sociais existentes na sociedade como um todo. Cada uma delas expõe as desigualdades e também, por contraditório que pareça, as identidades dos grupos sociais presentes ao universo social, trazendo à tona significados particulares dos apartados pelas fronteiras da desigualdade categórica. Pela citação compreende-se que:

> [...] Em todos esses casos, a combinação de uma fronteira com as relações no seu interior e através dela gera, nos dois lados que divide, um sentimento de compartilhamento a respeito de seu significado. Trabalhadores e patrões podem não considerar sob o mesmo prisma o significado da fronteira entre eles, mas negociam algum reconhecimento comum acerca de sua existência e importância. (TILLY, 2006, p. 48)

É necessário ressaltar o aparecimento de um elemento preponderante na percepção de Charles Tilly: a identidade social. Ela é a fonte plural para o bom entendimento das diversidades socioculturais inerentes às relações sociais. As matrizes constituidoras das identidades sociais organizam-se em função de duas possibilidades definidoras, o ambiente interno e o externo. O primeiro ressalta a construção interior dos indivíduos, isto é, quem são eles e quais são suas aspirações, sonhos e desejos. Já o segundo ambiente deve ser percebido como oriundo das individualidades classificatórias, que organizam numericamente as individualidades.

As identidades, portanto, são relacionais e se constituem como lados da fronteira, geradoras de diferenças, que não obrigatoriamente podem ser taxadas como desigualdades: "Assim, as categorias sempre geram diferenças, mas não necessariamente desigualdade. Comunidades adjacentes de camponeses, por exemplo, sempre erguem fronteiras envolvendo nomes, práticas e interpretações [...]" (TILLY, 2006, p. 50).

Portanto, as relações estabelecidas de interação entre os grupos sociais permitem vislumbrar as desigualdades existentes entre grupos de pessoas em função de suas múltiplas relações formadoras de redes interconectadas de desigualdades (TILLY, 2006).

As desigualdades são oriundas, para Tilly, do controle dos recursos humanos e sociais. Há evidenciado, sobretudo, as engrenagens estimuladoras das desigualdades, em seu campo de exploração.

As modalidades de exploração ocorrem quando determinados grupos sociais, detêm o controle dos recursos destinados à comunidade. Como consequência, a exclusão de cidadãos do conhecimento técnico cientifico. "O acesso desigual ao conhecimento científico e o controle desigual sobre sua produção ou distribuição são temas não só em razão do valor intrínseco do conhecimento, mas também porque sua distribuição desigual gera outros tipos de desigualdade [...]" (TILLY, 2006, p. 57).

Quando o acesso ao conhecimento científico torna-se restrito, surgem distorções sociais que acabam por favorecer a concentração das forças políticas em apenas um polo, perpetuando e reproduzindo com isso instituições e grupos que se favorecem, locupletando-se muitas vezes do bem público. Os exemplos podem ser notados nas áreas de educação, saúde, alimentação, meio ambiente entre outras (TILLY, 2006).

O pensador norte americano joga luz em dois fatos complementares: a prevalência da desigualdade científica na atualidade e as altas taxas de lucro auferidas por aqueles que dominam a distribuição do conhecimento. Os dois argumentos se conjugam quando se impõe o domínio e a exploração do uso das tecnologias resultantes da pesquisa científica.

A exploração e a retenção do conhecimento científico advêm da necessidade de manutenção dessa reserva de mercado. No centro do palco, a disputa de grupos políticos envolvidos dentro do setor. Nota-se:

> Os produtores e distribuidores de conhecimento científico têm, assim, interesse em reservar esse conhecimento e explorar seu uso. A própria

> identidade dos produtores e distribuidores traça fronteiras categóricas entre os conhecedores e os desinformados, os privilegiados e os destituídos, os que estão dentro e os que estão fora [...]. (TILLY, 2006, p. 58)

Há uma contenda de mercado, fato que fica completamente evidenciado na citação. Forças opostas conflitantes lutam por pedaços da produção acadêmica, pela sua divulgação e particularmente de seus resultados sociais.

Ao cabo, o que está em litígio é a opção de liberdade de uma parte, e de outra a sua falta. Argumenta-se que apesar de todos os incentivos acadêmicos voltados à disseminação do conhecimento produzido nos muros das universidades, jogando no campo oposto ocorre a intervenção de grupos exteriores que buscam assegurar o controle restrito da distribuição do conhecimento, para que não ocorra a geração de benefícios públicos (TILLY, 2006).

As universidades cumprem papel primordial na divulgação do conhecimento científico. É dever das instituições superiores de ensino criar as condições para o fomento de trabalhos voltados para a sociedade, que por sua vez retribui com recursos externos. O estabelecimento de uma relação de complementaridade entre os dois polos, tendo como base o incentivo financeiro e logístico de ambos os setores, precisa ser enaltecido. Todavia, é imprescindível atentar-se para a apropriação do conhecimento por grupos exteriores, como ressalta o próprio autor:

> A escolha se torna ainda mais complexa quando os recursos externos provêem de organizações – governos e firmas com ou sem fins lucrativos – interessados em se apropriar do conhecimento produzido e que, portanto, estabelecerão restrições à disseminação desse conhecimento e oferecerão maiores recompensas às instituições ou indivíduos dispostos a promover seus interesses de proprietário [...]. (TILLY, 2006, p. 60)

O cenário desenhado pelo sociólogo e professor Charles Tilly é preocupante. Inevitavelmente, comenta Tilly, as universidades, por obrigação profissional, devem verter conhecimento através de pesquisas que criam reservas de conhecimento, causando, portanto, a exclusão de grupos não pertencentes. Soma-se a isto a fraca divulgação dos ganhos científicos.

É imprescindível a criação de uma nova postura tanto de pesquisadores das instituições superiores de ensino, quanto do governo e outras entidades envolvidas, na produção e divulgação do conhecimento técnico-científico.

Charles Tilly defende que seja colocada na agenda prioritária dos governos propostas direcionadas para a produção e a redistribuição eficazes do conhecimento científico. O elemento fundamental para tal fim deveria ser a conscientização dos diversos setores envolvidos no processo em nome da liberdade de acesso às benesses tecnológicas produzidas pelas universidades, por seus pesquisadores e cientistas.

É preciso que se tenha como meta o compromisso moral,[17] para que a produção da ciência possibilite a ampla redistribuição social dos benefícios oriundos do conhecimento (TILLY, 2006).

Contudo, Tilly racionalmente constata que as forças opositoras à democratização do acesso livre ao conhecimento científico prevalecerão. Em um tom impregnado de ceticismo confiante, finaliza:

> Receio que prevalecerão as teses da perversidade, da futilidade e do risco. As pessoas que as propõem incorporaram os interesses de suas instituições e países e têm um apelo para as tendências nacionalistas de nossa época. Elas apontam, corretamente, que os benefícios do conhecimento desigual têm, no curto prazo, muito a perder se ocorrer uma ampla reorganização do controle sobre a produção, a difusão e a aplicação do conhecimento técnico-científico. Atualmente, os produtores e beneficiários do conhecimento desigual não sacrificarão facilmente suas vantagens. O custo, porém, será a persistência da desigualdade que prejudica, desnecessariamente, o bem-estar humano. (TILLY, 2006, p. 61)

PALAVRAS FINAIS

O texto apresentado procurou trazer à baila os pensamentos de dois autores preponderantes nas ciências sociais e históricas, Edward Thompson e Charles Tilly. Com trajetórias distintas no meio acadêmico, o primeiro lecionando em cursos de educação popular de jovens e adultos e o segundo com um caminhar mais formal como professor na Universidade de Columbia.

Cada um deles, ao seu estilo e influências intelectuais, abriu possibilidades metodológicas, teóricas e temáticas para os estudiosos espalhados pelo mundo que se

[17] O compromisso social é imaginado pela perspectiva deontológica, do dever e das normas morais.

dedicam às pesquisas sobre ações coletivas e seus desdobramentos. Por isso mesmo, podem ser alçados ao patamar dos clássicos[18] do pensamento social.

Para Thompson, a educação precisaria ser encarada como uma das principais formas de conscientização da realidade humana e mundial. Tilly também seguia o mesmo trajeto, a briga por uma educação de qualidade e seu pleno acesso, como armas eficazes de inclusão social.

Decorridos alguns anos, ficam cada vez mais evidentes a originalidade e a argúcia de cada um deles, reveladas na inteligibilidade de seus trabalhos originais.

O presente trabalho buscou ressaltar as preocupações intelectuais de Thompson e Tilly no que se refere aos processos educacionais e seu alcance social. O que se tem aqui, portanto, são apontamentos em aberto que convidam para uma revisitação às produções de Edward Thompson e de Charles Tilly.

REFERÊNCIAS

ANDERSON, Perry. Origins of the Present Crises. *New Left Review*, London, n. I/23, jan./feb. 1964.

BAKHTIN, Mikhail. *A cultura popular na idade média e no renascimento*: o contexto de François Rabelais. São Paulo: Hucitec, 2008.

FORTES, Alexandre; NEGRO Antonio Luigi; FONTES, Paulo. Peculiaridades de E. P. Thompson. In: THOMPSON, Edward. *As peculiaridades dos ingleses e outros artigos*. Campinas: Ed. da Unicamp, 2001.

GOHN, Maria da Glória. *Teoria dos movimentos sociais*. São Paulo: Loyola, 2004.

[18] O termo clássico utilizado neste trabalho não é uma alusão àqueles intelectuais que ficam congelados em prateleiras de livros. Seu emprego ocorre no sentido de evidenciar a vivacidade e o constante remoçar dos dois autores.

KAYE, H. *The British Marxist Historians*: an inductory analysis. Cambridge: Polity Press, 1984.

LASSANCE, Antonio. Democracia: a última palavra. *Revista Brasileira de Ciência Política*, Brasília, n. 1, jan./jun. 2009.: Resenha de: TILLY, Charles. *Democracy*. Cambridge: Cambridge University Press, 2007. Disponível em <http://www.rbcp.unb.br/artigos/rbcp-n1-15.pdf>. acesso em: 21/09/2010.

LÖWY, Michael. A corrente romântica nas Ciências Sociais da Inglaterra: Edward P. Thompson e Raymond Willians. *Revista Crítica Marxista*, Campinas, n. 8, p. 43-68, jun. 1999.

LÖWY, Michael. *Walter Benjamin*: aviso de incêndio. Uma leitura das teses sobre o "conceito de história". São Paulo: Boitempo, 2005.

MONSMA. Introdução. In: TILLY, Charles. *Coerção, capital e Estados europeus*. São Paulo: EdUSP, 1996.

MUNHOZ, Sidnei. Fragmentos de um possível diálogo com Edward Palmer Thompson e com alguns de seus críticos. *Revista de História Regional*, Ponta Grossa, v. 2, n. 2, set.1997.

PALMER, Bryan. *Edward Thompson*: objeções e oposições. Rio de Janeiro: Paz e Terra, 1996.

____. *The Making of E. P. Thompson*: *Marxism, Humanism and History*. Toronto: New Hougtown Press, 1981.

THOMPSON, Edward. Socialist Humanism. *The New Reasoner*, London, n. 1, p. 105-143, Summer 1957.

____. The Making of the English Working class. London: Pelican Book, 1963. (prefácio)

____. *Zero Option*. Manchester Road: Bristish Library, 1982.

____. *A formação da classe operária inglesa*. Rio de Janeiro: Paz e Terra, 1987a.

____. *Exterminismo e Guerra Fria*. São Paulo: Brasiliense, 1987b.

____. *Senhores e caçadores*. Rio de Janeiro: Paz e Terra, 1987c.

____. *Witness Against the Beast*: Willian Blacke and the Moral Law. Cambridge: Cambridge University Press, 1993.

____ *Making History*: Writtings on History and Culture. New York: New York Press, 1995.

____. *Costumes em comum*. São Paulo: Companhia das Letras, 1998.

____ *As peculiaridades dos ingleses e outros artigos*. Campinas: Ed. da Unicamp, 2001a.

____. *The Essential E. P Thompson*. New York: New York Press, 2001b.

____. *Os românticos*: a Inglaterra na era revolucionária. Rio de Janeiro: Civilização Brasileira, 2002.

____. *Temps, discipline du travail et capitalisme industriel*. Paris: La Fabrique Éditions, 2004.

TILLY, Charles. *From Mobilization to Revolution*. [s.L.]: Paperbeck, 1974.

____. *Coerção, capital e estados europeus*. São Paulo: Edusp, 1996.

____. *The Marketing of Rebillion*: Insurgents, Media and Internacional Activism. Cambridge: Cambridge University Press, 2005.

____. *Contentious Politics*. [s.L.]: Paradigm Publishers, 2006.

____. O acesso desigual ao conhecimento científico. *Tempo Social, Revista de Sociologia da USP*, São Paulo, v. 18, n. 2, p. 47-63, 2006.

____. *Democracy*. Cambridge: Cambridge University Press, 2007.

WILLIANS, Raymond. *Cultura*. Rio de Janeiro: Paz e Terra, 2000.

____. *Tragédia moderna*. São Paulo: Cosac e Naify, 2002.

Sobre os autores

ILKA MIGLIO DE MESQUITA (UNIT) – Possui graduação em História pela Pontifícia Universidade Católica de Minas Gerais (PUC Minas), mestrado em Educação pela Universidade Federal de Uberlândia (UFU), doutorado em Educação pela Universidade Estadual de Campinas (UNICAMP) e pós-doutorado em História da Educação pela Universidade Federal de Minas Gerais (UFMG). Professora PPG I da Universidade Tiradentes (UNIT). Leciona as disciplinas: Educação Brasileira no Programa de Pós-Graduação/Mestrado em Educação; História da Educação e Metodologia do Ensino de História no Curso de Licenciatura em História. Membro do Grupo de Pesquisa Historiar – Pesquisa, Ensino e Extensão em História da Educação, liderado pelos professores Luciano Mendes de Faria Filho e Marcus Aurelio Taborda de Oliveira. Integra o Conselho Consultivo (externo) *Cadernos do CEOM*, Chapecó, Argos (2012). Pesquisadora FAPITEC. Tem experiência na área de História, com ênfase em Ensino de História e História da Educação, atuando principalmente nos seguintes temas: história da educação, ensino de História, pesquisa em Educação, formação de professores, currículo, prática de ensino, estágio supervisionado, didática, políticas públicas educacionais, pesquisa e metodologia do ensino de História.

ROSANA AREAL DE CARVALHO (UFOP) – Licenciada em História pela Universidade Federal do Mato Grosso (UFMT) e doutora em Ciências Humanas pela Universidade de São Paulo (USP). Pós-doutorado em História da Educação junto ao Centro de Estudos e Pesquisas em História da Educação da Faculdade de Educação da Universidade Federal de Minas Gerais (GEPHE/FaE/UFMG). Professora do Departamento de Educação da Universidade Federal de Ouro Preto (UFOP) e pesquisadora na área de História da Educação: instituições e sujeitos escolares, educação e política, intelectuais. Coordena o Grupo de História da Educação da UFOP e participa do GEPHE/FaE/UFMG.

MARCÍLIA ROSA PERIOTTO (UEM) – Graduação em Pedagogia pela Universidade Estadual de Maringá (UEM), mestrado em Educação pela Universidade Federal de São Carlos (UFSCar) e doutorado em Educação pela Universidade Estadual de Campinas (UNICAMP). É professora não titular da UEM. Tem experiência na área de Educação, com ênfase em História da Educação, atuando principalmente nos seguintes temas: educação e imprensa.

ALESSANDRA FROTA MARTINEZ DE SCHUELER (UFF) – Doutora em Educação e Mestre em História pela Universidade Federal Fluminense (UFF). Professora de História da Educação no Programa de Pós-Graduação em Educação da UFF, instituição na qual atua nos cursos de Pedagogia e Licenciaturas. Integra o Grupo de Pesquisa História Social da Educação/FEUFF. Atualmente, dedica-se à pesquisa sobre a História da Educação no Estado do Rio de Janeiro, privilegiando as questões referentes à constituição da cultura escolar; às práticas, sujeitos e processos de escolarização; à educação de negros e libertos no período da abolição e da pós-abolição; à expansão e interiorização da escola primária; e à história da profissão docente (1870-1946).

MARCELO MAC CORD (UNICAMP) – Possui graduação em História pela Universidade Federal do Rio de Janeiro (UFRJ), mestrado em História pela Universidade Estadual de Campinas (UNICAMP), doutorado e pós-doutorado em História pela UNICAMP. Atualmente, é Professor Adjunto de História da Educação da Faculdade de Educação da Universidade Federal Fluminense (UFF). Desde a graduação, pesquisa a história social do Recife oitocentista. No mestrado, investigou as relações entre a Irmandade do Rosário dos Homens Pretos da freguesia de Santo Antonio, a coroação dos Reis do Congo e a "boa sociedade", o que permitiu, inclusive, apontar para novos sentidos para a compreensão do maracatu. No doutorado, investigou as sobrevivências corporativas na organização de uma sociedade mutualista criada por mestres de obras pretos e pardos. O grupo lutou pela mobilidade ascendente de seus membros por meio da instrução, do trabalho qualificado e da conquista do mercado de edificações. Um dos frutos deste projeto foi a criação do Liceu de Artes e Ofícios. No pós-doutorado, investigou a participação política *stricto sensu* destes artesãos, apesar da reforma eleitoral de 1881. Atualmente, financiado pelo Prêmio CAPES de Tese, investiga a demanda da classe operária pernambucana por uma lei que regulasse a jornada de trabalho em 8 horas. Discutido em 1891, o projeto tinha por objetivo permitir que os trabalhadores tivessem tempo para estudar.

RAYLANE ANDREZA DIAS NAVARRO BARRETO (UNIT) – Possui Graduação em Ciências Sociais e Mestrado em Educação, pela Universidade Federal de Sergipe (UFS), e Doutorado em Educação pela Universidade Federal do Rio Grande do Norte (UFRN). Atualmente, é professora PPG I da Universidade Tiradentes (UNIT), onde atua também como membro de alguns dos seus Núcleos Docentes Estruturantes e como membro da Comissão Permanente de Avaliação do Material Impresso, atuando na análise e aprovação do material elaborado para os cursos ofertados na modalidade de ensino a distância. É também diretora do Instituto Tobias Barreto de Educação e Cultura. Líder do Grupo de Pesquisa Sociedade, Educação, História e Memorial e membro pesquisador do Grupo de Pesquisa em História da Educação: Intelectuais, Instituições e Práticas Escolares da UFS, do Grupo de Pesquisa História das Práticas Educacionais da UNIT. Sócia do Instituto Histórico e Geográfico de Sergipe e da Sociedade Brasileira de História da Educação e membro da Associação Brasileira de História das Religiões. Tem experiência na área de História da Educação e Sociologia, atuando principalmente nos seguintes temas: Educação, formação sacerdotal, intelectuais da Educação, Sergipe e metodologia da história oral.

MARCUS AURELIO TABORDA DE OLIVEIRA (UFMG) – Marcus Aurelio Taborda de Oliveira é professor da Faculdade de Educação da UFMG, onde atualmente coordena o Centro de Estudos e Pesquisas em História da Educação - GEPHE. É bolsista em produtividade do CNPq e do Programa Pesquisador Mineiro da FAPEMIG.

ANTONIO CARLOS FERREIRA PINHEIRO (UFPB) – Licenciatura em História pela Universidade Federal de Pernambuco (UFPB). Licenciatura e Bacharelado em Geografia pela Universidade Católica de Pernambuco (UNICAP). Mestrado em Geografia pela UFPB. Doutorado em Educação na área de História da Educação pela Universidade Estadual de Campinas (UNICAMP). Atualmente, é professor Associado III do Departamento de Metodologia da Educação –CE/UFPB e vinculado ao Programa de Pós-Graduação em Educação. Membro do Grupo de Estudos e Pesquisas História da Educação na Paraíba (Diretório do CNPq), vinculado ao HISTEDBR, por duas gestões: 2001-2005 e 2009-2012. Membro fundador (em 2004) do Grupo de Pesquisa História da Educação no Nordeste Oitocentista (GHENO). Fez parte da Diretoria da Sociedade Brasileira de História da Educação –SBHE (Tesoureiro), no período de 2009 a 2013. Tem experiência na área de Educação, com ênfase em História da Educação, atuando principalmente nos seguintes temas: educação na Paraíba, história da educação nos períodos imperial e republicano, ensino de história, instituições educacionais, especialmente, os grupos escolares.

CLÁUDIA ENGLER CURY UFPB – Possui graduação e licenciatura em Ciências Sociais, licenciatura em História, mestrado e doutorado em Educação, todos pela Universidade Estadual de Campinas (UNICAMP). Atualmente, é membro do Conselho Diretor da *Revista Brasileira de História da Educação* e membro da Comissão de Editoração da *Revista SAECULUM*. Membro da Diretoria da Sociedade Brasileira de História da Educação (tesoureira), biênio 2013-2015. Coordenou o Programa de Pós-Graduação em História da Universidade Federal da Paraíba (UFPB) no biênio 2005-2007. É Professora Associada II do Departamento de História da UFPB. Membro efetivo dos Programas de Pós-Graduação em História e em Educação, ambos da UFPB. Coordenadora do Grupo de Pesquisa em História da Educação no Nordeste Oitocentista (GHENO)/CNPq. Tem experiência na área de História, com ênfase em história da educação no século XIX e primeiras décadas da República e em história do ensino de história.

NATÁLIA DE LACERDA GIL (UFRGS) – Formada em Pedagogia pela Faculdade de Educação da Universidade de São Paulo (FEUSP), possui mestrado e doutorado em Educação pela mesma instituição. Realizou, como parte das atividades de doutorado, estágio de pesquisa na École des Hautes Études en Sciences Sociales, em Paris. É docente e pesquisadora na Faculdade de Educação da Universidade Federal do Rio Grande do Sul (UFRGS). Desenvolve pesquisa na área de História da Educação, investigando especificamente a sócio-história das estatísticas oficiais da escola brasileira e a construção das representações sobre a escola moderna no Brasil.

LIANE MARIA BERTUCCI (UFPR) – Possui graduação (bacharelado e licenciatura) em História, pela Universidade Estadual de Campinas (UNICAMP), mestrado e doutorado em História, na área História Social, pela mesma Universidade. Realizou estágio de Pós-Doutoramento na Faculdade de Medicina da Universidade de São Paulo (USP). É professora associada de História da Educação, no Departamento de Teoria e Fundamentos da Educação, da Universidade Federal do Paraná (UFPR). Participa do Programa de Pós-Graduação em Educação da UFPR, linha "História e Historiografia da Educação". Desenvolve estudos na área de História Social da Saúde e Doenças e da Educação, principalmente nos seguintes temas: história da saúde e do trabalho relacionadas à educação; ciência da saúde; práticas de cura; saúde pública (ênfase no final do século XIX e primeiras décadas do XX).

JOÃO ALFREDO COSTA DE CAMPOS MELO JUNIOR (UFV) – Possui doutorado em Ciências Sociais pela Universidade Federal de São Carlos (UFSCar), mestrado em Ciências Sociais pela Pontifícia Universidade Católica de Minas Gerais (PUC Minas), graduação, licenciatura e bacharelado, em História pela PUC Minas. Professor Adjunto III da Universidade Federal de Viçosa (UFV). Tem experiência nas áreas de Teoria, Metodologia e Historiografia da História, Teoria Sociológica e Sociologia do Trabalho. Atua nos seguintes temas: Teoria e Historiografia da História, Teoria Sociológica, Teoria Política, Relações de Trabalho, Sindicatos e Sindicalismo, Ações Coletivas, Pensamento Social (Edward Thompson, Charles Tilly, Max Weber). Autor do livro *As novas ações coletivas e a crise do modelo sindical corporativista*, publicado pela Editora Argvmentvm, com apoio da FAPEMIG.

LUCIANO MENDES DE FARIA FILHO – Possui graduação em Pedagogia pela Universidade Federal de Minas Gerais (UFMG), mestrado em Educação pela mesma Universidade e doutorado em Educação pela Universidade de São Paulo (USP). É professor da UFMG. Atualmente, é membro da Membro da Câmara de Ciências Humanas, Sociais e Educação (CHE) da FAPEMIG e participa do Conselho Editorial dos seguintes periódicos: *Educação e Realidade* (UFRGS), *Educação e Pesquisa* (USP), *Presença Pedagógica* e *História da Educação* (UFPel), *Quaestio* (UNISO), *Educação em Foco* (UFJF), *Revista Mexicana de Historia de la Educación* e *Tarrae Didática* (Campinas). Foi Coordenador do GT-História da Educação da ANPEd e vice-presidente da Sociedade Brasileira de História da Educação (2003-2007). Foi membro do CA-Educação/CNPq (2007-2010) e participou da Comissão de Assessoramento Técnico-Científico (CATC/CNPq) (2008-2009). Ainda no CNPq, foi designado pela Diretoria para a função de Ponto de Contato Nacional (*National Contact Point*) da Área de Humanidades (*Socio-Economics Sciences and Humanities*) para a Cooperação com a União Europeia dentro do 7º Programa Quadro (2009-2011). Tem experiência na área de Educação, com ênfase em História da Educação, atuando principalmente nos seguintes temas: história da educação; história da infância; cultura escolar; história da escolarização; intelectuais e educação no Brasil; pensamento social brasileiro e educação.

A Coleção **Pensar a Educação Pensar o Brasil** é fruto de uma parceria entre a *Mazza Edições* e o *Projeto Pensar a Educação, Pensar o Brasil – 1822/2022.* Este Projeto, desenvolvido em parceria por docentes e discentes da Pontifícia Universidade Católica de Minas Gerais, da Universidade Federal de Ouro Preto e da Universidade Federal de Minas Gerais, envolve ações de ensino, pesquisa e extensão que buscam refletir sobre o lugar da educação no âmbito dos projetos de Brasil delineados ao longo de nossa história. Fazem parte do Projeto um *Programa de Rádio*, levado ao ar toda semana na *Rádio UFMG Educativa*, *Seminários Anuais* sobre temas relevantes para a educação Brasileira e a presente *Coleção*.

Integram a Coleção cinco séries: *Série Seminário*, *Série Estudos Históricos*, *Série Clássicos da Educação Brasileira*, *Série Diálogos* e *Série Ensaios*.

A **Série Seminários** publica os textos apresentados nos Seminários Anuais do Projeto, dos quais participam os mais importantes pesquisadores em educação do País. A **Série Estudos Históricos** publica trabalhos de história da educação e de áreas afins que contribuam para alargar o entendimento sobre o lugar da educação no âmbito dos projetos de Brasil delineados ao longo de nossa história. A **Série Clássicos da Educação Brasileira** traz resenhas introdutórias das principais obras sobre educação brasileira publicadas pelos principais pesquisadores em educação do País. A **Série Diálogos** publica textos que buscam fortalecer o intercâmbio entre o professorado da educação básica e os(as) pesquisadores(as) das diversas áreas da educação. A **Série Ensaios** publica interpretações da relação entre a educação e as grandes questões que marcaram e marcam a história da sociedade brasileira nos últimos 200 anos.

O objetivo da Mazza Edições e do *Projeto Pensar a Educação Pensar o Brasil – 1822/2022* é que a Coleção contribua para a discussão da educação brasileira e, por meio desta, da constituição da própria sociedade brasileira.

Este livro foi composto em Minion Pro Cond e impresso
em papel Offset 75 g/m² (miolo) e Cartão 250 g/m² (capa),
no mês de agosto de dois mil e quatorze.